Direitos Humanos

Uma Análise Psicológica de Temas Atuais

Coleção: Diálogos em Psicologia na Atualidade
Volume 1

Damião Evangelista Rocha
Adriana Aparecida Almeida de Oliveira
Marcelo Barros Georgetti
Daniel Hidalgo Lima
Pedro Sammarco
(organizadores)

Damião Evangelista Rocha
Adriana Aparecida Almeida de Oliveira
Marcelo Barros Georgetti
Daniel Hidalgo Lima
Pedro Sammarco
(Organizadores)

DIREITOS HUMANOS:
uma análise psicológica de temas atuais

Coleção: Diálogos em Psicologia na Atualidade
Volume 1

Editora CRV
Curitiba – Brasil
2023

Copyright © da Editora CRV Ltda.
Editor-chefe: Railson Moura
Diagramação e Capa: Designers da Editora CRV
Imagem de Capa: Freepik
Revisão: Os Autores

DADOS INTERNACIONAIS DE CATALOGAÇÃO NA PUBLICAÇÃO (CIP)
CATALOGAÇÃO NA FONTE
Bibliotecária responsável: Luzenira Alves dos Santos CRB9/1506

D597

    Direitos Humanos: uma análise psicológica de temas atuais / Damião Evangelista Rocha, Adriana Aparecida Almeida de Oliveira, Marcelo Barros Georgetti, Daniel Hidalgo Lima, Pedro Sammarco. – Curitiba : CRV: 2023.
    232 p. (Coleção: Diálogos em Psicologia na Atualidade, v. 1).

    Bibliografia
    ISBN Coleção Digital 978-65-251-5268-4
    ISBN Coleção Físico 978-65-251-5269-1
    ISBN Volume Digital 978-65-251-5270-7
    ISBN Volume Físico 978-65-251-5272-1
    DOI 10.24824/978652515272.1

    1. Direitos Humanos 2. Exploração 3. Racismo 4. Violência 5. Tortura Psicológica 6. Trabalho Escravo I. Rocha, Damião Evangelista, org. II. Oliveira, Adriana Aparecida Almeida de, org. III. Georgetti, Marcelo Barros, org. IV. Lima, Daniel Hidalgo, org. V. Sammarco, Pedro, org. VI. Título VII. Série.

CDU 339:342.7   CDD 323

Índice para catálogo sistemático
1. Direitos humanos - 323

2023
Foi feito o depósito legal conf. Lei nº 10.994 de 14/12/2004
Proibida a reprodução parcial ou total desta obra sem autorização da Editora CRV
Todos os direitos desta edição reservados pela: Editora CRV
Tel.: (41) 3039-6418 – E-mail: sac@editoracrv.com.br
Conheça os nossos lançamentos: **www.editoracrv.com.br**

Conselho Editorial:

Aldira Guimarães Duarte Domínguez (UNB)
Andréia da Silva Quintanilha Sousa (UNIR/UFRN)
Anselmo Alencar Colares (UFOPA)
Antônio Pereira Gaio Júnior (UFRRJ)
Carlos Alberto Vilar Estêvão (UMINHO – PT)
Carlos Federico Dominguez Avila (Unieuro)
Carmen Tereza Velanga (UNIR)
Celso Conti (UFSCar)
Cesar Gerónimo Tello (Univer. Nacional Três de Febrero – Argentina)
Eduardo Fernandes Barbosa (UFMG)
Elione Maria Nogueira Diogenes (UFAL)
Elizeu Clementino de Souza (UNEB)
Élsio José Corá (UFFS)
Fernando Antônio Gonçalves Alcoforado (IPB)
Francisco Carlos Duarte (PUC-PR)
Gloria Fariñas León (Universidade de La Havana – Cuba)
Guillermo Arias Beatón (Universidade de La Havana – Cuba)
Jailson Alves dos Santos (UFRJ)
João Adalberto Campato Junior (UNESP)
Josania Portela (UFPI)
Leonel Severo Rocha (UNISINOS)
Lídia de Oliveira Xavier (UNIEURO)
Lourdes Helena da Silva (UFV)
Luciano Rodrigues Costa (UFV)
Marcelo Paixão (UFRJ e UTexas – US)
Maria Cristina dos Santos Bezerra (UFSCar)
Maria de Lourdes Pinto de Almeida (UNOESC)
Maria Lília Imbiriba Sousa Colares (UFOPA)
Paulo Romualdo Hernandes (UNIFAL-MG)
Renato Francisco dos Santos Paula (UFG)
Sérgio Nunes de Jesus (IFRO)
Simone Rodrigues Pinto (UNB)
Solange Helena Ximenes-Rocha (UFOPA)
Sydione Santos (UEPG)
Tadeu Oliver Gonçalves (UFPA)
Tania Suely Azevedo Brasileiro (UFOPA)

Comitê Científico:

Andrea Vieira Zanella (UFSC)
Christiane Carrijo Eckhardt Mouammar (UNESP)
Edna Lúcia Tinoco Ponciano (UERJ)
Edson Olivari de Castro (UNESP)
Érico Bruno Viana Campos (UNESP)
Fauston Negreiros (UFPI)
Francisco Nilton Gomes Oliveira (UFSM)
Helmuth Krüger (UCP)
Ilana Mountian (Manchester Metropolitan University, MMU, Grã-Bretanha)
Jacqueline de Oliveira Moreira (PUC-SP)
João Ricardo Lebert Cozac (PUC-SP)
Marcelo Porto (UEG)
Marcia Alves Tassinari (USU)
Maria Alves de Toledo Bruns (FFCLRP)
Mariana Lopez Teixeira (UFSC)
Monilly Ramos Araujo Melo (UFCG)
Olga Ceciliato Mattioli (ASSIS/UNESP)
Regina Célia Faria Amaro Giora (MACKENZIE)
Virgínia Kastrup (UFRJ)

Este livro passou por avaliação e aprovação segundo de dois ou mais pareceristas *ad hoc*.

SUMÁRIO

APRESENTAÇÃO 11
Daniel Hidalgo Lima

ABORDANDO A PSICOLOGIA E OS DIREITOS HUMANOS NO CONTEXTO DO SISTEMA PENITENCIÁRIO BRASILEIRO 13
Abiqueila Pereira dos Santos de Carvalho
Glaucileia Haack
José Rossini Meirelles de Almeida
Rebecca Helizeth Hamon Fogaça
Thalison Felipe de Aguiar Silva
Damião Evangelista Rocha

GASLIGHTING COMO INSTRUMENTO DE TORTURA PSICOLÓGICA NAS RELAÇÕES HUMANAS 23
Daniele Iracema da Silva Alarcon
Débora Cândido
Luciana Santos Kovacs
Márcia Constantina Bellomo de Paula
Renata Ribeiro Cyrillo
Damião Evangelista Rocha

TORTURA PSICOLÓGICA EM RELACIONAMENTOS ABUSIVOS: violação dos direitos das mulheres 33
Camila Domingo Matiazi
Luiza de Oliveira Moraes
Simone de Goes
Suelen Regina Godinho do Carmo
Vinicius Henrique M. V. de Oliveira
Marcelo Barros Georgetti

ABUSOS PSICOLÓGICOS COMO VIOLAÇÃO DE DIREITOS HUMANOS: trabalho escravo 45
Aline Cesar de Oliveira
Claudia de Moraes
Marlene de Aquino Borges
Ursula Mazzo Granato
Vanessa Paula de Oliveira
Adriana Aparecida Almeida de Oliveira

INTERVENÇÕES PSICOLÓGICAS PARA PROTEGER E PROMOVER DIREITOS HUMANOS A MULHERES ENCARCERADAS GESTANTES E LACTANTES 63
Denise Cerávolo Verreschi
Patrícia Pontes de Moraes Tancler Campos
Davi Orestides Lázaro Massari
Tamires Stefani Arias
Meirilene Carvalho Oliveira
Eduarda Rafaela da Silva Marques
Marcelo Barros Georgetti

ESTUDOS CIENTÍFICOS SOBRE O TRATAMENTO DE ABUSOS PSICOLÓGICOS: uma revisão bibliográfica 77

David Welber Maciel de Albuquerque Calmon
Eduardo Felipe Freitagas Prestes
Leandro Pereira Dias dos Santos
Victor Crocco
Wesley da Silva Neves
Damião Evangelista Rocha

TRABALHO ESCRAVO E EXPLORAÇÃO PSICOLÓGICA DE MULHERES NEGRAS NO TRABALHO DOMÉSTICO 89

Amessi Ribeiro Pereira da Silva
Angela Maria da Silva Mendonça Branco
Cassiana Munhoz de Albuquerque
Larissa Marcondes Castellano
Sebastiana Lucia da Silva
Damião Evangelista Rocha

DESAMPARO E VIOLÊNCIA CULTURAL: um olhar da psicologia sobre os direitos humanos da comunidade LGBTQIAP+ 101

Elisangela Muniz Torrado Gonçalez
Eliene Pessoa de Souza Santos
Marcos Alexandre do Carmo Souza
Roberlene Aparecida dos Santos Lazinho
Pedro Paulo Sammarco Antunes

TORTURA PSICOLÓGICA E A PROBLEMÁTICA DA CURA GAY NO CONTEXTO DOS DIREITOS HUMANOS 115

Bianca Silveira Tigre
Bruna Pedroso Gomes de Oliveira
Eduarda Vianna Guimarães Eide
Maria Gabriela de Assis Santos
Yasmim Helena do Amaral
Damião Evangelista Rocha

VIOLAÇÃO DOS DIREITOS HUMANOS: a prática da tortura psicológica, por parceiro íntimo, contra a mulher brasileira 129

Charliane Gomes de Sousa Cordeiro
Elisangela Rocha Mendes
Iracema França Cruzoleto
Maureen Aparecida Germano
Paloma Karolina Romão Cobello
Salatiel da Silva Roque
Daniel Hidalgo Lima

TORTURA PSICOLÓGICA E CONSEQUÊNCIAS NA SAÚDE DA MULHER NEGRA 141

Ashilley Louisi da Silveira Moraes
Amanda de Souza Vaz
Keila Folharini
Gabriela Vasconcelos da Silva
Thayná Ramos Penga
Damião Evangelista Rocha

DIREITOS HUMANOS: sua história, evolução e instituição na Psicologia 157
Allana Sencovici Bernardes Angelin
Gabriele Fischer Santini Mendes
Grazielle Ferreira Ribas
Letícia Batista dos Santos
Luca de Gregoriis
Damião Evangelista Rocha

TRABALHO INFANTIL E CONSEQUÊNCIAS NO DESENVOLVIMENTO HUMANO 167
Helen Aparecida Neves
Liliane Simões
Meire Dalva Dias Thomaz Soares
Natália Oliveira Firmo
Patrícia Ramos Siqueira
Adriana Aparecida Almeida de Oliveira

ENFRENTAMENTO DA VIOLÊNCIA E ABUSO SEXUAL INFANTIL: estratégias eficazes de enfrentamento ao abuso sexual infantil 175
Heloisa Fontes Franco
Hernando Javier Paez
Rafaela Maria Almeida Ruivo
Rita de Cassia dos Santos Rolim
Samuel Henrique Rodrigues dos Santos
Viviane Aparecida Zavarizi
Daniel Hidalgo Lima

A VIOLÊNCIA E O ABUSO PSICOLÓGICO CONTRA A MULHER 187
Erica Aparecida Moraes da Silva
Maria Aparecida Andrade Oliveira Cardoso
Maria Zelina Araujo do Rosário
Roberto Camargo Alves
Sergio Ricardo Coiado Rodrigues
Damião Evangelista Rocha

VIOLÊNCIA PSICOLÓGICA INFANTIL COMO VIOLAÇÃO DOS DIREITOS HUMANOS: reflexões acerca do impacto emocional 209
Gabrielly Góes do Nascimento Silva
Giovanna Ragusa Christiano Oliveira
Paola Aparecida Santos de Oliveira
Talyssa Torres de Sousa Melo
Thierry José Santos Macedo
Marcelo Barros Georgetti

ÍNDICE REMISSIVO 221

SOBRE OS AUTORES 223

APRESENTAÇÃO

Com o fim da Segunda Guerra Mundial, os horrores dos campos de concentração nazistas se tornaram uma realidade evidente e inegável para o mundo todo. Tornou-se necessária a reflexão sobre o que fazer com líderes militares e soldados alemães que dispensaram aos prisioneiros do holocausto o mais desumano dos tratamentos, mas que estavam, ao mesmo tempo, cumprindo as leis de seu país e determinações de seus superiores, agindo em conformidade com um governo eleito pela população de sua nação. Os julgamentos desses casos prosseguiram por muitos anos, mas revelaram de cara uma necessidade urgente: a de que se estabelecessem parâmetros internacionalmente aceitos de como os seres humanos, em qualquer circunstância, deveriam ser tratados. Então, apenas 3 anos após o final da Segunda Guerra Mundial, foi aprovada a Declaração Universal dos Direitos Humanos.

A Declaração Universal dos Direitos Humanos não pretende garantir luxos, mimos ou caprichos pessoais, mas estabelecer o padrão mínimo aceitável, os direitos mais básicos dos seres humanos. Mas, de uma perspectiva crítica, deve-se perguntar: com quais seres humanos devemos estar preocupados em garantir os direitos mínimos? Sabemos que os mais abastados, os que ocupam posições de privilégio, não estão preocupados com o mínimo, pois tem mais do que precisam. Eles não são tratados como os demais humanos: eles são mais. Por outro lado, há aqueles que estão longe das posições de maior poder. São eles que não têm garantidos na prática os direitos que lhes foram concedidos na teoria. Se os Direitos Humanos são a garantia mínima de tratamento digno que se deve oferecer, essas pessoas têm sido desumanizadas.

Negar aquilo que, por direito, pertence a uma pessoa é injustiça. Mais do que isso, quando esses direitos negados são negados apenas a alguns enquanto outros se beneficiam disso, temos caracterizada uma situação de opressão. É por isso que, quando falamos em Direitos Humanos, nos preocupamos com aqueles que têm sido historicamente marginalizados, afastados do poder e silenciados. Não é que os Direitos Humanos sejam garantias dadas apenas a eles, mas a realidade é que são eles os que mais têm tido os seus direitos violados.

Diante disso, faz sentido que quando falamos em Direitos Humanos tenhamos um olhar especial para as mulheres, para os que não são brancos, para os que não são heterossexuais, para as crianças etc.

Neste livro, apresentaremos alguns retratos da opressão e da marginalização, mas também debateremos estratégias e iniciativas positivas para a promoção dos Direitos Humanos, principalmente para os grupos que se encontram em maior risco de ter seus direitos violados, desrespeitados. E fazemos isso do nosso lugar: o de psicólogos.

Como profissionais da Psicologia, nosso trabalho consiste principalmente na conscientização das pessoas. Tal conscientização não deve ser limitada ao conhecimento dos processos internos e individuais, mas também envolve a capacidade de ler a realidade do mundo em que se vive e de intervir sobre ela.

> "Não se trata de abandonar a psicologia; trata-se de colocar o saber psicológico a serviço da construção de uma sociedade em que o bem estar dos menos não se faça sobre o mal estar dos mais, em que a realização de alguns não requeira a negação dos outros, em que o interesse de poucos não exija a desumanização de todos"[1].

Daniel Hidalgo Lima

---

[1] MARTÍN-BARÓ, Ignácio. O papel do psicólogo. **Estudos de psicologia (Natal)**, v. 2, p. 7-27, 1997.

ABORDANDO A PSICOLOGIA E OS DIREITOS HUMANOS NO CONTEXTO DO SISTEMA PENITENCIÁRIO BRASILEIRO

Abiqueila Pereira dos Santos de Carvalho
Glaucileia Haack
José Rossini Meirelles de Almeida
Rebecca Helizeth Hamon Fogaça
Thalison Felipe de Aguiar Silva
Damião Evangelista Rocha

1. Introdução

O presente estudo aborda um tema relevante para a compreensão e discussão do papel do Psicólogo diante da violação dos Direitos Humanos à população carcerária brasileira. Com o intuito de contextualizar os temas abordados, será apresentado o conceito de Direitos Humanos definidos pela UNICEF, assim como o papel do psicólogo na busca pela garantia da saúde mental assegurada ao indivíduo cumprindo pena.

A UNICEF define os Direitos Humanos como regras que atestam e preservam a dignidade de todos os seres humanos. São esses que regem a maneira que os indivíduos vivem em sociedade e entre si, assim como sua relação com o Estado e as obrigações que o Estado tem em relação a eles (UNICEF, 2015).

Ao compreender a definição que se dá ao tema, o presente artigo apresenta os indícios que apontam como o Sistema Penitenciário brasileiro não tem reservado aos seus apenados o mínimo que se estabelece a Declaração Universal dos Direitos Humanos.

Diante deste cenário, aclama-se o papel do Psicólogo na busca pela garantia e preservação dos Direitos estabelecidos aos encarcerados e na tratativa de como a Saúde Mental se apresenta no desenvolvimento da reintegração e ressocialização do indivíduo em cárcere.

Essa leitura se faz de grande contribuição para compreensão do tema e tem como intuito discutir acerca do manejo existente da Psicologia dentro do Sistema Carcerário, alertando e divulgando dados que comprovem a importância da manutenção e cuidado da saúde mental dentro das penitenciárias brasileiras.

Com a finalidade de discutir acerca do tema proposto, as informações retratadas no presente artigo são possíveis através do método qualitativo de pesquisa e referencial bibliográfico.

A discussão dos Direitos Humanos e os fundamentos trazidos pela Declaração Universal dos Direitos Humanos aqui expostos serão retratados com o objetivo de clarificar o assunto ao leitor, assim como embasar a importância de se debater o tema com o enfoque no Sistema Penitenciário brasileiro e sua relação com o papel do Psicólogo diante deste cenário.

A trajetória do Sistema Penitenciário brasileiro também será discorrida neste, trazendo dados que compõem desde a sua instituição até os dias atuais e reiterando a narrativa que liga o encarceramento no Brasil à falta de respeito aos Direitos Humanos preestabelecidos mundialmente.

Por fim, a atividade do Psicólogo no campo penal será trazida à evidência e com isso, os limites e abordagens necessários para que haja a busca pela saúde mental daqueles que cumprem sua pena em um sistema que se prova falho em admitir as regras de liberdade, justiça e paz determinadas a todos os seres humanos que ocupam o globo.

2. Direitos humanos: declaração universal dos direitos humanos

Conforme adotada e proclamada pela Assembleia Geral das Nações Unidas (Resolução nº 217 – A III), em 10 de dezembro de 1948, a Declaração Universal dos Direitos Humanos traz em sua composição trinta artigos que definem o ideal comum a ser atingido por todos os povos e todas as nações (UNICEF, 2015). Tal documento aborda o seguinte objetivo:

> Que cada indivíduo e cada órgão da sociedade tendo sempre em mente esta Declaração esforce-se, por meio do ensino e da educação, por promover o respeito a esses direitos e liberdades, e, pela adoção de medidas progressivas de caráter nacional e internacional, por assegurar o seu reconhecimento e a sua observância universais e efetivos, tanto entre os povos dos próprios Países-Membros quanto entre os povos dos territórios sob sua jurisdição.

Há de considerar, portanto que os Direitos Humanos são aqueles que procuram assegurar a proteção do indivíduo em suas características únicas, assim como em seu convívio social, em um âmbito global, sem a delimitação de fronteiras políticas, em decorrência de conquistas históricas e independentes de positivação em uma organização própria.

Ao delinear a compreensão acerca da origem dos Direitos Humanos, pode-se dizer que há uma escala gradiente e histórica, que trouxe o tema ao que é tangível na atualidade. Alegar que os Direitos Humanos existem desde os primórdios da humanidade é de certa forma, banalizar o que vem sendo definido até hoje através das lutas e mobilizações sociais (LEMOS, 2022).

A luta pelos direitos continua existindo e sua conquista é lenta, não tendo atingido ainda de forma homogênea a todas as sociedades, culturas e organizações vigentes (LEMOS, 2022).

Ao analisar a evolução do tema é possível relatar que a instituição dos Direitos Humanos só foi viável por haver uma difícil e prolongada progressão histórica, ou seja, houve uma transformação gradativa de sua definição, de acordo com as próprias mudanças da civilização (LEMOS, 2022).

Por fim, constata-se que os Direitos Humanos, por definição e instituição devem ser assegurados a todos os seres humanos, sem nenhuma exceção, todavia ainda há de se continuar lutando para que não haja nenhuma violação do que se estabelece diante da Declaração Universal dos Direitos Humanos.

3. O sistema penitenciário brasileiro: a falha na aplicação dos Direitos Humanos à população carcerária no Brasil

O conceito de prisão é oriundo de mosteiros no período da Idade Média, em que havia punição dos monges e clérigos que falhavam em cumprir com suas obrigações e deveres exigidos. Quando havia falta por meio destes, eles eram coagidos a irem para as suas celas com o intuito de meditarem e se arrependerem pela falta cometida (MACHADO; SOUZA; SOUZA, 2023).

A partir disso, entre os anos de 1550 e 1552, os ingleses se inspiraram e construíram em Londres a *House of Correction,* que foi considerada a primeira prisão focada em recolher criminosos, apesar disso, só houve maior difusão deste método a partir do século XVIII (MACHADO; SOUZA; SOUZA, 2023). Com enfoque direcionado à América Latina, as prisões não eram consideradas um meio de se punir o infrator e sim, um local reservado para aguardar a decisão final do julgamento. De maneira geral, as penas se resumiam à execução pública, marcas, açoites, trabalhos públicos ou desterros.

A partir do século XIX, foi instituído tanto na Europa, quanto nos Estados Unidos um novo modelo penitenciário, em que os prisioneiros eram vigiados durante todo o tempo e havia um tratamento embasado nas questões humanitárias e religiosas. Diante dessa mudança, os líderes latinos passaram a discutir sobre uma reforma carcerária, que teve como ponto de partida a construção de uma penitenciária no Rio de Janeiro, em 1834, sendo esta inaugurada apenas 1850 (PINHEIRO; GAMA, 2016).

Desde sua instituição, o Sistema Penitenciário brasileiro traz um cenário de violação aos direitos e dignidade da pessoa. Pinheiro e Gama (2016) retratam a realidade da capital do vice-reinado no Brasil, constatando que:

> Em linhas gerais, o sistema prisional da capital do vice- reinado do Brasil era caracterizado pela ausência de acomodações suficientes para o abrigo de tantos detidos, altas taxas de enfermidade e mortalidade devido às precárias condições sanitárias e elevados índices de fuga, dadas as ineficientes estruturas de segurança.

A partir de 1830, foi estabelecido o primeiro Código Criminal Brasileiro, que introduziu a pena de privação de liberdade e a prisão com trabalho como formas de punição para diversos crimes que, até então, não exigiam detenção. Contudo, havia uma carência de cadeias adequadas para abrigar todos os infratores que estavam em liberdade ou que haviam sido condenados a pena de prisão simples (PINHEIRO; GAMA, 2016).

O Sistema Penal e Carcerário brasileiro seguiram contendo reformas em sua constituição, contudo ainda não representam mudança significativa na disfunção apresentada por tal instituição.

De acordo com o SISDEPEN, órgão responsável pelo recolhimento e divulgação dos dados do sistema penitenciário brasileiro, em Junho de 2022 havia o total de 654.704 presos em unidades prisionais no país, sendo que as vagas disponíveis representavam o total de 470.116 (MINISTÉRIO DA JUSTIÇA E SEGURANÇA PÚBLICA, 2023).

Os dados anteriores podem servir como um bom norte na compreensão do visível desrespeito à Declaração dos Direitos Humanos, assim como uma violação direta da Constituição Federal, que define claramente o direito do indivíduo acometido de pena, trazendo o artigo 5º, "é assegurado aos presos o respeito à integridade física e moral".

A Lei de Execução Penal no artigo 88, parágrafo único, declara que,

> O condenado será alojado em cela individual que conterá dormitório, aparelho sanitário e lavatório.
> Parágrafo único – São requisitos básicos da unidade celular:
> a) salubridade do ambiente pela concorrência dos fatores de aeração, insolação e condicionamento térmico adequado à existência humana;
> b) área mínima de 6 m² (seis metros quadrados).

De maneira geral, compreende-se que essa superlotação viola as regras e princípios constitucionais no que tange aos apenados, e, em concomitância à pena aplicada, haverá também uma pena extra, avaliando que os mesmos sofrerão também com o desrespeito durante todo o tempo definido de encarceramento.

Além do quadro geral, o Brasil é considerado um dos países com piores indicadores criminais do mundo, apresentando uma enorme falta de planejamento de políticas de segurança pública (CARUNCHO, 2018).

O ambiente prisional brasileiro é um cenário de muitos conflitos, que proporciona um ciclo de violência, devido à aglomeração de pessoas em uma mesma cela, que acaba havendo uma mistura apesar da diversificação de crimes, não assegurando os direitos do indivíduo (DE LIMA JÚNIOR, 2018).

Cada vez mais a população carcerária tem crescido e com ela o índice de criminalidade. Isso se faz pela inadequação do sistema carcerário brasileiro, pois não há efeito positivo naqueles que saem, onde a maioria acaba voltando, gerando um enorme gasto público sem resultados satisfatórios. Essa complexidade é um problema social que merece muita atenção, uma vez que fere diretamente a dignidade da pessoa humana, violando a Constituição Federal e a Declaração dos Direitos Humanos.

Como meio de amenizar a sobrecarga existente no Sistema Carcerário Brasileiro, o investimento direto na ressocialização do preso com enfoque direcionado na prevenção de recaída e capacitação para o mercado de trabalho seria de grande valia. Reduzir as chances de recorrência dos encarceramentos pode ser um grande alívio aos presídios lotados.

O Estado, por sua vez, tem como papel definido a garantia do cumprimento das leis estabelecidas, incluído a aplicação prática da reeducação e condição de vida digna ao cidadão que está sob o cumprimento de pena. De forma que o tempo de encarceramento não torne o indivíduo passível de elevar sua periculosidade, mas faça com que o período despendido pelo apenado tenha o efeito de ressocializá-lo e o condicione para um retorno digno perante a sociedade (ROSA, 2018).

4. O papel do Psicólogo: o Psicólogo e a luta pela garantia dos Direitos Humanos à população carcerária brasileira

A Lei de Execução Penal – LEP (Lei nº 7.210, de 1984), define que o papel do Psicólogo no âmbito carcerário tem o intuito de concretizar o Princípio da Individualização de Penas, como parte da equipe técnica que compõe as Comissões Técnicas de Classificação – CTC) e os Centros de Observação Criminológica – COC, junto a outros profissionais, como assistentes sociais, psiquiatras e chefes da segurança (NASCIMENTO; BANDEIRA, 2018).

Observa-se que não há direcionado ao Psicólogo nenhuma orientação que defina o cuidado, aconselhamento, orientação ou disciplina dos detentos. Apenas acomete-se uma forma de monitoramento através do exame criminológico aplicado pelos profissionais da Psicologia, que tem por tarefa realizar avaliações Psicológicas no início do cumprimento da pena de liberdade e o acompanhamento seguido de atividades e inserção em programas educativos, laborais e de saúde. Tais avaliações são critério significativo para decisões judiciais acerca da progressão de regime ou livramento condicional (NASCIMENTO; BANDEIRA, 2018).

Diante deste cenário, o psicólogo se vê como uma ferramenta de aplicação estatística e não como um agente de mudanças consideráveis dentro do sistema. Uma vez que em sua instituição, o papel do Psicólogo no ambiente penitenciário foi de caráter disciplinar aos detentos, a quebra do paradigma terá de ser feita pelo próprio profissional que deseja alterar a concepção fundamentada da profissão.

De maneira geral, o Psicólogo tem em seu *know-how* a capacidade de trazer intervenções que se associem diretamente à prevenção da saúde mental da pessoa privada de liberdade. A redução de danos dos efeitos causados pelo encarceramento pode ser tratada através das diversas ferramentas apossadas pela profissão do Psicólogo. Recursos como a arte em suas mais variadas formas podem ser de grande valia para amenizar os sintomas negativos trazidos pelo encarceramento (NASCIMENTO; BANDEIRA, 2018).

A privação da liberdade dos detentos não é a única parte impactada, pelo contrário, o indivíduo tem também a sua subjetividade e individualidade retiradas através do tratamento coletivo que anula qualquer fragmento do ser humano que vive a liberdade. Iniciativas que tragam o potencial artístico dos apenados podem adequar a realidade do ser individual em sua própria subjetividade expressada através da música, pintura, desenhos etc.

De acordo com os estudos realizados no artigo "O impacto da prisão na saúde mental dos presos no estado do Rio de Janeiro", há uma elevada taxa de estresse e sintomas depressivos de moderados a graves nos indivíduos sob pena localizados no estado do Rio de Janeiro. Esses dados servem como alerta para a propagação do incentivo a iniciativas que englobem o acesso dos detentos a meios de intervenção e prevenção no cuidado da Saúde Mental (CONSTANTINO; ASSIS; PINTO, 2016).

Define-se, portanto, que a Psicologia como ciência e profissão tem em seu escopo a luta pela defesa dos direitos e da promoção da saúde dos indivíduos. Com isso, há um extenso cenário a ser trabalhado diante da busca por melhorias na condição que cerca os sujeitos privados de sua liberdade. Atitudes como a criação de estratégias para a escuta dos detentos que buscam esse tipo de assistência podem contribuir significativamente para a conquista de um sistema penitenciário mais humanizado (HINTZ, 2017).

5. Considerações finais

A Psicologia e os Direitos Humanos são fundamentais para o sistema penitenciário. Ambos visam garantir que os presos recebam uma vida digna e respeitosa. A atuação do psicólogo nas prisões deve se pautar em princípios éticos e humanitários e levar em consideração as características psicossociais e culturais dos presos.

As principais demandas da população carcerária brasileira incluem a superlotação carcerária, falta de saneamento básico e instalações sanitárias básicas, violência e abuso de poder por parte dos agentes penitenciários, falta de assistência jurídica e médica e outras violações de Direitos Humanos.

A luta para garantir esses direitos inclui a mobilização da sociedade civil por meio de organizações de Direitos Humanos, movimentos sociais e outras iniciativas. O papel do psicólogo é muito importante nesse processo, porque ele pode atuar como agente de mudança e transformação social e contribuir para a construção de uma sociedade mais justa e igualitária.

É importante ressaltar que a aplicação desses princípios no sistema penal é desafiador, tendo em vista que as condições estruturais e culturais muitas vezes conflitam com tais valores. No entanto, é de fundamental importância que as políticas públicas e as partes interessadas estejam comprometidas com a promoção dos Direitos Humanos e da saúde mental da população carcerária.

Por fim, a Psicologia tem papel fundamental na construção de um sistema carcerário mais humano, eficaz e justo. Somente é possível exercer esse papel por intermédio da dedicação e participação ativa dos profissionais que atuam nessa área, buscando constantemente soluções e estratégias inovadoras para ajudar a enfrentar desafios e problemas que envolvem as penitenciárias.

Cabe salientar a importância da sociedade como um todo, no envolvimento do debate no tocante aos Direitos Humanos e o sistema prisional, sensibilizando autoridades e população de modo geral no tocante a necessidade da promoção de uma cultura respeitosa no que tange às garantias fundamentais da pessoa humana, inclusive daqueles que violaram as leis.

É de responsabilidade do Estado garantir que a dignidade da pessoa humana e seus direitos fundamentais sejam respeitados diante do sistema carcerário, implementando políticas públicas efetivas e consistentes. Assim avançaremos para construção de um sistema penal que promova ressocialização, credibilidade e segurança social, respeitando valores e ideais humanitários presentes em todo o ciclo do processo.

REFERÊNCIAS

BRASIL. Ministério da Justiça e Segurança Pública. Secretaria Nacional de Políticas Penais (ed.). **Dados Estatísticos do Sistema Penitenciário**. [*S. l.*], 10 maio 2023. Disponível em: https://www.gov.br/depen/pt-br/servicos/sisdepen. Acesso em: 8 maio 2023.

CAETANO, Haroldo. Terrorismo de Estado e Privação da Liberdade: a guerra do estado brasileiro contra seu próprio povo. *In*: BRASIL. Conselho Nacional do Ministério Público. **A Visão do Ministério Público sobre o Sistema Prisional brasileiro, volume III**. Brasília: CNMP, 2018. v. 233 p. 97. Disponível em: https://acrobat.adobe.com/link/review?uri=urn:aaid:scds:US:e9bec280-a61a-3d7f-ac2-cc56f480a527.

CARUNCHO, Alexey Choi; GLITZ, André Tiago Pasternak. A tutela da Segurança Pública e os desafios para o Ministério Público brasileiro: a experiência paranaense a partir do problema prisional. *In*: BRASIL. Conselho Nacional do Ministério Público. **A Visão do Ministério Público sobre o Sistema Prisional brasileiro, volume III**. Brasília: CNMP, 2018. v. 233, p. 74. Disponível em: https://acrobat.adobe.com/link/review?uri=urn:aaid:scds:US:e9bec280-a61a- 3d7f-8ac2-cc56f480a527.

CONSTANTINO, Patrícia; ASSIS, Simone Gonçalves; PINTO, Liana Wernersbach. O impacto da prisão na saúde mental dos presos do estado do Rio de Janeiro, Brasil. **Ciênc. Saúde Colet**. [*s. l.*], v. 21, n. 7, jun. 2016. Disponível em: https://www.scielosp.org/article/csc/2016.v21n7/2089-2100/pt/. Acesso em: 9 maio 2023.

DE LIMA JÚNIOR, José César Naves. Entre o céu e a terra: alomorfia do ambiente carcerário para (re)legitimação da pena. *In*: BRASIL. Conselho Nacional do Ministério Público. **A Visão do Ministério Público sobre o Sistema Prisional brasileiro, volume III**. Brasília: CNMP, 2018. v. 233, p. 111. Disponível em: https://acrobat.adobe.com/link/review?uri=urn:aaid:scds:US:e9bec280-a61a- 3d7f-8ac2-cc56f480a527.

DE LIMA JÚNIOR, José Dutra. UM ENSAIO PARA A REDUÇÃO DO ENCARCERAMENTO. *In*: BRASIL. Conselho Nacional do Ministério Público. **A Visão do Ministério Público sobre o Sistema Prisional brasileiro/Conselho Nacional do Ministério Público, volume III**. Brasília: CNMP, 2018. v. 233, p. 122. Disponível em: https://acrobat.adobe.com/link/review?uri=urn:aaid:scds:US:e9bec280-a61a- 3d7f-8ac2-cc56f480a527.

HINTZ, Losane Zimmermann. **Pensando a atuação do psicólogo no sistema prisional**. 2017. Trabalho de Conclusão de Curso (Bacharelado em Psicologia) – Universidade Regional do Noroeste do Estado do Rio Grande do Sul – UNIJUÍ, [S. l.], 2017. Disponível em: https://bibliodigital.unijui.edu.br:8443/xmlui/handle/123456789/5074. Acesso em: 9 maio 2023.

MACHADO, Ana Elise Bernal; SOUZA, Ana Paula dos Reis; SOUZA, Mariani Cristina. Sistema penitenciário brasileiro – origem, atualidade e exemplos funcionais. **Revista do curso de Direito**, [s. l.], v. 10, n. 10, 10 maio 2023. Disponível em: https://www.metodista.br/revistas/revistas-metodista/index.php/RFD/article/view/4789/4073. Acesso em: 8 maio 2023.

NASCIMENTO, Lucas Gonzaga; BANDEIRA, Maria Márcia Badaró. Saúde Penitenciária, Promoção de Saúde e Redução de Danos do Encarceramento: Desafios para a Prática do Psicólogo no Sistema Prisional. **Psicologia**: Ciência e Profissão, Rio de Janeiro, v. 38, p. 102-116, 23 ago. 2018. Disponível em: https://www.researchgate.net/publication/331307508_Saude_Penitenciaria_Promocao_de_Saude_e_Reducao_de_Danos_do_Encarceramento_Desafios_para_a_Pratica_do_Psicologo_no_Sistema_Prisional. Acesso em: 9 maio 2023.

NEVES LEMOS, Lenara. Os Direitos Humanos e a ressocialização no sistema penitenciário brasileiro. *In*: SANTORO, Antonio Eduardo; SILVA, Flavio Mirza; GUEDES, Mauricio Pires; SILVA, Rogério Borba. **Reflexões sobre Direito e sociedade**. [S. l.: s. n.], 2022. cap. 6. Disponível em: https://ayaeditora.com.br/wp-content/uploads/Livros/L139C6.pdf. Acesso em: 8 maio 2023.

PINHEIRO, Luci Faria; GAMA, Taíza da Silva. As Origens do Sistema Penitenciário Brasileiro: uma análise sociológica da história das prisões do Estado do Rio de Janeiro. **Sociedade em Debate**, [s. l.], 10 set. 2016. Disponível em: https://revistas.ucpel.edu.br/rsd/article/view/1438/970. Acesso em: 8 maio 2023.

ROMANINI, Moises *et al*. Saúde mental, Direitos Humanos e sistema penal: reinventando a extensão em tempos pandêmicos desmedidos. **Saúde e Sociedade**, v. 31, p. e210391, 2021. Disponível em: https://acrobat.adobe.com/link/review?uri=urn:aaid:scds:US:a3cdceff-ed85 31e6-abb4-9fd6edecbbc2.

ROSA, Matheus Henrique Lins. **Sistema penitenciário brasileiro**: Direitos Humanos e o princípio da dignidade da pessoa humana. 2018. Dissertação (Bacharelado em Direito) – UniEVANGÉLICA, [S. l.], 2018. Disponível em: http://repositorio.aee.edu.br/bitstream/aee/645/1/Monografia%20-%20 Matheus%20Lins.pdfhttp://repositorio.aee.edu.br/bitstream/aee/645/1/Monografia%20-%20Matheus%20Lins.pdf. Acesso em: 8 maio 2023.

UNICEF (ed.). Declaração Universal dos Direitos Humanos. *In*: UNICEF (org.). **Declaração Universal dos Direitos Humanos**. [*S. l.*], 10 dez. 1948. Disponível em: https://www.unicef.org/brazil/declaracao-universal- dos-direitos-humanos. Acesso em: 8 maio 2023.

UNICEF. **Introdução à abordagem baseada em Direitos Humanos**: os Direitos Humanos pertencem a todos e todas e a cada um de nós igualmente. Finlândia, 13 abr. 2015. Disponível em: https://www.unicef.org/brazil/o-que-sao-direitos- humanos#:~:text=Os%20direitos%20humanos%20s%C3%A3o%20norm as,tem%20em%20rela%C3%A7%C3%A3o%20a%20eles. Acesso em: 8 maio 2023.

GASLIGHTING COMO INSTRUMENTO DE TORTURA PSICOLÓGICA NAS RELAÇÕES HUMANAS

Daniele Iracema da Silva Alarcon
Débora Cândido
Luciana Santos Kovacs
Márcia Constantina Bellomo de Paula
Renata Ribeiro Cyrillo
Damião Evangelista Rocha

1. Introdução

Gaslighting é um termo usado para descrever uma forma de manipulação psicológica na qual uma pessoa faz com que a outra questione sua própria sanidade, memória e percepção da realidade. De acordo com Sarkis (2019), o termo *Gaslighting* é definido como um tipo de abuso ou manipulação psicológica, foi adicionado ao Oxford English Dictionary em dezembro de 2004. Segundo Irigaray (2022), esse termo ficou conhecido com o filme À Meia-Luz, de 1944, dirigido por George Cukor e estrelado por Ingrid Bergmar e Charles Boyer.

Na trama, o marido tenta convencer a mulher de que ela é louca, manipulando pequenos elementos de seu ambiente e insistindo que ela está errada ou que se lembra de coisas de maneira incorreta. O nome faz referência às lâmpadas que são alimentadas a gás e, em certo momento, piscam. Ela nota, mas o marido a faz acreditar que está imaginando, fazendo com que a mulher duvide da própria sanidade.

A violência psicológica, de acordo com a Lei Maria da Penha, nº 11.340/2006, traz diversas formas de violência que podem ser praticadas contra a mulher. Uma das formas é a violência psicológica que também pode ser chamada de agressão emocional. De acordo com texto são condutas que causem danos emocionais em geral ou atitudes que tenham objetivo de limitar ou controlar suas ações e comportamentos, através de ameaças, constrangimentos, humilhações, chantagens e outras ações que lhe causem prejuízos à saúde psicológica.

Ainda de acordo com a Lei Maria da Penha (2006), podem ser caracterizar violência psicológica atos de humilhação, desvalorização moral ou deboche público, assim como atitudes que abalam a autoestima da vítima e podem desencadear diversos tipos de doenças, tais como depressão, distúrbios de cunho nervoso, transtornos psicológicos.

Diante disso, pode-se dizer que os *Gaslighting* usam as suas próprias palavras contra você, tramam contra a pessoa, mentem na sua cara, negam as suas necessidades, exibem poder excessivo, tentam convencê-la de uma realidade forjada, fazem com que a sua família e os seus amigos se voltem contra você (SARKIS, 2019).

Ainda de acordo com autor, você pode conhecer um *Gaslighting*, pode ser um namorado supercontrolador que envolve você porque é charmoso, autoconfiante. Um colega de trabalho que sempre dá um jeito de levar o crédito pelo trabalho que você fez. O vizinho que acusa você de colocar o lixo na lixeira dele, o político que nunca admite um erro, o assediador que culpa a vítima.

Eles convencem as mulheres de que estão malucas, de que são agressivas, de que são um problema que ninguém vai querer, que são péssimas mães e não deveriam ter filhos, que não sabem administrar suas próprias vidas ou que são um peso para os outros. (SARKIS, 2019). É uma forma de violência de difícil identificação, pois o dano não é físico ou material, as vítimas muitas não se dão conta de que estão sofrendo danos emocionais.

A violência contra a mulher significa todo ato violento no gênero, resultando em dano físico, sexual, psicológico ou em sofrimento para ela. De acordo com Bálsamo (2022), isso pertence as ideações machistas e patriarcais da sociedade, que somadas a maior força física e relação com o poder masculino irá causar no abusador a sensação de que está fazendo justiça e tem em seus atos essa justificativa.

Ainda de acordo do autor, a vítima pode ficar presa nessa situação devido a fatores como isolamento, relação de poder e controle, aceitação cultural, dependência financeira, por sentimentos como medo, vergonha e culpa e para proteger os filhos que ocasionalmente são usados para ameaçar e barganhar vantagens para o agressor.

Porém na Constituição Federal de 1988, mais especificamente no artigo 5º, que trata acerca dos direitos e garantias fundamentais, expõe: "homens e mulheres são iguais em direitos e obrigações" (BRASIL, 1988).

No entanto de acordo com Souza (2017), a realidade ainda é bem diferente visto que, é naturalizado um conjunto de práticas referentes ao gênero que fomenta um sistema desigual, desde muito cedo, existe uma construção social "do que é ser mulher" e "do que é ser homem", das "feminilidades" e "masculinidades".

Para Bálsamo (2022), tanto as mulheres quanto os homens são resultados de um sistema social patriarcal, no qual existe a predominância de discursos machistas, apresentando-se como uma espécie de lei, um paradigma ético, moral que deve ser seguido e prezado.

De acordo com Souza (2017), meninos e meninas são educados de maneira desigual, permitindo e almejando deles distintas emoções e comportamentos dos garotos, espera-se que sejam fortes, coloquem-se no mundo de maneira impositiva, sejam bons líderes e, de preferência, não chorem e não demonstrem suas fragilidades. As meninas, as características cobradas e reforçadas são delicadeza, fragilidade, meiguice, capricho, elas são constantemente exigidas a se preocuparem com a aparência e com as tarefas domésticas.

O *Gaslighting* não está apenas no ambiente doméstico, é possível identificá-lo em ambientes corporativos. De acordo com Sakis (2019), eles destroem carreiras e empresas, manipulam colegas de trabalho e subordinados para fazer o trabalho por eles e depois ficam com o crédito, fazem falsas alegações de assédio quando, na verdade são eles os assediadores. Eles sabotam os colegas de trabalho e recusam-se a assumir qualquer responsabilidade por seu comportamento.

Portanto, é essencial entender o que é o *Gaslighting* e como ele pode ser identificado em diferentes ambientes, para que possamos tomar medidas preventivas e lidar com o comportamento abusivo de maneira adequada. Neste artigo, foram explorados mais sobre o *Gaslighting* nos relacionamentos humanos, as consequências que pode trazer e como lidar com essa situação.

Sendo assim, esta pesquisa foi empregada a metodologia do tipo qualitativo, de natureza exploratória por meio do procedimento da pesquisa de revisão bibliográfica. "A pesquisa bibliográfica é desenvolvida com material já elaborado, constituído principalmente de livros e artigos científicos" (GIL, 2002, p. 44). Para desenvolver esta pesquisa no formato proposto foi realizada a leitura do material obtido, de acordo com a metodologia adotada.

Foi realizada a seleção da bibliografia, para a elaboração e organização de categorias, foi observado, e destacando os pontos relevantes. Para realização desta pesquisa a principal base foi site Google Acadêmico, Scielo, artigos, livros, sendo utilizada para buscar a expressão de *Gaslighting* como instrumento de tortura psicológica nas relações humanas, o que é, os tipos, como se dá e de que forma podemos identificá-la, as consequências dessa violência.

A pesquisa se justifica graças à crescente demanda de adoecimentos psicológicos relatados ao longo dos últimos anos, uma vez que identificou-se que o sofrimento psíquico não só se deve ao abuso físico, facilmente constatado a olho nu, mas a manipulação por meios psicológicos também se configurando como violência dentro das relações. Elencou-se neste artigo uma prática de abuso recorrente, o *Gaslighting*, onde o objetivo do abusador é fazer com que a vítima tenha dúvida sobre seu próprio julgamento da realidade para entendermos como se dá tal processo dentro da psicologia.

2. Gaslighting nos relacionamentos e suas consequências

Gaslighting é um termo usado para descrever uma forma de manipulação psicológica na qual uma pessoa faz com que a outra questione sua própria sanidade, memória e percepção da realidade. De acordo com Neves (2021), o termo "*Gaslighting*" foi originado a partir da peça escrita por Patrick Hamilton chamada "Gás Light", lançada em 1938, e do filme dirigido por George Cukor, "Gaslight", lançado em 1944, que foi uma adaptação da peça. Ambas as obras contam a história de maridos que tentam enlouquecer suas esposas através de manipulação psicológica.

No Brasil, o filme foi lançado como "À Meia Luz" e retrata a história de um homem que manipula sua esposa para tentar tomar sua fortuna, induzindo-a a duvidar de sua própria sanidade. O termo "*Gaslighting*" é utilizado desde 1960 para descrever a manipulação do sentido de realidade de uma pessoa (NEVES, 2021).

O nome "*Gás light*", que significa "luz a gás", foi baseado em uma cena em que a manipulação do marido atinge o ápice quando a esposa percebe que a luz de gás está ficando mais fraca. Apesar da veracidade da descoberta, o marido alega que a esposa está imaginando coisas. A palavra "gás light" não possui tradução exata, pois representa uma forma sutil e perigosa de abuso psicológico que pode ser devastadora para a vítima, como mostrado no filme (NEVES, 2021).

Para evitar confusões, é fundamental compreender a diferença entre tortura, tortura psicológica e *Gaslighting*. De acordo com Arantes (2011), a tortura é uma forma de violência em que uma pessoa é submetida a dor extrema, ou seja, dor física, com intenção de obter informações, confissões ou humilhá-las. Ainda que seja proibida por leis internacionais e pela Constituição Brasileira, é uma prática recorrente em certos contextos políticos ou criminais.

Já a tortura psicológica ocorre quando uma pessoa é vítima de abusos mentais que resultam em trauma, mas sem o uso de violência física. Seus efeitos podem ser tão graves quanto os da tortura física, causando danos emocionais, mentais e físicos duradouros (MACHADO, 2013). Por fim, o *Gaslighting* é quando uma pessoa manipula o outro para que este comece a duvidar de sua própria sanidade. Essa forma de abuso emocional é geralmente usada por uma pessoa que deseja controlar o comportamento da outra, minando sua autoconfiança e sua capacidade de tomar decisões autônomas (SAKIS, 2019). Portanto, é importante saber diferenciar esses tipos de violência para reconhecê-los quando ocorrerem e saber como combatê-los de maneira adequada e efetiva.

É fundamental destacar que o *Gaslighting* pode ter efeitos danosos não somente em âmbito pessoal, mas também no ambiente de trabalho. Essa prática consiste na utilização de técnicas manipulativas por um colega ou líder visando induzir um funcionário a questionar sua própria competência, habilidades e decisões, o que pode acarretar prejuízos sérios (IRIGARAY, 2022). De acordo com Skis (2019), as táticas utilizadas incluem negar fatos, alterar o histórico de eventos, minimizar a perspectiva de alguém e culpabilizar a vítima pelo problema.

As consequências de ser vítima de *Gaslighting* são muitas vezes devastadoras, podendo levar a perda de autoconfiança e autoestima, redução da performance no trabalho e problemas de saúde mental. Diante desse cenário, é fundamental que as empresas ofereçam apoio e recursos para prevenção e enfrentamento do *gaslighting* no local de trabalho (SAKIS, 2019).

De acordo com Ferreira (2017), as organizações estão passando por transformações e novos atributos estão sendo valorizados, como inteligência, criatividade, personalidade positiva, poder de decisão e capacitação. No entanto, ainda prevalece o pensamento de que os homens são mais qualificados do que as mulheres, mesmo quando os mesmos atributos são comparados. Infelizmente, as mulheres ainda têm suas habilidades questionadas e julgadas com base em estereótipos de comportamentos pessoais, emocionais e maternais.

Adichie (2014) justifica que essa mentalidade de superioridade masculina existe desde os primórdios, quando a força física era o principal atributo de sobrevivência. No entanto, com o passar do tempo, esse atributo tornou-se menos relevante, mas ainda tem um impacto prejudicial na cultura atual.

De acordo com Irigaray (2022), em recente pesquisa realizada em 37 empresas de diferentes portes, no estado do Rio de Janeiro e em São Paulo, em 2021, revelou que o *Gaslighting* ocorreu em todos os tipos de empresas pesquisadas e é uma estratégia de manipulação exercida por homens brancos heterossexuais, não só sobre grupos não hegemônicos, mas contra seus pares. O estudo trouxe como implicações gerenciais e à teoria a discussão e reflexão sobre como práticas discriminatórias têm sido naturalizadas e marginalizadas, não só no campo de estudos, mas na cultura organizacional.

> Com o aumento do espaço que as discussões sobre diversidade ganharam no mercado, empresas de diferentes setores, como as que foram analisadas nesta pesquisa, criaram políticas e áreas institucionais voltadas à diversidade. Isso fez com que as práticas de opressão, marginalização e violência acontecessem, cada vez mais, de maneira velada, simbólica e, como apresentado em nossos resultados, discursiva. Nesse sentido, o *gaslighting* pode ser analisado como uma categoria de atos de fala, que desvela uma estratégia silenciosa de deslegitimação de grupos marginalizados no contexto organizacional (IRIGARAY, 2022, p. 15).

Que se pode afirmar que o *Gaslighting*, uma forma nociva de abuso psicológico, pode gerar consequências emocionais graves para as vítimas. Isso inclui a diminuição da autoestima, ansiedade, depressão, distúrbios mentais e insegurança própria e nos outros. No contexto laboral, o *Gaslighting* pode ser classificado como assédio moral e gerar efeitos negativos tanto no aspecto físico quanto psicológico para os colaboradores (ADICHIE, 2014).

Embora o *Gaslighting* seja frequentemente associado a relações abusivas, ele pode ser utilizado como uma tática de controle e manipulação em organizações. As vítimas tendem a sentir-se inseguras e questionam a própria percepção dos fatos, muitas vezes apresentando comportamentos negativos que não condizem com sua real capacidade profissional (SAKIS, 2019).

Para prevenir e combater o *Gaslighting*, ainda de acordo com Sakis (2019), é essencial que as empresas adotem uma abordagem proativa para garantir um ambiente de trabalho saudável e seguro para todos os colaboradores. Isso inclui fornecer treinamentos sobre assédio moral e *Gaslighting*, garantir canais de denúncia anônima, oferecer apoio e orientação a vítimas, incluindo acompanhamento psicológico, e punir de forma efetiva os agressores.

Adichie (2014) enfatiza a importância de reconhecer que a eliminação do comportamento de *Gaslighting* no ambiente corporativo é uma responsabilidade compartilhada por toda a empresa. A implementação de medidas preventivas requer uma conscientização coletiva dos colaboradores e líderes sobre esse fenômeno, bem como a criação de políticas claras e consequências rigorosas a fim de estabelecer um ambiente de trabalho apropriado e saudável para todos os funcionários.

3. Considerações finais

Gaslighting é uma forma perigosa de manipulação psicológica utilizada para fazer com que a vítima comece a questionar a própria sanidade e percepção da realidade. O impacto dessa forma de abuso emocional pode ser devastador para a saúde mental e emocional das vítimas.

É crucial diferenciar entre *Gaslighting* e outros tipos de abuso psicológico para combater essa forma sutil de opressão que pode surgir em várias áreas da vida. Empresas, por exemplo, têm a responsabilidade de garantir um ambiente de trabalho seguro e saudável, incluindo medidas para combater o *Gaslighting*. Este artigo destaca os principais sintomas e consequências desse tipo de violência, enfatizando a importância de combater o *Gaslighting* para proteger a saúde mental das pessoas e garantir a consciência e denúncia desse tipo de abuso.

É essencial que haja mais pesquisas sobre o *Gaslighting* e o seu impacto nos relacionamentos, já que essa forma de abuso emocional é muitas vezes encoberta e ignorada.

A Psicologia, como ciência que estuda o comportamento humano, tem um papel fundamental nesta área de investigação. A compreensão de como o *Gaslighting* afeta a saúde mental das vítimas e o seu papel na perpetuação do abuso em relacionamentos tóxicos pode proporcionar um ponto de partida para abordagens terapêuticas e preventivas mais eficazes.

Além disso, as pesquisas sobre o *Gaslighting* podem fornecer uma base mais sólida para intervenções que vão desde o aprimoramento da educação em saúde mental até a formulação de políticas públicas.

Dessa forma, a produção de mais informações sobre o *Gaslighting* pode ser extremamente benéfica para a sociedade como um todo, ajudando a combater o abuso emocional em relações pessoais e profissionais.

REFERÊNCIAS

ADICHIE, C. N. **Sejamos todos feministas**. São Paulo: Companhia das letras, 2014.

ARANTES, M. A. A. C. **Tortura**: testemunhos de um crime demasiadamente humano. 2011. Tese (Doutorado em Ciências Sociais) – Programa de Estudos Pós-Graduados em Ciências Sociais, Pontifícia Universidade Católica de São Paulo – PUC-SP, São Paulo, 2011. Disponível em: https://repositorio.pucsp.br/jspui/handle/handle/3353. Acesso em: 15 abr. 2023.

BÁLSAMO, S, L. **Mulheres vítimas de violência doméstica**: como mudar essa realidade. São Paulo, 2022.

BRASIL. **Constituição Federal**. 1988. p. 11, art. 5º. Disponível em: https://www.jusbrasil.com.br/topicos/10641516/artigo-5-da-constituicao-federal-de-1988. Acesso em: 15 abr. 2023.

BRASIL. **Lei nº 11.340, de 7 de agosto de 2006**. art. 7º. Disponível em: https://www.jusbrasil.com.br/topicos/10868703/artigo-7-da-lei-n-11340-de-07- de-agosto-de-2006 Acesso em: 12 abr. 2023.

BRASIL. **Lei nº 11.340, de 7 de agosto de 2006**. Disponível em: http://www.planalto.gov.br/ccivil_03/_Ato2004-2006/2006/Lei/L11340.htm. Acesso em: 27 mar. 2023.

FERREIRA, C. M. **Ser mulher na Organização**: estudo da percepção de mulheres em cargos de chefia e subordinados. Brasília, DF, 2017. Disponível em: https://bdm.unb.br/bitstream/10483/18912/1/2017_CristinadeMouraFerreira.pdf. Acesso em: 30 abr. 2023.

GIL, A. C. **Como elaborar projetos de pesquisa**. 4. ed. São Paulo: Atlas, 2002.

IRIGARAY, H. A. R.; STOCKER, F.; MANCEBO, R. Gaslighting: A arte de enlouquecer grupos minoritários no ambiente de trabalho. **Rev. adm. empres**, Rio de Janeiro, v. 63, n. 1, 2023. Disponível em: https://www.scielo.br/j/rae/a/w8Kq4s3ksDR5Y3z9gkBJGhk/. Acesso em: 4 abr. 2023.

MACHADO, I. V. **Da dor no corpo à dor na alma**: uma leitura do conceito de violência psicológica da lei Maria da Penha. 2013. Tese (Doutorado em Ciências Humanas) – Universidade Federal de Santa Catarina, Florianópolis, 2013. Disponível em:https://repositorio.ufsc.br/bitstream/handle/123456789/107617/319119.pdf? sequence=1&isAllowed=y. Acesso em: 29 abr. 2023.

NEVES, C. **O que é o Gaslighting**. 2021. Disponível em: https://jus.com.br/artigos/92086/o-que-e-o-gaslighting. Acesso em: 30 abr. 2023.

SAKIS, S. M. **O fenômeno Gaslighting**: a estratégia de pessoas manipuladoras para distorcer a verdade e manter você sob controle. São Paulo: Cultrix, 2019.

SOUZA, C. P. **As relações afetivas e a construção das relações de gênero**. 2017. Trabalho de conclusão de curso (Graduação em Psicologia) – Instituto de Psicologia, Universidade Federal do Rio Grande do Sul, Porto Alegre – RS, 2017. Disponível em: https://www.lume.ufrgs.br/bitstream/handle/10183/179502/001067114.pdf. Acesso em: 15 abr. 2023.

TORTURA PSICOLÓGICA EM RELACIONAMENTOS ABUSIVOS: violação dos direitos das mulheres

Camila Domingo Matiazi
Luiza de Oliveira Moraes
Simone de Goes
Suelen Regina Godinho do Carmo
Vinicius Henrique M. V. de Oliveira
Marcelo Barros Georgetti

1. Introdução

De acordo com a Constituição Federal Brasileira, os Direitos Humanos são considerados fundamentais e universais (BRASIL, 1988). Esses direitos são definidos como direitos inerentes à pessoa humana, independentemente de raça, gênero, etnia, orientação sexual, religião ou qualquer outra condição social, cultural ou econômica (UNESCO, 2017).

O Artigo 5º da Constituição Federal é um dos principais instrumentos legais que garantem a proteção dos direitos fundamentais dos cidadãos brasileiros, incluindo a proibição da tortura psicológica. Em seu inciso III, assegura que ninguém será submetido a tortura nem a tratamento desumano ou degradante, o que engloba práticas que possam causar danos emocionais ou psicológicos.

Essa proibição é reforçada pela Lei nº 9.455/1997, conhecida como Lei de Tortura, que define e tipifica os crimes de tortura, incluindo a tortura psicológica, e estabelece penas para os infratores. É importante destacar que a tortura psicológica pode ter consequências tão graves quanto a tortura física, uma vez que pode levar à depressão, ansiedade e outras doenças psicológicas. Portanto, a proteção contra a tortura psicológica é essencial para garantir a dignidade humana e a preservação dos direitos fundamentais (LEITE, 2018).

A Declaração Universal dos Direitos Humanos é um importante instrumento que estabelece os direitos básicos que devem ser protegidos em todo o mundo, independentemente de raça, gênero, religião, origem nacional, etnia ou qualquer outra condição. Entre esses direitos, destacam-se a liberdade, a igualdade, a dignidade humana e o direito à vida. Infelizmente, ainda nos deparamos com situações em que esses direitos são violados, como no caso de relacionamentos abusivos.

Segundo a Organização Mundial da Saúde – OMS, a violência doméstica é um grave problema de saúde pública que afeta milhões de pessoas em todo o mundo, sendo que a maioria das vítimas são mulheres.

Muitas vezes as vítimas de violência doméstica, incluindo aquelas que vivem em relacionamentos abusivos não denunciam ou não buscam ajuda, o que pode levar a um ciclo de violência contínuo. Isso ocorre, em parte, devido ao medo de retaliação do agressor, mas também devido à vergonha, culpa e ao estigma associados à violência doméstica (ARAÚJO; GOMES; PEREIRA, 2019).

A Legislação brasileira reconhece a gravidade do relacionamento abusivo e busca proteger as vítimas por meio de leis como a Lei nº 13.718/2018, que tipifica o crime de importunação sexual e estabelece penas mais rigorosas para crimes sexuais e de violência doméstica.

No entanto, a denúncia e a aplicação da lei podem enfrentar entraves, como a falta de informação das vítimas sobre seus direitos, a falta de preparo das autoridades e a descrença na justiça por parte das vítimas (EIFERT; FINNEY; SEGAL, 2018).

A Psicologia tem um papel fundamental na compreensão e prevenção dessas violações dos direitos humanos, assim como no tratamento das vítimas. Por meio de intervenções terapêuticas e trabalhos de conscientização, os profissionais da área podem contribuir para a promoção do respeito aos direitos humanos e para a prevenção de abusos psicológicos em diferentes contextos (CONSELHO FEDERAL DE PSICOLOGIA, 2019).

Dessa forma, é importante discutir e abordar o tema dos direitos humanos, abusos psicológicos e relacionamentos abusivos, buscando soluções e abordagens para lidar com essa questão de forma efetiva e respeitosa (COUTINHO; SCORSOLINI-COMIN, 2019).

O presente artigo trata-se de uma revisão bibliográfica qualitativa com caráter exploratório. O objetivo, é abordar o tema da tortura psicológica em relacionamentos abusivos como uma forma grave de violação dos direitos humanos das mulheres. A violência psicológica é uma prática comum nesses relacionamentos, e muitas vezes é utilizada de forma intencional para controlar e dominar a vítima. Essas práticas não só prejudicam a saúde mental e emocional das mulheres, mas também afetam sua autoestima, sua capacidade de tomar decisões e até mesmo sua liberdade pessoal.

Consideramos que é importante compreender a gravidade desses comportamentos e lutar pela conscientização e prevenção da violência psicológica, visando garantir o respeito e a proteção das mulheres.

2. Como identificar o relacionamento abusivo?

Com o avanço da tecnologia e o fácil acesso às informações, rapidamente é possível conseguir saber sobre qualquer tema, em qualquer contexto, sob todo tipo de realidade. A temática dos relacionamentos abusivos se tornou recorrente na mídia brasileira: novelas, jornais, programas de entretenimento e comerciais para alertar, pontuar e evidenciar esta prática silenciosa.

O relacionamento abusivo, presente em todo o mundo, é uma violação dos Direitos Humanos e, por sua recorrência, pode ser considerado como um problema de Saúde Pública, uma vez que as consequências podem se estender desde psicológicas, físicas, até a morte. Nota-se um crescimento preocupante nos números de violência ocorrida entre casais, sendo assim, homens e mulheres são vítimas, mas os homens a cometem com maior quantidade (NASCIMENTO; SOUZA, 2018).

A violação do direito à vida, não só como poder-se-á pensar biologicamente, mas pensando na vida digna é uma violação dos artigos terceiro e quinto da Declaração Universal dos Direitos Humanos, sendo assim, nenhum ser humano pode ser colocado em situações em que a vida seja tanto interrompida, quanto abreviada (UNICEF, 1948).

A tortura, seja física ou psicológica, define-se como todo ato com a intenção de causar dor ou sofrimento (ORGANIZAÇÃO DAS NAÇÕES UNIDAS, 1948), dessa maneira, pode-se considerar que as torturas psicológicas, visam ou causam danos à vítima de forma passiva e não visível, tornando-a a mais complexa e íntima, pois além de ser sútil, são mascaradas e justificadas pela bagagem histórica do patriarcado, onde o homem tinha controle sobre a mulher. Condutas que ofendam, controlem, bloqueiam e ameaçam a liberdade da mulher, alterando seu comportamento, vínculo social, autonomia e autoestima, são sinais de relacionamento abusivo (FERREIRA; FIORINI, 2019).

A dependência emocional, é um transtorno aditivo, em que o indivíduo necessita do outro para manter seu equilíbrio emocional e essa necessidade pode ocorrer tanto nos relacionamentos parentais, como nos amorosos ou de amizade (BUTION; WESCHSLER, 2016). A culpa pode ser observada como sentimento presente em relações em que há dependência emocional não podendo, necessariamente, ser identificada de maneira simples, mas fazendo com que sempre seja gerado um mal-estar e remorso (SAPIENZA; POMPEIA, 2004).

As relações amorosas são fruto de uma determinação social e histórica. O modo como irá se relacionar, afetivamente e sexualmente com o outro, o que irá procurar em um parceiro, os valores esperados em uma relação e o modo como está irá se configurar, são condicionados pelo tempo histórico em que o sujeito está inserido (FERREIRA; FIORINI, 2019).

Os padrões familiares na primeira infância irão influenciar na vida adulta e, para que um relacionamento amoroso seja reconhecido como saudável, o mesmo deve ser vivenciado de forma prazerosa, fazendo com que se tenha benefícios em diversas áreas e que proporcione bem-estar e satisfação

(ADOLPHO, 2017). Dessa maneira, é importante lembrar que o ambiente familiar que estimula a comunicação e a expressão dos sentimentos, auxilia no processo de confiança e autoestima do sujeito nos vínculos futuros, podendo evitar, portanto, a dependência emocional.

Mas afinal, após identificar que um relacionamento é abusivo, o que fazer? A Lei Maria da Penha (BRASIL, 2006), foi implantada e reconheceu que a violência doméstica e familiar contra a mulher é qualquer ação ou omissão baseada no gênero que lhe cause morte, lesão, sofrimento físico, sexual ou psicológico e dano moral ou patrimonial, e ainda, no Inciso II do Artigo 7º, indicam que a violência psicológica se manifesta da seguinte forma:

> [...] degradar ou controlar suas ações, comportamentos, crenças e decisões, mediante ameaça, constrangimento, humilhação, manipulação, isolamento, vigilância constante, perseguição contumaz, insulto, chantagem, violação de sua intimidade, ridicularizarão, exploração e limitação do direito de ir e vir ou qualquer outro meio que lhe cause prejuízo à saúde psicológica e à autodeterminação (BRASIL, 2006, p. 2).

Dessa forma, apesar de existir uma grande dificuldade em denunciar esse tipo de ação, seja por medo das consequências e retaliações, seja pelo pensamento julgador da sociedade e da família, ou seja, é necessário não apenas o compartilhamento dessas informações para a denúncia, mas também o compartilhamento de políticas públicas sociais provenientes de situações em que a vítima precisa de apoio tanto psicológico, como médico geral em si, mas também financeiro e de moradia.

A atual realidade brasileira se faz necessária tal reflexão bem como contextualizações de políticas planejadas anteriormente por governos ou pela própria sociedade. Caso exista um enquadre nessa situação referida de violação de direitos é indicado procurar ajuda estatal, por mais que a mente da vítima aja a favor do agressor somatizando questões de forma simplista.

Contudo, toda mulher vítima de violência doméstica poderá denunciar anonimamente via telefone no 180 ou comparecer às delegacias e postos de saúde para garantir sua segurança e a punição ao agressor.

3. Danos psicológicos: consequências para as vítimas

Apesar da Lei nº 11.340/06 ter sido criada para auxiliar as vítimas de violência, conforme descrita no Art. 7º, inciso II, já citada anteriormente, aprovando legalmente a punição para o agressor, mesmo sendo grande avanço em nossa cultura, esta Lei não resolve os problemas de violência contra as mulheres e o sofrimento que elas enfrentaram.

Os estudos recentes sobre violência no Brasil, segundo Bueno *et al.* (2023), compreendem que "se considerarmos os casos de violência psicológica, 43% das mulheres brasileiras, já foram vítimas do parceiro íntimo" e, se for levado em conta o Fórum Brasileiro de Segurança Pública, estima-se que cerca de 18,6 milhões de mulheres brasileiras foram vitimizadas em 2022, é uma situação crescente no país. Desta forma, verifica-se a quantidade de mulheres em sofrimento psíquico.

Ainda segundo o Fórum Brasileiro de Segurança Pública, a quantidade de mulheres que sofrem algum tipo de violência física, sexual e/ou psicológica "equivale a um estádio de futebol com capacidade para 50 mil pessoas lotados todos os dias", sendo assim é importante que a cada dia mais seja estudado este assunto.

A violência psicológica, segundo Fagundes e Torman (2022), se expressa por meio de ameaça, medo, controle, humilhação, indiferença, ciúme patológico, desqualificação, intimidação ou tortura. É importante ressaltar que as consequências causadas em mulheres que sofreram a violência psicológica são inúmeras, para elucidar podemos citar uma pesquisa realizada por Rosseto *et al.* (2021, p. 7):

> [...] tipos de consequências, sendo as de maior incidência na classe baixa: medo, baixa autoestima, não se sentir suficiente e dificuldades em construir relações; na classe média: a culpa, insegurança, baixa autoestima e dificuldades em construir relações; na classe alta: relataram apenas a dificuldade em construir relações.

Podemos constatar que em todas as classes sociais a violência psicológica acontece, mas podemos analisar que conforme a classe social estes danos podem alterar. Em todas as classes podemos observar que elas relatam a dificuldade em construir relações, ou seja, os danos permanecem mesmo depois do rompimento do relacionamento e pode continuar ao longo da sua vida. Segundo Rosseto *et al.* (2021, p. 7):

> A violência psicológica pode gerar efeitos negativos para a autoimagem e autoestima das mulheres, além disso, a experiência de violência gera níveis de depressão, ansiedade e regulação emocional. Os resultados obtidos indicam potencial prejuízo da exposição à violência na saúde mental de mulheres nessa situação.

Dessa forma fica evidente que não é possível passar pela violência psicológica sem enfrentar algum tipo de dano, podendo desenvolver depressão, ansiedade, baixa autoestima, distúrbios alimentares e/ou abuso de algum tipo de substâncias, sentimentos de desvalorização e inferioridade. Corroborando Fagundes e Torman (2022, p. 49):

Essas formas de violência provocam sérios danos psicológicos nas mulheres, como insegurança, frustração, medo e sentimento de ansiedade, e, por conta disso, as consequências são as piores possíveis para a mulher, uma vez que afetam a sua autoestima e saúde.

De acordo com Campos, Tchalekian e Paiva (2020), os sofrimentos psíquicos mais comuns decorrentes de violência psicológica são o humor depressivo – ansioso, sintomas somáticos, decréscimo de energia vital, pensamentos depressivos, pensamentos suicidas, depressão, estresse pós-traumático, dentre outros sintomas de ordem psiquiátrica.

Trazendo como consequência dos danos psicológicos tidos pela vítima também o sentimento de medo e vergonha se intensifica pelo anseio do acontecimento de algo, por vezes não sabendo a motivação do sentimento em si e de que em algum momento do processo, seja judicial, seja emocional precise ter sua intimidade e fragilidade exposta (SAPIENZA; POMPEIA, 2018).

O Relacionamento abusivo faz com que a pessoa se sinta tão culpada que passa aceitar tudo como se fosse sua responsabilidade, o relacionamento vem muitas vezes mascarado pelo parceiro como cuidado, afeto, amor e ciúmes (BROETTO; FALCHETTO, 2017).

A violência traz muitos sofrimentos para vítimas diretas e as indiretas, no caso dos filhos do casal, quando presenciam as agressões, de acordo com Campos, Tchalekian e Paiva (2020). Alguns sintomas, como problemas na saúde física, insônia, transtorno de ansiedade e depressão, também podem acometer desses filhos e se os sintomas serão de longo ou curto prazo vai depender de cada pessoa e do tratamento dado a ela. Ou por outro lado por presenciar dentro do lar situações de violência e ao crescer internalizar como algo normal.

Dessa forma se faz necessário estudar sobre o abusador, ressaltando que o objetivo não é justificar o comportamento de quem agride, mas poder compreender como ocorre. Em sua origem, podem ser: a forma como a pessoa foi criada, os valores, a educação, os costumes e a razão mais abordada, o machismo, o que pode proporcionar em um adulto que acredita que pode fazer o que quiser com a mulher.

Outro fator levantado pode ser sofrimento de bullying na infância, ser alvo de piadas, crescer um adulto inseguro. Segundo Broetto e Falchetto (2017), as razões podem ser muitas; aquele que abusa, que manipula, que fere, que violenta, verbal ou psicologicamente, também foi uma vítima em algum momento da sua vida. E estes traumas que a pessoa carrega, pode ser o gerador, e que a sua forma de escape é o abuso.

A psicóloga clínica, Maria Ivone, define esse perfil: "Normalmente é uma pessoa insegura, o abusador. Uma pessoa insegura e que tem necessidade de controlar o outro, a parceira ou o parceiro. Se ele é abusivo, é porque ele tem espaço pra isso. Porque o outro complementa entende? Então é uma relação. Que um invade, tem necessidade de controlar, ás vezes não consegue ou a pessoa não faz aquilo que a pessoa quer. Então é uma pessoa insegura, e que pra conseguir o controle, pra conseguir com que o outro faça e haja do jeito que ela quer, usa as armas que tem. Da agressão, da agressão verbal, da imposição, da manipulação e por aí vai" (BROETTO; FALCHETTO, 2017, p. 140).

Segundo os autores acima, por baixo do papel agressivo o abusador sente a necessidade de diminuir a vítima, talvez para não mostrar a sua própria inferioridade e insegurança, colocando a vítima para baixo para se sentir melhor, minando a autoestima e sua autoconfiança.

Dentro do relacionamento é difícil ver a verdade como ela é, não conseguindo enxergar a própria situação. Na maioria das vezes, o sujeito não consegue perceber que está em uma relação abusiva, os primeiros sinais são sutis, e aos poucos e com o passar do tempo vão se agravando e quando começa a perceber o que está vivenciando, já está em uma dependência emocional tão grande que é difícil desvencilhar-se, podendo permanecer por diversos motivos.

Segundo Backers, Souza e Santos (2021), "em síntese, nenhuma mulher mantém-se em uma relação íntima abusiva porque aprecia o sofrimento e sim, porque há diversos fatores que a detém de tomar a melhor decisão para si". Desta forma para desligar-se deste relacionamento é importante uma rede de apoio (família, amigos e profissionais), porque a sociedade ainda responsabiliza o fracasso da relação à figura da mulher.

4. Considerações finais

Este artigo acadêmico teve como objetivo, através de uma revisão bibliográfica com caráter exploratório, elucidar o tema da tortura psicológica contra mulheres. A partir dos materiais explorados, pode-se entender que, a tortura psicológica muitas vezes acaba passando de uma maneira desapercebida por quem a sofre, tornando-se assim, uma violência silenciosa, por ferir sua subjetividade.

Entende-se que esse tipo de violência é destacado por ser capaz de trazer consequências tão graves quanto a tortura física, uma vez que não é possível passar por ela sem enfrentar algum tipo de dano, sendo ele a ansiedade, depressão, abuso de algum tipo de substância, sentimentos de inferioridade, de desvalorização, a baixa autoestima, a culpa e a vergonha. E como visto, esses danos independem da classe social.

Como também já citado anteriormente, mesmo com as diversas leis criadas para assegurar os Direitos Humanos e os direitos das mulheres vítimas de violência; com o avanço da tecnologia e o fácil acesso às informações; com o fato de o tema dos relacionamentos abusivos se tornarem recorrente na mídia, Nascimento e Souza (2018), perceberam o crescimento preocupante nos números de violência ocorrida entre casais, sendo o homem a cometer com maior quantidade.

E, segundo Araújo, Gomes e Pereira (2019), as vítimas acabam por não denunciar por conta do medo de retaliação do agressor, e também pela vergonha, culpa, e ao estigma associado à violência doméstica. Como mencionado por Eifert, Finney e Segal (2018), a denúncia e a aplicação da lei, ainda enfrentam entraves como a falta de informação das vítimas sobre seus direitos, a falta de preparo das autoridades e a descrença na justiça por parte das vítimas.

E apesar de haver diversos artigos recentes com o tema da violência contra a mulher, há a necessidade de mais pesquisas e coletas de dados, podendo assim fomentar mais discussões sociais e levar mais, contudo, desse contexto às pessoas.

Por tanto, a Psicologia, neste caso, faz-se fundamental para que se compreenda e possa prevenir a violação dos Direitos Humanos, contribuindo também para o tratamento das vítimas. Por isso, é importante que esse assunto seja mais discutido e o tema mais abordado, para que possam surgir abordagens que façam com que o tratamento para lidar com essa questão seja de maneira efetiva, respeitosa e seus direitos sejam garantidos.

REFERÊNCIAS

ADOLPHO, M. S. **A dependência emocional em casais: o amor que aprisiona.** 2017. 35 f. Trabalho de Conclusão de Curso (Monografia) – Curso de Psicologia, Faculdade Integrada de Santa Maria, Santa Maria, RS, 2017. Disponível em: https://www.fismapsicologia.com.br/wp-content/uploads/2018/10/A-DEPEND%C3%8ANCIA-EMOCIONAL-EM-CASAIS-O-AMOR-QUE-APRISIONA-2017.pdf. Acesso em: 13 abr. 2023.

ALMEIDA, Maria Clara; FERRAZ, Thais. O abusador no contexto de um relacionamento conjugal: seus comportamentos e características de acordo com obra de Lundy Bancroft. **Cadernos de psicologia**, v. 4, n. 8, 2023.

ARAUJO, K. C. A.; GOMES, V. L.; PEREIRA, R. M. O silêncio das vítimas de violência doméstica: implicações para a intervenção psicológica. **Psicologia em Estudo**, v. 24, 2019.

BACKES, D. dos S.; SOUZA, A. S.; SANTOS, J. F. O mito do amor romântico e as relações abusivas: possibilidades de enfrentamento a partir do campo educacional. *In*: ENCONTRO INTERNACIONAL DE FORMAÇÃO DE PROFESSORES, 12.; FÓRUM PERMANENTE DE INOVAÇÃO EDUCACIONAL, 14., 2021, Aracaju, SE. **Anais** [...]. Aracaju: UNIT, 2021. v. 1. Disponível em: https://eventosgrupotiradentes.emnuvens.com.br/enfope/article/view/15024. Acesso em: 29 abr. 2023.

BRASIL. **Lei nº 11.340, de 7 de agosto de 2006.** Dispõe sobre a criação dos Juizados de Violência Doméstica e Familiar contra a Mulher; altera o Código de Processo Penal, o Código Penal e a Lei de Execução Penal; e dá outras providências. Disponível em: http://www.planalto.gov.br/ccivil_03/_ato2004-2006/2006/lei/l11340.htm. Acesso em: 28 abr. 2023.

BRASIL. Constituição (1988). **Constituição da República Federativa do Brasil.** Brasília, DF: Senado Federal, 1988.

BROETTO, T. O. M.; FALCHETTO, G. N. **Amores abusivos: sob o olhar delas.** Orientadora: Prof.ª Dr.ª Lucilene Gonzáles. 2017. 144 f. Trabalho de Conclusão de Curso (Graduação em Jornalismo) – Faculdade de Arquitetura, Artes e Comunicação, Universidade Estadual Paulista "Júlio de Mesquita Filho", Bauru, 2017. Disponível em: https://repositorio.unesp.br/bitstream/handle/11449/156570/000899691_livro.pdf?seq. Acesso em: 29 abr. 2023.

BUENO, S. et al. **Visível e invisível: a vitimização de mulheres no Brasil**. 4. ed. Ilustrações: Lais Oliveira. Diagramação: Oficina22. 2023. Disponível em: https://forumseguranca.org.br/wp-content/uploads/2023/03/visiveleinvisivel-2023-relatorio.pdf. Acesso em: 29 abr 2023.

BUTION, D. C.; WECHSLER, A. M. Dependência emocional: uma revisão sistemática da literatura. **Estudos Interdisciplinares em Psicologia**, Londrina, PR, v. 7, n. 1, p. 77-101, jun. 2016. Disponível em: http://pepsic.bvsalud.org/scielo.php?script=sci_arttext&pid=S2236-64072016000100006&lng=pt&nrm=iso. Acesso em: 13 abr. 2023.

BRASIL. **Lei nº 13.718, de 24 de setembro de 2018**. Altera os Decretos-Leis nº 2.848, de 7 de dezembro de 1940 (Código Penal), e 3.689, de 3 de outubro de 1941. Brasília, DF, 2018. (Código de Processo Penal).

CAMPOS, B.; TCHALEKIAN, B.; PAIVA, V. Violência contra a mulher: vulnerabilidade programática em tempos de Sars–Cov-2/COVID-19 em São Paulo. **Psicologia & Sociedade**, Belo Horizonte, v. 32, p. e020015, 2020. Disponível em: https://www.scielo.br/j/psoc/a/Bqv5dn5fbL3LTrm3PGvJDzN/?format=pdf&lang=pt. Acesso em: 29 abr. 2023.

CONSELHO FEDERAL DE PSICOLOGIA. **Violência e direitos humanos**: subsídios para atuação de psicólogas/os. Brasília, DF: CFP, 2019.

COUTINHO, M. P.; SCORSOLINI-COMIN, F. Abuso psicológico: o sofrimento silencioso das mulheres em relacionamentos abusivos. **Revista Psicologia Política**, v. 19, n. 43, p. 401-420, 2019.

CUNHA, Tânia; SOUSA, Rita. Violência psicológica contra a mulher: dor invisível. *In*: CONGRESSO LUSO-AFROBRASILEIRO, 10. **Anais** [...]. Sociedades Desiguais e paradigmas em confronto, 2017. p. 237-244.

DE QUEIROZ, Rosana Ataide; CUNHA, Tania Andrade Rocha. A violência psicológica sofrida pelas mulheres: invisibilidade e memória. **Revista Nupem**, v. 10, n. 20, p. 86-95, 2018.

EIFERT, Georg H.; FINNEY, Cristóvão J.; SEGAL, Daniel L. Uma intervenção baseada em casal para TEPT: resultados preliminares de um ensaio clínico randomizado. **Revista de Psicologia Familiar**, v. 32, n. 8, p. 1.019-1.029, dez. 2018.

FAGUNDES, Cristiane Maria; TORMAN, Ronalisa. Considerações acerca da violência contra a mulher e as consequências psicológicas durante a pandemia de COVID-19. **Conecte-se! Revista Interdisciplinar de Extensão**, v. 6, n. 12, p. 48-65, 2022. Disponível em: http://periodicos.pucminas.br/index.php/conecte-se/article/view/28716/20345. Acesso em: 8 maio 2023.

FERREIRA, L. H. M.; FIORONI, L. N. **Concepções sobre relacionamentos amorosos na contemporaneidade**: um estudo com universitários. São Paulo: ABRAPSO, 2019. Disponível em: http://www.abrapso.org.br/siteprincipal/images/Anais_XVENABRAPSO/580.%20concep%C7%D5es%20sobre%20relacionamentos%20amorosos%20na%20contemporaneidade.pdf. Acesso em: 13 abr. 2023.

NASCIMENTO, E. S.; SOUZA, K. V. **Relações abusivas**: um olhar cognitivo comportamental. Itabuna, BA: Colegiado de Psicologia, União Metropolitana de Educação e Cultura, 2018. Disponível em: https://repositorio.pgsskroton.com//handle/123456789/21296. Acesso em: 27 abr. 2022.

ORGANIZAÇÃO DAS NAÇÕES UNIDAS. **Declaração Universal dos Direitos Humanos**, 1948. Disponível em: https://www.unicef.org/brazil/declaracao-universal-dos-direitos-humanos. Acesso em: 21 abr. 2023.

POMPÉIA, João Augusto; SAPIENZA, Bilê Tatit. **Na presença do sentido**. São Paulo: EDUC/Paulus, 2004.

ROSSETTO, B. G. *et al*. **Consequências da Violência Psicológica em Mulheres em Relacionamento Abusivo**. Araçatuba: UniSalesiano, 2021. Disponível em: file:///D:/Downloads/Artigo-Consequencias-da-Violencia-Psicologica-em-Mulheres-em-Relacionamento-Abusivo-Pronto%20(2).pdf. Acesso em: 21 abr. 2023.

SANTOS, Amanda; SANCHOTENE, Nicole; VAZ, Paulo. A invenção do relacionamento abusivo: sofrimento e sentido nas relações amorosas ontem e hoje. **LÍBERO**, n. 44, p. 122-135, 2019.

UNESCO. **Declaração Universal sobre a Diversidade Cultural**. Paris: UNESCO, 2017.

ZANOTTI, Isidoro. Organização das Nações Unidas. **Revista do Serviço Público**, v. 2, n. 1-2, p. 66-92, 1948.

ABUSOS PSICOLÓGICOS COMO VIOLAÇÃO DE DIREITOS HUMANOS: trabalho escravo

Aline Cesar de Oliveira
Claudia de Moraes
Marlene de Aquino Borges
Ursula Mazzo Granato
Vanessa Paula de Oliveira
Adriana Aparecida Almeida de Oliveira

1. Introdução

De acordo com Bobbio (1992), os Direitos Humanos são fundamentais para garantir a dignidade e a liberdade de todas as pessoas, e sua violação é uma grave questão em todo o mundo. Eles surgiram no contexto da Revolução Francesa, no final do século XVIII, e foram consolidados em documentos como a Declaração Universal dos Direitos Humanos, adotada pela Organização das Nações Unidas em 1948.

Conforme diz o autor citado acima, no Brasil, os Direitos Humanos começaram a ser discutidos de forma mais ampla a partir da década de 1980, durante o processo de redemocratização do país. Após o período de Ditadura Militar, que teve início em 1964, o Brasil passou por um processo de abertura política que culminou na eleição indireta de Tancredo Neves como presidente em 1985. Em 1988, foi promulgada a Constituição Federal, que estabeleceu diversos direitos e garantias fundamentais para os cidadãos brasileiros.

Segundo Silva (1987), a violação dos direitos humanos ainda é uma realidade em todo o mundo, incluindo o Brasil, a violência é um exemplo de como a dignidade e a liberdade das pessoas podem ser feridas.

Ainda de acordo com Silva (1987), violência é um fenômeno complexo e multifacetado que pode assumir diversas formas e afetar diferentes grupos sociais, ela pode ser definida como o uso da força ou da intimidação para causar dano físico, psicológico ou material a uma pessoa ou grupo de pessoas.

Segundo Minayo (2006), entre os diversos tipos de violações de direitos humanos, os abusos psicológicos e o trabalho escravo são exemplos gritantes de como indivíduos podem ser submetidos a condições degradantes e humilhantes.

Minayo (2006) diz que trabalho é uma atividade fundamental para a vida em sociedade, pois é por meio dele que as pessoas produzem bens e serviços necessários à sobrevivência e ao bem-estar individual e coletivo. Ele pode ser definido como um esforço humano aplicado para a realização de uma tarefa específica, visando atingir um objetivo determinado.

De acordo com a Declaração Universal dos Direitos Humanos (1948), o trabalho pode assumir diferentes formas e ser realizado em diversos setores da economia, desde a agricultura até a indústria e os serviços, o trabalho é uma das principais fontes de renda e subsistência para a maioria das pessoas, além de ser uma das principais formas de realização pessoal e profissional.

No entanto, a Declaração Universal dos Direitos Humanos (1948) reconhece que o trabalho também pode ser fonte de exploração, opressão e violação dos direitos humanos, e que os trabalhadores podem ser submetidos a condições precárias de trabalho, jornadas excessivas, baixos salários e discriminação, o que compromete a sua dignidade e qualidade de vida.

Segundo Souza (2022), o trabalho escravo é uma forma de exploração que remonta à Antiguidade, mas que ainda persiste em pleno século XXI em diversos países do mundo, inclusive no Brasil. O trabalho escravo é caracterizado por uma situação em que o trabalhador é submetido a condições degradantes, trabalhando em jornadas exaustivas, sem salário justo e sem liberdade para deixar o trabalho.

Ainda de acordo com Souza (2022), o trabalho escravo no Brasil é caracterizado por uma situação em que o trabalhador além de ser submetido a jornadas exaustivas, é sujeito a abusos físicos e psicológicos. Muitas vezes, os trabalhadores são mantidos em condições degradantes, sem acesso a água potável, alimentação adequada e moradia digna. É importante destacar que o Brasil assinou vários acordos internacionais de proteção dos direitos humanos, e a prática do trabalho escravo é uma violação desses acordos. O combate ao trabalho escravo no Brasil é uma questão urgente e deve ser uma prioridade para todos aqueles que lutam pela garantia dos direitos humanos.

Neste trabalho será abordado especificamente o tema do trabalho escravo contemporâneo e como ele se relaciona com a violação dos direitos humanos, e tem como objetivo discutir como os abusos psicológicos e o trabalho escravo podem ser considerados formas de violação dos direitos humanos, e como essas questões podem ser abordadas em uma perspectiva de defesa e promoção dos direitos humanos.

É importante ressaltar que este trabalho é uma pesquisa bibliográfica, que busca analisar e discutir o tema a partir de fontes diversas, tais como livros, artigos científicos e documentos oficiais. A partir dessa análise, será possível compreender como os abusos psicológicos e o trabalho escravo se enquadram na perspectiva dos direitos humanos e quais são as implicações desse fato para a sociedade em geral.

A partir desse ponto, serão realizadas discussões aprofundadas sobre as violações de direitos humanos no contexto dos abusos psicológicos e do trabalho escravo, sempre respeitando o objetivo principal deste trabalho.

2. Desenvolvimento

O Conselho Federal de Psicologia – CFP publicou uma matéria em 2017 sobre uma recomendação do Conselho Nacional dos Direitos Humanos – CNDH, onde buscava redefinir o conceito de trabalho escravo, cortes orçamentários com violações de diretos humanos, Política Nacional de Redução de Agrotóxicos, entre outros.

> A Portaria nº 1.129/2017 do Ministério do Trabalho, que alterou os conceitos do trabalho escravo no Brasil, foi repudiada pelo órgão, que decidiu, por unanimidade, instaurar uma Comissão de Apuração de Condutas e Situações Contrárias aos Direitos Humanos do ministro do Trabalho, Ronaldo Nogueira. A justificativa para abertura do procedimento são as ações reiteradas adotadas pelo ministro, que criam dificuldades ao processo de erradicação do trabalho escravo no país.

O psicólogo Paulo Maldos (2017), membro da CFP e também integrante do Conselho Nacional de Direitos Humanos – CNDH, faz uma declaração a partir dos temas citados acima e diz que:

> O Conselho Nacional dos Direitos Humanos, neste contexto, se posiciona como lugar de resistência, combatendo a redução de direitos onde ela for realizada ou ameaçada pelas elites, no Executivo, no Legislativo ou no Judiciário, sempre na busca da preservação da vida e dos direitos humanos, particularmente dos setores mais fragilizados do povo brasileiro.

De acordo com a Declaração Universal dos Direitos Humanos (1948), todos os seres humanos nascem livres e iguais em dignidade e direitos e são inalienáveis e universais.

Segundo Bobbio (1992), as primeiras ideias sobre direitos humanos foram desenvolvidas na Grécia Antiga por filósofos, como Sócrates e Platão, que defendiam a ideia de que os seres humanos possuíam direitos inerentes e universais que deveriam ser protegidos.

Ainda de acordo com Bobbio (1992), no final do século XVIII, durante a Revolução Francesa, que os direitos humanos começaram a ser discutidos de forma mais ampla e concreta, com a Declaração dos Direitos do Homem e do Cidadão sendo adotada em 1789. Desde então, a ideia de direitos humanos tem sido desenvolvida e consolidada em documentos como a Declaração

Universal dos Direitos Humanos, adotada pela Organização das Nações Unidas em 1948, que estabelece uma série de direitos fundamentais que todas as pessoas têm o direito de desfrutar, incluindo o direito à vida, à liberdade, à igualdade, à não discriminação, à liberdade de pensamento, de expressão e de religião, entre outros.

A Constituição Federal brasileira de 1988, que assegura os direitos humanos, no Brasil, ressalta que os Direitos Humanos têm uma história complexa de violações no país, incluindo a escravidão e a ditadura militar que governou o país de 1964 a 1985, porém começaram a ser discutidos de forma mais ampla a partir da década de 1980, durante o período de redemocratização do país, que trouxe à tona questões relacionadas aos direitos humanos. A partir disso, os direitos humanos começaram a ser discutidos de forma mais ampla no Brasil, impulsionados por organizações da sociedade civil e por grupos de defesa dos direitos humanos.

Ainda de acordo com a Constituição Federal de 1988, as leis descritas na constituição, continua sendo um instrumento fundamental para a promoção e proteção dos direitos humanos no Brasil, e tem sido utilizada como base para a criação de políticas públicas e ações afirmativas que visam garantir a igualdade e a dignidade de todos os cidadãos brasileiros.

É lamentável constatar que, ainda nos dias de hoje, a violação dos direitos humanos é uma triste realidade em escala global, incluindo o Brasil. A violência é um exemplo de como a dignidade e a liberdade das pessoas podem ser desrespeitadas.

Silva (1987) define a violência como o uso intencional da força física, psicológica ou emocional contra uma pessoa ou um grupo de pessoas, causando danos ou lesões físicas, psicológicas ou sociais. A violência pode ser perpetrada de diversas formas, como agressão física, abuso verbal, intimidação, bullying, assédio sexual, tortura, entre outras.

Segundo Minayo (2006), é importante ressaltar que a violência pode ocorrer em diversos contextos, como no âmbito doméstico, nas relações interpessoais, no ambiente de trabalho, na escola, na comunidade e até mesmo em âmbito internacional, como conflitos armados.

Ainda de acordo com Minayo (2006), a violência é considerada um grave problema social, que afeta a segurança, a saúde e o bem-estar das pessoas, além de gerar prejuízos econômicos e sociais para a sociedade como um todo.

Zaluar (1985) ressalta que, no Brasil, a violência é um fenômeno complexo e multifacetado, que se manifesta de diferentes formas, como o crime organizado, a violência doméstica, a violência policial, o racismo, a homofobia, entre outros. Essa violência pode afetar diferentes grupos sociais, como mulheres, negros, LGBTs, indígenas e pobres, entre outros, de forma desproporcional, acentuando ainda mais as desigualdades sociais e econômicas existentes.

Ainda segundo Zaluar (1985), para entender a violência no Brasil é importante levar em conta o contexto histórico e social do país, que foi marcado por processos de exclusão e marginalização de determinados grupos sociais, bem como pela falta de políticas públicas efetivas de segurança e prevenção à violência. Além disso, a impunidade e a corrupção também contribuem para a perpetuação da violência no país.

De acordo com Silva (1987), outro aspecto que deve ser considerado é a relação entre a violência e trabalho, pois o trabalho pode ser uma fonte de violência, quando é realizado em condições precárias, sem garantias trabalhistas e previdenciárias, em jornadas excessivas ou em atividades que expõem o trabalho a riscos e doenças ocupacionais.

Para Albornoz (1986), o trabalho pode ser definido de diferentes formas, por exemplo, na cultura europeia, o grego tem diferentes palavras, uma para fabricação e outra para esforço, enquanto no latim, francês, espanhol, alemão e inglês são colocadas de outra forma. Já no Brasil, essa mesma palavra amplia diferentes conceitos.

Em face do cenário atual, para o senso comum é simples definir o trabalho segundo as diretrizes da CLT (Consolidação das Leis de Trabalho). No dicionário, trabalho é definido como:

> Aplicação das forças mentais ou físicas na execução de uma obra realizada; lida; fadiga; esforço; ocupação; emprego; obra realizada; ação dos agentes naturais; feitiço; despacho; aflições; cuidados; empreendimentos (LUFT, 1991, p. 606).

Além disso, Luft (1991) diz que é interessante notar que a prática da atividade escrava no Brasil também teve um grande impacto na definição do termo "trabalho", especialmente no que diz respeito à exploração dos povos indígenas.

De acordo com Laste e Ribeiro (2019), os primeiros registros da prática da atividade escrava, no Brasil, apontam que os índios foram os primeiros a tornarem-se escravos com a chegada dos portugueses em 1500 na chamada fase do Brasil Colônia, que perdurou até o ano de 1822.

A Organização Mundial do Trabalho – OIT preceitua na Convenção nº 29, artigo 2º, que Trabalho Escravo é a atividade que "designará todo trabalho ou serviço exigido de um indivíduo sob ameaça de qualquer penalidade e para o qual ele não se ofereceu de espontânea vontade" (OIT, 1930).

> Sendo assim, quando falamos de escravos, escravidão ou escravismo, é fundamental entendermos que estes conceitos foram formados a partir de uma construção histórica, logo, o que entendemos por escravidão na antiguidade, não é o mesmo na Idade Moderna, ou, o equivalente à escravidão contemporânea (SANTOS, 2018, p. 29).

Como afirma a Organização das Nações Unidas no Brasil ONUBR (2016), o trabalho escravo é um problema verdadeiramente global, que afeta todos os países do mundo, de uma forma ou de outra. No Brasil, o trabalho escravo teve início logo com a chegada dos portugueses onde os membros da Coroa Portuguesa implantaram as chamadas Capitanias Hereditárias.

Ainda por Laste e Ribeiro (2019), todavia, com o passar do tempo, os portugueses perceberam que manter os índios como escravos não lhes traziam os lucros que desejavam e souberam de uma solução alternativa que lhes seriam mais prática e econômica. Sendo assim os portugueses passaram a utilizar a mão de obra escrava negra advinda da África, onde eles eram vendidos ou roubados por meio de emboscadas para serem negociados para trabalhos escravos para os seus ditos donos.

De acordo com Souza (2022), embora a Lei Áurea, decretada nos anos de 1888, tenha marcado, tardiamente, a abolição do regime escravocrata no Brasil, a erradicação deste tipo de prática se deu apenas no campo formal, tendo em vista a inexistência de políticas públicas conjuntas que garantissem aos ora libertos algum tipo de proteção à direitos e garantias básicas, como cidadania, educação, saúde, propriedade e trabalho.

Segundo Souza (2022), os que antes eram ditos escravos ao adquirir a liberdade como um direito garantido por lei continuaram vivendo em situação análoga à escravidão pois eram obrigados a trabalhar sem nenhum direito trabalhista, pois a Abolição da Escravatura não ofereceu nenhum suporte para que eles pudessem viver de forma digna enfrente a sociedade.

> E é o que acontece no trabalho em condições análogas à de escravo, pois, tratar alguém de forma semelhante a uma coisa, sujeitando-o ao trabalho escravo ou à jornada exaustiva, fixando-lhe condições degradantes de trabalho, impedindo sua locomoção em razão de dívida de qualquer ordem, e, até, retendo-o no local de trabalho, nas condutas equiparadas do artigo 149, § 1º, do Código penal Brasileiro, é violar a dignidade daquela (FILHO; SOEIRO, 2021, p. 6).

Filho e Soeiro (2021) dizem que a discriminação sofrida pelos os escravos durante o período da escravidão, foi a realidade vivida por eles, sendo atribuída consequência moral e psicológica, o escravo era visto como um objeto e não como pessoa. Apesar disso, as duas categorias possuem como eixo principal a ofensa à dignidade da pessoa humana, a coisificação do indivíduo e a negação de seus direitos.

"A escravidão tem ainda o poder simbólico de denunciar a redução de pessoas a coisas, objetos de troca, a mercadoria – vem associado a expressões como 'compra', 'venda', 'preço por lote', 'por cabeça' [...]" (ESTERCI, 2008, p. 32).

Para Esterci (2008), o trabalhador, ao ser coisificado, principalmente o mais simples, tende a ter sua saúde física e mental afetada e autoestima destruída. A discriminação é o ato de tratar alguém de forma diferente com base em preconceito.

Ainda de acordo com o autor citado acima, os escravos não possuíam estruturas socioeconômico, foram marginalizados e maltratados. A discriminação contra os escravos era a visão construída pelos colonizadores.

> No processo de escravização dos africanos e africanas, eles passaram a ser representados como povos sem fé, lei ou rei, descrição esta que os caracteriza a partir da noção de falta, basilar na construção da imagem do negro como inferior em relação ao branco. O modelo utilizado para a caracterização desta suposta falta era "evidentemente etnocêntrico, e o que não correspondia ao que se conhecia era logo traduzido como ausência ou carência, e não como um costume diverso ou variado". Assim sendo, a imagem construída do corpo negro era negativada: a imagem do não europeu, a do não branco, isto é, a imagem de um selvagem que deve ser civilizado para o "progresso" da nação (STREVA, 2016, p. 27).

Segundo Streva (2016), a classificação racial difundida no período colonial continua sendo empregada como um ferrete que classifica e registra na pele preta o emblema de inferioridade, identificando os corpos negros como procedentes da senzala, ou seja, destinados a ocuparem cargos ou posições subalternas. Anos depois do fim da escravidão, é lamentável que ainda ocorre a discriminação, principalmente em lugares e situações que a pessoa vive mais precariamente.

No Brasil, a Constituição da República Federativa do Brasil de 1988 – CRFB/88 impôs aos agentes que infringirem delitos dessa natureza, a cláusula de imprescritibilidade, antes a gravidade e repulsiva da ofensa, para que fique presente na memória, reverberado o repúdio e a indignidade da sociedade nacional a sua prática, pois, não basta proibir a discriminação, é preciso que se torne rotineiro o respeito aos princípios, tradições e costumes.

> Entretanto o processo de escravidão e a sua forma abolicionista deixaram marcas na sociedade brasileira, uma verdadeira ferida aberta que resiste no tempo e se enraíza com o preconceito racial em detrimento da cor da pele. De acordo com Reis, o Brasil foi um dos últimos países a abolir a escravatura, momento este em que já havia uma miscigenação de raças e culturas entre os povos, constituídos por raças vindas de continentes diferentes e mestiços (REIS, p. 45, 1998).

> A democracia só será uma realidade quando houver, de fato igualdade racial no Brasil e o negro não sofrer nenhuma espécie de discriminação, de preconceito, de segregação. Seja em termos de classe, seja em termos de raça (FERNANDES, 1989, p. 23).

De acordo com a ONUBR (2016), desde 1995, quando o Brasil reconheceu perante a comunidade internacional que ainda havia escravidão em seu território (apesar da Lei Áurea, que havia previsto sua abolição em 1888), importantes mecanismos foram criados visando sua erradicação.

> Com o passar dos anos os Direitos trabalhistas foram ganhando forças ao redor do mundo e no ano de 1919 o Tratado de Versalhes previu a criação da Organização Internacional do Trabalho (OIT) que se encarregaria de proteger as relações concernentes a empregadores e empregados (LASTE; RIBEIRO, 2019, p. 6).

De acordo com Laste e Ribeiro (2019), mesmo com várias leis sendo criadas para assegurar os direitos dos trabalhadores, a falta de recursos financeiros de escolaridade e de uma efetiva atuação das políticas públicas não foram capazes de acabar com a problemática sendo assim os trabalhadores ainda eram submetidos a condições de trabalho análogas ao trabalho escravo.

> É que, embora exista um conjunto normativo e uma expertise que permitam uma atuação mais segura, o certo é que ainda há pessoas em situação de miserabilidade, de extrema pobreza, e isso significa que há um alto número de vítimas em potencial em condições de sofrer a prática desse crime, e essa é uma questão a ser combatida, mas, de outra forma, com políticas de geração de emprego e/ou de renda que impeçam que as pessoas sejam aliciadas para empregos em que serão submetidas a condição similar à de escravo (FILHO; SOEIRO, 2021, p. 2).

Segundo Filho e Soeiro (2021), a essência do trabalho escravo contemporâneo, e o que o torna tão repulsivo, é a ofensa ao substrato mínimo dos direitos fundamentais do homem: a dignidade da pessoa humana, em ambas as suas dimensões. Assim, o trabalho escravo deve ser compreendido como aquele que instrumentaliza a mão de obra, reduzindo o trabalhador a mera mercadoria descartável, violando assim a sua dignidade.

Ainda de acordo com Filho e Soeiro (2021), embora a lei e a doutrina pareçam concordar, de forma quase unânime, no que tange à conceituação do trabalho escravo contemporâneo como aquele realizado em condições degradantes ou com submissão do trabalhador a jornadas exaustivas ou por meio da servidão por dívidas ou mediante trabalho forçado ou com restrição do direito de liberdade.

Conforme a Organização Internacional do Trabalho – OIT (2018), o trabalho escravo é uma grave violação de direitos humanos que restringe a liberdade do indivíduo e atenta contra a sua dignidade. O fenômeno é distinto da escravidão dos períodos colonial e imperial, quando as vítimas eram presas a correntes e açoitadas no pelourinho. Hoje, o trabalho escravo é um crime expresso no artigo 149 do Código Penal, conforme a seguinte definição legal:

> Código Penal Brasileiro:
> Artigo 149. Reduzir alguém a condição análoga à de escravo, quer submetendo-o a trabalhos forçados ou a jornada exaustiva, quer sujeitando-o a condições degradantes de trabalhando, quer restringindo, por qualquer meio, sua locomoção em razão de dívida contraída com o empregador ou preposto:
> Pena- reclusão, de dois a oito anos, e multa, além da pena correspondente à violência.
> 1º – Nas mesmas penas incorre quem:
> I – Cerceia o uso de qualquer meio de transporte por parte do trabalhador, com o fim de retê-lo no local de trabalho;
> II – Mantém vigilância ostensiva no local de trabalho ou se apodera de documentos ou objetos pessoais do trabalhador, com o fim de retê-lo no local de trabalho.
> 2º – A pena é aumentada de metade, se o crime for cometido:
> I – Contra a criança ou adolescente;
> II – Por motivo de preconceito de raça, cor etnia, religião ou origem.

De forma mais simples, a Organização Internacional do Trabalho – OIT (2018), diz que o termo trabalho escravo contemporâneo é usado no Brasil para designar a situação em que a pessoa está submetida a trabalho forçado, jornada exaustiva, servidão por dívidas e/ou condições degradantes. Não é necessário que os quatro elementos estejam presentes: apenas um deles é suficiente para configurar a exploração de trabalho escravo.

Segundo o Ministério Público do Trabalho (2021), no Brasil, 95% das pessoas submetidas ao trabalho escravo são homens. Geralmente, as atividades para as quais esse tipo de mão de obra é utilizado exigem força física, por isso os aliciadores buscam principalmente homens e jovens. Por outro lado, mulheres também são recorrentemente expostas a essa prática criminosa. Ainda de acordo com o Ministério Público do Trabalho (2021), apesar de representarem somente 5% dos resgatados na média nacional, há contextos em que as mulheres compreendem parcela significativa do total, como no setor têxtil em São Paulo, além de estarem sujeitas a subnotificação em atividades como o trabalho doméstico e sexual.

Nas palavras de Catani e Nunes (2021), o acesso ao trabalho digno é um direito e possibilita ao homem a oportunidade de desenvolvimento pessoal, sendo capaz de criar sua identidade social e alcançar sua condição de sujeito de direitos e deveres.

> Note-se que jornada exaustiva não se refere exclusivamente à duração da jornada, mas à submissão do trabalhador a um esforço excessivo ou a uma sobrecarga de trabalho – ainda que em espaço de tempo condizente com a jornada de trabalho legal – que o leve ao limite de sua capacidade (CARTILHA DOS DIREITOS TRABALHISTAS, 2011, p. 32).

De acordo com a Constituição Federal de 1988, o trabalhador tem direito a um ambiente de trabalho adequado e digno onde sua integridade física seja assegurada, com uma jornada de trabalho justa, local para que se possa ter uma alimentação tranquila, hora de descanso entre a jornada de trabalho e direito para que eles possam cuidar da saúde.

> Ressalte-se que as normas que preveem limite à jornada de trabalho (e, no mesmo sentido, a garantia do gozo do repouso) caracterizam-se como normas de saúde pública, que visam a tutelar a saúde e a segurança dos trabalhadores, possuindo fundamento de ordem biológica, haja vista que a limitação da jornada – tanto no que tange à duração quanto no que se refere ao esforço despendido – tem por objetivo restabelecer as forças físicas e psíquicas do obreiro, assim como prevenir a fadiga física e mental do trabalhador, proporcionando também a redução dos riscos de acidentes de trabalho (CARTILHA DOS DIREITOS TRABALHISTAS, 2011, p. 32).

Segundo a ONUBR (2016), o trabalho doméstico, a agricultura, a construção, a manufatura e a indústria do entretenimento estão entre os setores mais afetados globalmente pelo problema.

> É que, embora exista um conjunto normativo e uma expertise que permitam uma atuação mais segura, o certo é que ainda há pessoas em situação de miserabilidade, de extrema pobreza, e isso significa que há um alto número de vítimas em potencial em condições de sofrer a prática desse crime, e essa é uma questão a ser combatida, mas, de outra forma, com políticas de geração de emprego e/ou de renda que impeçam que as pessoas sejam aliciadas para empregos em que serão submetidas a condição similar à de escravo (FILHO; SOEIRO, 2021 p. 3).

Além desse ponto analisado, outro ponto a se dar atenção é o impacto psicológico que os indivíduos submetidos a esse tipo de trabalho sofrem. Em um de seus estudos, Chehab (2015) recrutou cinco trabalhadores na faixa dos 46 anos, maioria analfabeta e retirada de situações análogas à escravidão, e dentro dos tópicos estudados estão: sofrimento psíquico, estratégias de mediação ao sofrimento e patologias devido ao trabalho, estando dentro delas, patologias sociais, como solidão, conformismo, submissão e servidão, fazendo com que esses trabalhadores agissem de forma submissa e passiva, aceitando o que lhes fosse imposto.

O estudo realizado por Chehab (2015) revela os impactos causados na vida dos trabalhadores que são sujeitos a viver nessas condições de precarização e desumanidade. Os resultados revelaram que essas pessoas sofrem exclusão social, que o ritmo frenético de muitas horas trabalhadas, má alimentação e quase nenhum descanso acaba ocasionando em acidentes constantes, devido a exaustão do trabalhador.

O cenário citado acarreta o prejuízo do funcionamento psíquico. O estudo de Dejours (*apud* MONTEIRO; JACOBY, 2013, p. 406), cita que essas exigências afetam o pensamento, liberdade de escolha, fazendo com que o corpo fique tão fraco e vulnerável a ponto de surgirem sintomas e até mesmo patologias. O trabalho é algo exaustivo, onde não existe prazer e há enorme tensão.

Chehab (2015) ainda destaca, com a precarização e alta demanda de trabalho, que essas pessoas se veem num cenário de isolamento, onde não existem laços solidários, mas sim, situações que desfavorecem à construção desse individuo a subjetividade e desenvolvimento físico e mental de sua saúde. Alguns trabalhos, como na indústria da construção civil, são tão exaustivos e intensos ao trabalhador, que resultam num esgotamento físico e mental.

Em seu estudo, Chehab (2015) revela repetidas vezes, em diferentes locais de trabalho, qual fosse a demanda do trabalhador, como a situação análoga ao trabalho escravo causa precarização, diminuição na autoestima, comunicação limitada, a maioria dos locais que abrigam esses trabalhadores não oferecem condições mínimas de saneamento básico, água potável, energia elétrica, entre outras condições básicas que garantem as necessidades do trabalhador.

> [...] o trabalho pode ser um lugar tanto de saúde quanto de patologia, tanto de sofrimento quanto de prazer. É apresentado de modo dinâmico e com duplo papel, podendo ser estruturante como também adoecer, promovendo dignidade ou deteriorando e alienando (DEJOURS, 2011d, p. 13-16).

Em consequência disso, Dejours (2011) afirma que o trabalho escravo vai além das condições precárias, exigências demasiadas, sem descanso, sem condições básicas de saúde, ou seja, vai além de fatores físicos e ambientes.

Ainda de acordo com o autor citado acima, a situação de trabalho análoga a escravidão causa diversos prejuízos ao indivíduo que é submetido, sem escolha, a ela. Vai além da alta demanda de trabalho, retira a esperança do indivíduo, suas alternativas e possibilidades, causando dor em todos os âmbitos possíveis e alcançáveis, fazendo-o se questionar se é mesmo alguém merecedor de algo.

De acordo com Silva (2018), a tortura psicológica pode ser considerada uma forma de violência psicológica que causa dor emocional e sofrimento a uma pessoa, pois é uma forma de abuso que visa controlar, intimidar ou humilhar a vítima e muitas vezes ocorre em situações de poder desequilibrado ou em relacionamentos abusivos.

Segundo o Ministério Público do Trabalho (2021), a tortura psicológica pode incluir uma série de comportamentos abusivos, como ameaças verbais, intimidação, humilhação, isolamento social, privação de necessidades básicas, controle financeiro, rebaixamento profissional e difamação pública. Além disso, pode envolver manipulação emocional, como jogos mentais, chantagem emocional, instalação de medo, culpa ou vergonha.

Ainda de acordo com Silva (2018), a tortura psicológica pode ter consequências graves para a saúde mental e física da vítima, incluindo ansiedade, depressão, transtorno de estresse pós-traumático, distúrbios alimentares, distúrbios do sono e outras doenças psicológicas. Por isso, é importante buscar ajuda se você achar que está sendo vítima de tortura psicológica ou conhece alguém que esteja passando por isso.

Segundo o Ministério Público do Trabalho (2021), a tortura psicológica é uma forma de violência que pode ocorrer em ambientes análogos à escravidão, os quais são caracterizados pela submissão de trabalhadores a condições desumanas e degradantes. Nesse tipo de ambiente, os trabalhadores são privados de seus direitos básicos e submetidos a um regime de trabalho abusivo, em que a tortura psicológica pode estar presente de diversas maneiras.

Conforme diz a Organização Internacional do Trabalho – OIT (2018), a privação de liberdade, a falta de condições adequadas de higiene e segurança, o trabalho exaustivo e a restrição de contato com a família e amigos são algumas das formas de tortura psicológica que os trabalhadores em situação de escravidão podem enfrentar. Além disso, a falta de perspectiva de sair desse tipo de trabalho, o medo das consequências de denunciar o abuso e a humilhação pública também podem ser formas de tortura psicológica.

Segundo a Associação Internacional para o Estudo da Dor – IASP (2018), a tortura psicológica em ambientes análogos à escravidão pode ter graves consequências para a saúde mental e física dos trabalhadores. Estudos indicam que a exposição prolongada a situações de abuso e violência pode causar transtornos de estresse pós-traumático, depressão, ansiedade, distúrbios do sono, problemas gastrointestinais e outras doenças psicológicas e físicas.

Tal como descrito pela Agência Brasil (2021), para combater a tortura psicológica em ambientes análogos à escravidão, é necessário um trabalho conjunto de autoridades, organizações da sociedade civil e empresas. As autoridades devem agir para coibir e punir os responsáveis por essas práticas criminosas, garantindo a proteção e assistência aos trabalhadores. As empresas, por sua vez, devem se responsabilizar pela cadeia produtiva, garantindo que seus produtos e serviços não sejam provenientes de trabalho escravo ou degradante.

Segundo a Campanha Nacional de Combate ao Trabalho Escravo (2021), é preciso sensibilizar a sociedade em geral para a gravidade dessa problemática, incentivando a denúncia de situações de abuso e violência e apoiando ações de conscientização e combate ao trabalho escravo e à tortura psicológica. O respeito aos direitos humanos e à dignidade dos trabalhadores deve ser uma prioridade para todos os setores da sociedade.

De acordo com Fonseca (2018), a tortura psicológica em um ambiente de trabalho escravo pode assumir diversas formas, mas geralmente envolve a utilização de meios psicológicos para intimidar, humilhar e controlar os trabalhadores. Isso pode incluir:

- Ameaças e intimidação: os trabalhadores escravos podem ser ameaçados com violência física ou outras formas de represália se não atenderem às demandas dos seus empregadores.

- Isolamento: os trabalhadores podem ser mantidos em condições de isolamento, sem contato com o mundo exterior, privados de comunicação com amigos e familiares e sem acesso a serviços básicos, como cuidados médicos.

- Condições de trabalho insalubres: os trabalhadores podem ser obrigados a trabalhar em condições insalubres e perigosas, sem equipamentos de proteção adequados, o que pode resultar em lesões ou doenças graves.

- Humilhação e desumanização: os trabalhadores podem ser tratados de forma desumana, sendo privados de comida, água e descanso adequados. Eles também podem ser forçados a realizar tarefas degradantes, como trabalhar em condições extremas de calor ou frio, ou a realizar tarefas repetitivas e cansativas por longas horas.

- Pressão psicológica: os trabalhadores podem ser sujeitos a pressão psicológica constante, como o medo de perder o emprego, o que pode levar a uma sensação de insegurança e ansiedade crônica.

- Discriminação: os trabalhadores podem ser discriminados com base em sua raça, etnia, gênero ou outra característica, o que pode afetar sua autoestima e confiança.

Essas formas de tortura psicológica no ambiente de trabalho escravo têm o objetivo de controlar os trabalhadores, tornando-os dependentes dos seus empregadores e, muitas vezes, perpetuando um ciclo de exploração e abuso.

REFERÊNCIAS

AGÊNCIA BRASIL. Trabalho escravo: como denunciar e combater. **EBC**, 28 jan. 2020. Disponível em: https://agenciabrasil.ebc.com.br/direitos-humanos/noticia/2020-01/trabalho-escravo-como-denunciar-e-combater. Acesso em: 15 abr. 2023.

ASSOCIAÇÃO INTERNACIONAL PARA O ESTUDO DA DOR – IASP. **Taxonomia da IASP para dor crônica**. 3. ed. Washington: IASP, 2018. Disponível em: https://www.iasp-pain.org/Education/Content.aspx?ItemNumber=1698&navItemNumber=576. Acesso em: 17 abr. 2023.

BOBBIO, Norberto. **A era dos direitos**. 11. ed. Rio de Janeiro: Elsevier, 1992.

BRASIL. 2022. https://www.google.com/url?sa=t&source=web&rct=j&url=https://repositorio.ufu.br/bitstream/123456789/34803/4/ODesenvolvimentoDe.pdf&ved=2ahUKEwjF2fb086f-AhUXEbkGHRdNCKQQFnoECBQQAQ&usg=AOvVaw02hiDpagLj3geEG36huY2K

BRASIL. **Lei nº 10.803, de 11 de dezembro de 2003**. Altera o art. 149 do Decreto Lei no 2.848, de 7 de dezembro de 1940. Código Penal, para estabelecer penas ao crime nele tipificado e indicar as hipóteses em que se configura condição análoga à de escravo. Brasília, DF, 2003.

BRASIL. Lei nº 3.353, de 13 de maio de 1888. Lei Áurea. **Diário Oficial da União**, Brasília, DF, 14 maio 1888. Disponível em: http://www.planalto.gov.br/ccivil_03/leis/L3353.htm. Acesso em: 21 abr. 2023.

BRASIL. Ministério da Saúde – MS. Portaria nº 3.120, de 1 de julho de 1998. Aprova a Instrução Normativa de Vigilância em Saúde do Trabalhador no SUS. Brasília, MS; 1998. **Diário Oficial da União**, Brasília, DF, 14 jul. 1998.

CAMPANHA nacional de combate ao trabalho escravo. Trabalho Escravo é Crime. 2021. Disponível em: https://www.gov.br/mecdh/pt-br/acesso-a-nformacao/campanhas/2021/trabalho-escravo-e-crime-1.pdf Acesso em: 17 abr. 2023.

CATANI, L. O.; NUNES, D. H. Escravidão contemporânea: os obstáculos a serem superados para configurar a jornada exaustiva. **Caderno Brasileiro de Política e Cidadania**, v. 9, n. 2, p. 52-62, 2021. Disponível em: https://revistas.unaerp.br/cbpcc/article/download/2455/1814/8544. Acesso em: 19 abr. 2023.

CHEHAB, Ana Cláudia J. Vasconcellos. **Mediação do Sofrimento em Trabalhadores Resgatados do Trabalho em Condições Análogas à de Escravo**. 2015. 93 f. Dissertação (Mestrado em Psicologia) – Universidade Católica de Brasília, Brasília, 2015.

ESTERCI, Neide. **Escravos da desigualdade**: um estudo sobre o uso repressivo da força de trabalho hoje. Rio de Janeiro: Centro Edelstein de Pesquisas Sociais, 2008. Disponível em: http://www.centroedelstein.org.br/site/monografias/escravos-da-desigualdade.pdf. Acesso em: 21 abr. 2023.

FILGO, José Claudio Monteiro de Brito; SOEIRO, Laís de Castro. Economia solidária como forma de combate ao trabalho escravo. 2021. Disponível em: http://periodicos.cesupa.br/index.php/RJCESUPA/article/view/29/16.

FONSECA, Ricardo Marcelo. **A escravidão no Brasil**: ensaios sobre o regime de trabalho forçado. São Paulo: Editora Unesp, 2018.

LASTE, A.; LOPES, F. R. Os reflexos que a prática do trabalho escravo deixou no Brasil do século XXI: uma luta constante da legislação brasileira contra o primitivismo social. **Caderno Brasileiro de Política e Cidadania**, v. 7, n. 1, p. 11-19, 2019. Disponível em: https://revistas.unaerp.br/cbpcc/article/view/1651/1450. Acesso em: 19 abr. 2023.

MINAYO, Maria Cecília de Souza. **Violência e Saúde**. Rio de Janeiro: Editora Fiocruz, 2006.

MINISTÉRIO DO TRABALHO E EMPREGO. **Cartilha dos direitos trabalhistas**. Brasília: Ministério do Trabalho e Emprego, 2011. p. 35.

MINISTÉRIO PÚBLICO DO TRABALHO. **Guia de Atuação para Erradicação do Trabalho Escravo e Contemporâneo**. 2021. Disponível em: https://www.mpt.mp.br/pgt/atividade-funcional/coordinfancia/artigos-1/guia--de-atuacao-para-erradicacao-do-trabalho-escravo-e-contemporaneo/view. Acesso em: 17 abr. 2023.

MORAES, V. Em que tipo de república? Florestan Fernandes. **Revista Desenvolvimento e Civilização**, n. 1, p. 23, 2022.

ORGANIZAÇÃO DAS NAÇÕES UNIDAS – ONU. **Abusos psicológicos como violação de Direitos Humanos**: trabalho escravo. 2020. Disponível em: https://brasil.un.org/sites/default/files/2020-07/position-paper-trabalho--escravo.pdf. Acesso em: 19 abr. 2023.

ORGANIZAÇÃO DAS NAÇÕES UNIDAS. **Declaração Universal dos Direitos Humanos**. 1948. Disponível em: https://www.un.org/pt/universal-declaration-human-rights/. Acesso em: 2 maio 2023.

REIS, José Carlos. Capistrano de Abreu. O surgimento de um povo novo: o povo brasileiro. **Revista de História**, v. 138, p. 63-82, 1998. Obra original publicada em 1907.

SANTOS, Pablo Sharches Freire. **O conceito de escravidão nos livros didáticos do PNLD (2018)**. 2021. Dissertação (Mestrado Profissional em Ensino de História) – Universidade Regional do Cariri – URCA, Crato, CE, 2021. Disponível em: https://www.google.com/url?sa=-t&source=web&rct=j&url=https://educapes.capes.gov.br/bitstream/capes/705500/2/O%2520conceito%2520de%2520escravida%25CC%25583o%2520nos%2520livros%2520dida%25CC%2581ticos%2520do%2520PNLD%2520%25282018%2529.pdf&ved=2ahUKEwiHmrec9af-AhVss5UCHeaQAQYQFnoECBoQAQ&usg=AOvVaw2ZODVtJ7sJLpnEth126qWG.

SILVA, Luiz Antonio Machado da. **Violência e Sociedade**: uma proposta de pesquisa. São Paulo: Editora Loyola, 1987.

SILVA, Renato Almeida. Violência psicológica: conceitos, tipos e consequências. **Revista Brasileira de Ciências Criminais**, v. 134, n. 7, p. 491-512, 2017.

SOUZA, E. P. **O desenvolvimento de políticas públicas voltadas à erradicação do trabalho análogo à de escravo no Brasil**. 2022. 59 f. Trabalho de Conclusão de Curso (Graduação em Direito) – Universidade Federal de Uberlândia, Uberlândia, 2022. Disponível em: https://repositorio.ufu.br/bitstream/123456789/34803/4/ODesenvolvimentoDe.pdf. Acesso em: 19 abr. 2023.

STREVA, J. M. Colonialidade do Ser e Corporalidade: o Racismo brasileiro por uma lente descolonial. Antropolítica. **Revista Contemporânea De Antropologia**, v. 1, n. 40, 2022. DOI: https://doi.org/10.22409/antropolitica2016.1i40.a41776. Acesso em: 27 abr. 2023.

ZALUAR, Alba. **Violência e Crime**: o Rio de Janeiro e a "questão da segurança" pública. São Paulo: Editora Brasiliense, 1985.

INTERVENÇÕES PSICOLÓGICAS PARA PROTEGER E PROMOVER DIREITOS HUMANOS A MULHERES ENCARCERADAS GESTANTES E LACTANTES

Denise Cerávolo Verreschi
Patrícia Pontes de Moraes Tancler Campos
Davi Orestides Lázaro Massari
Tamires Stefani Arias
Meirilene Carvalho Oliveira
Eduarda Rafaela da Silva Marques
Marcelo Barros Georgetti

1. Introdução

Um dos temas de alta relevância ao discorrer sobre os Direitos Humanos está relacionado à mulher e a situação daquelas que se encontram privadas de liberdade, visto que se trata de um fenômeno sociocultural, seja pelos problemas oriundos de um sistema capitalista, ou por uma estrutura ainda machista, a desigualdade de gênero já existente na sociedade brasileira se intensifica entre as grades. Conjecturando sobre este fato, o objeto deste estudo está voltado para o panorama dos diversos desafios enfrentados por estas mulheres, diante da gestação e/ou amamentação de seus filhos em cárcere institucional.

O sistema prisional brasileiro apresenta uma série de pontos estruturais críticos no que diz respeito à promoção e preservação dos Direitos Humanos, sendo constantemente alvo de denúncias e muitas vezes de exposição nos meios de informação nacionais e internacionais. As principais denúncias divulgadas repetidamente do ano de 2019 a 2021 em relatório entregue à Organização das Nações Unidas – ONU são: tortura e maus tratos; o acesso a saúde; visitas e incomunicabilidade dos internos com a família; qualidade da alimentação e condições de higiene; superlotação e infraestrutura, entre outras (EUFRÁZIO, 2022).

A situação se apresenta ainda de forma mais grave quando se trata do sistema penitenciário feminino. Os aspectos estruturais críticos mencionados envolvem de arquitetura à saúde, com edificações construídas visando à população masculina que segundo alguns autores "não atende às necessidades específicas femininas, o que aumenta a reprodução de desigualdade de gênero" (TOSTES; OLIVEIRA, 2019).

De acordo com o levantamento realizado pela *World Female Imprisoment List* (FAIR; WALMSLEY, 2022) o Brasil ocupa a terceira posição do ranking mundial de população feminina encarcerada, sendo atualmente cerca de 43 mil mulheres e meninas em regime provisório ou condenadas. Entretanto, segundo Queiroz (2015), para o Estado e a sociedade a visão é de que existem somente homens na prisão, porém, atualmente cerca de 5% destes "homens", segundo esta mesma autora, "uma vez por mês menstruam".

Para mulheres privadas de liberdade as violações de diretos envolvem condições precárias de alimentação, saúde, higiene, espaço, abusos cometidos por autoridades, instituições com maior contingente de funcionários do gênero masculino. Ainda, uma vez presas, estas mulheres sofrem abandono por parte de familiares, parentes e amigos, enfrentando o desamparo, a invisibilidade e maior vulnerabilidade, diante do Estado e da sociedade (BORGES, 2019).

Somado a isso, há ainda uma parcela de 1,5% destas mulheres gestantes ou lactantes, devendo ter condições adequadas que resguardem seus direitos e os direitos da primeira infância. No entanto, "ainda são encontradas inúmeras barreiras para a efetivação do acesso à saúde durante a gestação, parto e puerpério nas unidades penitenciárias" (ALEXANDRE *et al.*, 2021), visto que estruturalmente estes locais não foram projetados para atender estes casos.

Os danos causados às mulheres encarceradas de modo geral, podem estar relacionados não apenas a saúde física como mental. Das condições em que vivem no cárcere para além do contexto de vida, "fomentam um quadro de adoecimento mental, caracterizado por altos índices de depressão e suicídios nos estabelecimentos prisionais femininos" (PACHECO, 2019). Para mulheres gestantes e lactantes, os danos podem se estender aos seus filhos, necessitando de atenção especial não apenas jurídica e social, como psicológica.

Sendo assim, o presente artigo visou realizar um levantamento das possíveis intervenções psicológicas voltadas para proteger e promover os Direitos Humanos de mulheres gestantes e lactantes em sistema prisional brasileiro, bem como abarcar sobre as violações que essas mulheres vivenciam no contexto dos encarceramentos, diante das políticas públicas existentes e das Leis de Defesa dos Direitos Humanos voltados para essas mães e seus bebês.

Para o desenvolvimento desse artigo foi realizado uma pesquisa qualiquantitativa por meio de uma revisão bibliográfica, utilizando palavras-chaves relacionadas ao tema: mulheres encarceradas, sistema penitenciário brasileiro, Direitos Humanos, gestantes e lactantes, e o cruzamento entre elas nas áreas de buscas das principais plataformas de pesquisa científica como: Scielo, Pepsic, Lilacs, Biblioteca Virtual de Saúde, PubMed e Periódicos CAPES, além de leitura de livros, artigos, revistas e notícias disponíveis em meio físico e virtual.

2. Sistema carcerário feminino no Brasil

O trabalho do psicólogo nas prisões é fundamental para promover a saúde mental dos detentos e prevenir comportamentos violentos e autodestrutivos, tendo como objetivo entender as necessidades e dificuldades psicológicas dos presos, oferecendo suporte emocional, realizando diagnósticos e elaborando tratamentos que visem a ressocialização do indivíduo.

"São 42.355 mulheres privadas de liberdade no Brasil" (BRASIL, 2018), incluindo gestantes e não gestantes. Neste país, mulheres gestantes somente deveriam ocupar o sistema prisional brasileiro em casos extraordinários, tendo como premissa, responder a pena em liberdade. No entanto, estudos indicam que, após audiência, cerca de 32% destas mulheres tiveram sua prisão decretada (BANDEIRA, 2022).

A infraestrutura do sistema prisional de modo geral não atende às necessidades específicas para estes casos, havendo diferença entre unidade para mulheres e sistema misto, nas quais, respectivamente, cerca de 34% e 6% possuem instalações adequadas (CNJ, 2020). "Apenas 32% dos presídios femininos possuem berçário. Entre os presídios mistos, 3% das unidades dispõem da instalação [...] 5% das unidades femininas possuem creche e não existe nenhuma creche em unidades mistas" (CNJ, 2020).

Em 2018, um estudo realizado pela ENSP na Fiocruz propõe intervenções para melhorar a saúde de gestantes e mães em situação de prisão. Foram entrevistadas 447 mulheres, sendo 206 gestantes e 241 mães:

> [...] 81% das mulheres entrevistadas foram presas grávidas e sabendo da gestação; cerca de 10% engravidaram na prisão; e 8,3% foram presas grávidas, mas sem conhecimento da gestação. (...) No tocante à satisfação com a gravidez, quase 50% das mães e gestantes não tinham o desejo de engravidar. A depressão pós-parto acometeu quase 60% das puérperas e cerca de 10% classificou o atendimento ao parto como ruim (ENSP, 2018)

O estudo sugere a importância de acomodações adequadas e apoio às famílias, incluindo visitas regulares e programas de apoio à parentalidade. Além disso, destaca a importância da avaliação das intervenções psicológicas visando o apoio emocional, melhorar a qualidade de vida das gestantes e mães em prisões, bem como o acesso a serviços de saúde de qualidade e programas de educação e treinamento como meio de auxiliar na promoção da reintegração à sociedade após a libertação.

2.1 Violações, programas, políticas públicas e leis defesa dos Direitos Humanos: gestantes e lactantes em sistema prisional

Violações de mulheres gestantes e lactantes em sistema carcerário ocorrem de todos os tipos e por todo país. Existem locais no Brasil que são tidos como modelos, como é o caso do Centro de Referência à Gestante Privada de Liberdade – CRGPL, localizado no estado de Minas Gerais, e que embora seja responsável por acolher as mulheres gestantes em situação prisional, como todo lugar, possui uma defasagem em questão aos Direitos Humanos.

Tanto para os bebês e como para as mães, mesmo estando em um centro de referência, há falta de suporte para seus filhos, o local oferta medicamentos e equipe multidisciplinar, mas não tem um pediatra disponível que acompanhe a saúde e desenvolvimento destes recém-nascidos. Havendo a demanda deste profissional, as mães em privação de liberdade são obrigadas a insistir por uma consulta e muitas vezes, os insumos recomendados ao bebê, são enviados por parentes ou até mesmo por uma rede de apoio (CHAVES; ARAUJO, 2020).

Alguns contextos permitem o trabalho na penitenciária como artesã, cozinheira, faxineira etc. "Porém, é importante destacar que esses serviços não obedecem ao tempo de puerpério e nem à saúde da criança, pois a mãe precisa levar a criança com ela para fazer os devidos serviços" (ALEXANDRE *et al.*, 2021). Na limpeza das celas, por exemplo, obrigadas a se submeter a essa situação, e em função dos fortes odores dos produtos de limpeza utilizados, ocorrem os conflitos internos por sentimento de culpa da exposição do próprio filho a este ambiente.

Deste modo, há um processo invasivo, onde as mulheres têm seus filhos, mas não conseguem ter opiniões próprias sobre os mesmos, antes mesmo das crianças nascerem. Elas não podem escolher quem irá acompanhar o parto, automaticamente um oficial da justiça precisa acompanhá-la.

Quando as crianças nascem não há alternativa entre amamentar ou não, mesmo no caso de condições impróprias como ausência de leite ou rachaduras nos seios, sendo obrigadas a se disponibilizar para amamentação. Devido a isso, a má alimentação, tanto antes, quanto depois do parto, alguns recém-nascidos necessitam de internação por desnutrição ou outros acometimentos de origem de uma gestação mal assistida.

Há um medo e a insegurança de como será depois que acabar o tempo delas ali e como os filhos vão ficar. Muitas delas acreditam que sairão junto com seus filhos, pois, pelo fato de os terem nutrem uma falsa esperança. Ainda outras mulheres que são encarceradas e já são mães antes desse processo, tendem a ter medo dos filhos seguirem o mesmo caminho, e evitam que frequentem o ambiente carcerário para não serem submetidos a essas violações (FLORES, 2018).

Sendo assim, o prejuízo emocional parte de todos os lados, da vulnerabilidade da mulher puérpera ao ambiente impróprio e hostil para uma gestação, ou mesmo para criação de uma criança.

> As representações sociais das detentas sugerem que elas se percebem duplamente "aprisionadas", seja do ponto de vista objetivo, como indivíduo privado de liberdade; ou subjetivo, como cidadãos que têm seus direitos desrespeitados e suas possibilidades de reabilitação limitadas pelo sistema prisional (SCHERER, 2019, p. 7).

As Regras de Bangkok, aprovada pela ONU em 2010 (BRASIL, 2016), buscam atender às distintas necessidades das mulheres presas e sua primeira regra diz que é imprescindível reconhecer a distinção das necessidades das mulheres privadas de liberdade, e, por isso, deve-se buscar atingir a igualdade material entre os gêneros sem que haja qualquer tipo de discriminação (CNJ, 2016a, p. 19).

É também ressaltado na regra cinco que exista a previsão para atender as demandas de higiene com materiais específicos e necessários, bem como o suprimento de água para este fim. Ainda, para as gestantes e lactantes as regras 42 e 48 indicam a necessidade de orientação sobre dieta e saúde, a prática de exercícios físicos, a recepção de forma gratuita alimentação adequada e saudável, (CNJ, 2016a, p. 31-32).

Segundo a Constituição Federal de 1988: "art. 5º, L – às presidiárias serão asseguradas condições para que possam permanecer com seus filhos durante o período da amamentação" (BRASIL, 1988), o artigo 89 descreve que a penitenciária de mulheres será dotada de seção para gestante e parturiente e de creche para abrigar crianças maiores de seis meses e menores de sete anos (BRASIL, 2009).

Neste sentido, a preocupação do cuidado voltado para a integridade da saúde física e mental da mulher data desde antes da Constituição de (1988), com o Programa de Assistência Integral à Saúde da Mulher (PAISM – 1984) e seguiu posteriormente sendo aprimorada pela Política Nacional de Atenção Integral à Saúde da Mulher (PNAISM – 2004), vinculada ao Sistema Único de Saúde, envolvendo a atenção à saúde a todas as mulheres dos distintos grupos populacionais dentre elas as em situação de privação de liberdade.

Em 2017, o Congresso aprovou a Lei nº 13.434/17 que proíbe o uso de algemas na hora do parto. A Secretaria de Administração Penitenciária – SAP implantou neste ano um novo protocolo de atendimento, onde o objetivo é a realização total dos exames pré-natais pela unidade básica de saúde (UBS) referenciada no território, possibilitando a inserção das mulheres na Rede "Mãe Paulistana" (BRASIL, 2023).

2.2 Aspectos e intervenções psicológicas: gestantes e lactantes em sistema prisional

Para avaliar os aspectos psicológicos de mães e bebês em situação prisional é preciso levar em consideração ocorra a "efetivação dos direitos e da execução das políticas públicas que tratam das especificidades de gênero, sobretudo aquelas ligadas à saúde, à condição de gestantes e lactantes e à convivência entre mãe e filho" (CFP, 2021).

A saúde da mulher envolve o cuidado diferenciado, visto que assim como todas as pessoas, além dos aspectos que proporcionam bem-estar e qualidade de vida como ambiente, alimentação, atividade física, relações interpessoais, lazer etc., para as mulheres, por motivos estruturais, o contexto difere pela sobrecarga de responsabilidades entre, casa, família e trabalho, sendo ainda mais agravante às mulheres encarceradas, e ainda pior para as gestantes e lactantes privadas de liberdade que invariavelmente passam por inúmeras violações.

As mudanças durante a gestação e no puerpério são de ordem biopsicossocial. Dos problemas emocionais envolvidos que podem comprometer a saúde mental das mulheres no sistema prisional são: desamparo, estresse, o abandono, sentimento de angústia, medo, sendo agravados pela insegurança diante da separação iminente (CHAVES; ARAÚJO, 2020; GONÇALVES; SILVA, 2019) e a quebra da díade mãe e filho.

Além disso, a própria situação carcerária, os abusos e violências sofridas comprometem a saúde mental da mulher. Dentre as condições de privação de liberdade, além da superlotação das celas, do alimento impróprio para o consumo, do próprio isolamento social, da separação dos entes queridos, as humilhações e violações degradantes de cunho sexual envolvendo até mesmo casos de estupro e a própria gravidez ocorrer em cárcere.

> Os funcionários quando não são responsáveis diretos pelos abusos sexuais, compactuam para que eles ocorram, facilitando o contato entre homens e mulheres encarcerados por delegação de privilégios. Há também um sistema de "troca de favores" em que as mulheres são coagidas a aceitar ter relações sexuais com funcionários em troca de algo que estejam precisando. [...] o estupro carcerário é um tema delicado e repulsivo por se tratar de um ato com características desumanas (NASCIMENTO *et al.*, 2020, p. 88).

Deste modo, segundo estes mesmos autores, este assunto é negligenciado pelo Estado e pela sociedade. Atinge a vítima de forma moral, física e psicológica, com danos irreversíveis. No sistema carcerário feminino, embora as brigas e espancamento coletivos ocorram com menos frequência ao sistema carcerário masculino, as punições ocorrem de outra forma, com castigos e torturas psicológicas, como uso de spray de pimenta nas partes íntimas, e as violências físicas, conforme o relato de mulher (23 anos), gestante, em situação de cárcere sobre o "medo de apanhar na cara, gestante só apanha na cara" (MEDEIROS *et al*., 2022).

Punições desse tipo somente aumentam o sentimento de temor e insegurança expondo a vulnerabilidade destas mulheres pela incerteza do futuro em relação a si mesma e a seus filhos entre muros. Deste modo, há vários fatores que impactam na saúde psicológica das mulheres gestantes e puérperas privadas de liberdade envolvendo a má qualidade de vida, isolamento, acompanhamento médico inadequado ou inexistente, comprometendo tanto o período gestacional de forma física e emocional, quanto o da criança recém-nascida.

Alguns fatores geram inquietações psicológicas à mãe e impactam no desenvolvimento do bebê. Por exemplo, a inexistência de um ambiente inadequado é um fator de stress para mãe e filho; a possibilidade de trabalhar internamente é um fator redutor de ansiedade, porém junto ao recém-nascido, com uma rede de apoio deficitária, pode acarretar em reflexos no desenvolvimento da criança, passando a ser um fator de sofrimento (ALEXANDRE *et al*., 2021) para a mãe.

Assim, embora existam, as políticas públicas e programas de assistência à saúde da mulher há muitas falhas no sistema prisional e na efetivação dessas políticas, podendo comprometer a saúde mental tanto da mãe quanto do bebê/filho. A integração prisão/maternagem é dificultada, uma vez que mulheres que têm seus filhos em unidades prisionais necessitam de um grande preparo emocional. Apesar de ter assegurado a manutenção da criança para cuidado e amamentação por no mínimo seis meses, sempre haverá o momento da separação.

> O desconsolo causado por essa separação se intensifica, pois enquanto os bebês estão na prisão eles ficam integralmente junto das mães. Por isso, a ruptura da separação é bastante significativa, trazendo solidão à mãe. [...] a guarda dos filhos é uma inquietação psicológica para essas mulheres, pois as mesmas têm uma grande preocupação em como e com quem deixarão suas crianças. Em contrapartida, aparece a preocupação com o desenvolvimento da criança no ambiente do cárcere, haja vista que as mães entendem que a estrutura das prisões não é adequada para crianças (ALEXANDRE *et al*., 2021, p. 125).

Ainda, de acordo com Dalenogare *et al*. (2022), a "fase de espera pela liberdade é tida como uma das que mais afetam a saúde mental das mulheres em situação de prisão, já fragilizadas pelo aprisionamento". A mãe em cárcere separada de seu filho, neste momento está duplamente fragilizada.

Psicologicamente é importante ressaltar que para o desenvolvimento do bebê ficar junto à mãe, "ainda que em um ambiente precário, não tira a importância de se ter a presença materna, o calor e o vínculo necessários para que ela estabeleça uma relação saudável consigo mesma e com as outras pessoas" (COSTA, 2022).

> [...] o cenário prisional nacional é marcado pelas suas condições ambientais precárias, que agravam ainda mais as questões de saúde de toda a população penitenciária, pela assistência médica muitas vezes insuficiente, e pelas dificuldades com o andamento dos processos judiciais. Diante de todos esses problemas, as gestantes e lactantes, além da maior necessidade de apoio psíquico e social, ainda se preocupam com as demandas próprias da gestação, com as violações de direitos no momento do parto, e com a permanência (ou não) dos filhos no cárcere (CHAVES; ARAÚJO, 2020, p. 21).

As intervenções psicológicas para gestantes e lactantes em situação prisional são essenciais para garantir que essas mulheres recebam a atenção e o cuidado necessários durante esse período crítico (ASSIS *et al.*, 2013). Além disso, o psicólogo também pode realizar atividades educativas e terapêuticas em grupo, com o intuito de desenvolver habilidades sociais e emocionais, bem como agir em transtornos mentais que podem surgir, como a depressão pós-parto. Algumas das intervenções psicológicas que já existem para gestantes e lactantes em situação prisional incluem:

1. Aconselhamento pré-natal e psicoterapia: essas intervenções visam ajudar a gestante a lidar com as emoções e os desafios associados à gravidez e ao parto enquanto estão na prisão. O objetivo é fornecer apoio emocional e ajudar a gestante a entender suas opções de parto e cuidados pré-natais (ARRAIS *et al.*, 2018).

2. Grupos de apoio para mães: esses grupos oferecem às mães a oportunidade de se conectar com outras mulheres na mesma situação e compartilhar suas experiências e desafios. Eles também podem fornecer informações sobre cuidados infantis e recursos comunitários disponíveis para as mães quando forem liberadas da prisão (ASSIS *et al.*, 2013).

3. Intervenções para lidar com o estresse e a ansiedade: muitas mulheres em situação de prisão enfrentam altos níveis de estresse e ansiedade. As intervenções psicológicas, como a meditação *mindfulness* e a terapia cognitivo-comportamental (TCC), podem ajudar as mães a lidar com esses sentimentos e a desenvolver habilidades de enfrentamento mais eficazes (CORREA *et al.*, 2018).

4. Programas de educação parental: esses programas fornecem informações sobre como cuidar de um bebê e ajudar as mães a desenvolver habilidades parentais saudáveis. Eles também podem incluir informações sobre como manter uma boa saúde mental e emocional enquanto estiverem na prisão e depois de serem libertadas (SILVA; CARRIJO, 2019).

5. Intervenções para lidar com o trauma: muitas mulheres em situação de prisão têm histórias de trauma, como abuso ou violência doméstica. As intervenções psicológicas, como a terapia do trauma e a terapia centrada no trauma, podem ajudar essas mulheres a lidar com essas experiências passadas e a desenvolver habilidades de enfrentamento mais eficazes (CORREA *et al.*, 2018).

3. Considerações finais

O trabalho do psicólogo nas prisões é essencial para garantir que as pessoas em situação de cárcere tenham acesso à assistência psicológica e possam se recuperar emocionalmente, tornando a reinserção social mais saudável e equilibrada, de forma a reduzir ou evitar reincidência. No entanto, é importante reconhecer que o sistema carcerário reproduz violência, exclusão e discriminação, negando a igualdade de gênero e reforçando a ideia de que essas pessoas não podem fazer parte de uma sociedade considerada aceitável que valoriza trabalho e estabilidade familiar. Essas realidades estão diretamente ligadas ao sistema capitalista e ao machismo. Apesar de existirem leis e políticas públicas que visem oferecer segurança, proteção, dignidade e saúde para essas mulheres, a realidade dos estabelecimentos penais femininos brasileiros ainda está distante de cumprir com todos esses projetos em função da reprodução de violência, exclusão e discriminação nesses espaços, deixando evidente a negação do gênero.

Deve ser considerado que a pessoa que é privada de liberdade pode não estar necessariamente inapta para a vida em sociedade, mas sim inserida em um contexto social injusto e desigual. Ao analisarmos a qual sociedade nos referimos, estamos confrontando a realidade de uma sociedade capitalista em que indivíduos marginalizados são impulsionados em direção à criminalidade, muitas vezes como resultado de condições precárias de sobrevivência. É fundamental olhar para as causas desse cenário, ao invés de focar apenas nas consequências. Portanto, é necessário pensar em estratégias de ressocialização que possam proporcionar oportunidades reais de reintegração, incluindo programas de capacitação profissional e apoio para inserção no mercado de trabalho. Infelizmente, a efetividade desses projetos ainda é limitada na prática, mas é fundamental trabalhar para mudar esse cenário e promover a verdadeira reinserção social dos indivíduos após o cumprimento de suas penas.

É importante ressaltar que as intervenções psicológicas para gestantes e lactantes em situação prisional devem ser adaptadas para atender às necessidades individuais de cada mulher, considerando que, ainda que não houvesse as violações de direitos, ou mesmo que as políticas públicas vigentes para mulheres nestas condições fossem efetivamente aplicadas, o atendimento e acompanhamento psicológico continuariam sendo primordiais, como a qualquer mulher no estado gestacional ou puérpera, visto que é um período de maior fragilidade e neste caso com vulnerabilidade agravada pelo ambiente carcerário.

Tais intervenções devem ser oferecidas em um ambiente seguro e confidencial para que as mulheres se sintam à vontade para compartilhar suas experiências e sentimentos, garantindo seus direitos inclusive do acompanhamento e suporte psicoemocional caso opte por doar o nascituro.

REFERÊNCIAS

ALEXANDRE, S.; MONTEIRO, M. B. B.; NEUMANN, G.; PASSOS, A. G. H. Mães em situação de cárcere e acesso a cuidados relacionados à saúde com ênfase em aspectos psicológicos. **Redes**, n. 4, ano 4, 2021.

ARRAIS, A. R.; ARAUJO, T. C. C. F.; SCHIAVO, R. A. Fatores associados à depressão pós-parto no pré-natal psicológico. **Psicologia**: Ciência e Profissão, v. 38, n. 4, p. 711-729, jul./set. 2018.

ASSIS, C. L.; BORGES, B. A.; SOUZA, L. S.; MENDES, T. S. **Intervenção psicossocial em grupo de mulheres gestantes do Centro de Saúde da Mulher de Cacoal-RO**. Rondônia: Faculdades Integradas de Cacoal – UNESC, 2013.

BANDEIRA, R. Conselho Nacional de Justiça. Um terço das mulheres gestantes seguem encarceradas após audiência de custódia. **CNJ.jus.br**: agência CNJ de Notícias, 2022. Disponível em: https://www.cnj.jus.br/um-terco-das-mulheres--gestantes-seguem-encarceradas-apos-audiencia-de-custodia/#:~:text=De%20 acordo%20com%20a%20pesquisa,superior%20(42%2C4%25).

BORGES, C. F. **As violações de direitos das mulheres presas pelo Estado brasileiro por incumprimento às regras de Direitos Humanos Internacionais**. 2019. Trabalho de Conclusão de Curso – Faculdade de Direito, Universidade Federal de Uberlândia, Professor Jacy De Assis, Uberlândia, MG, 2019.

BRASIL. Câmara dos Deputados. **Projeto de Lei nº 5.568, de 14 de maio de 2013**. Entra em vigor lei que assegura tratamento humanitário a presa gestante ou puérpera. Brasília: Agência Câmara de Notícias, 2022. Disponível em: https://www.camara.leg.br/noticias/866472-entra-em-vigor-lei-que-assegura-tratamento-humanitario-a-presa-gestante-ou-puerpera.

BRASIL. Câmara Legislativa. **Mulheres e Prisão – Levantamento Nacional de Informações Penitenciárias sobre Mulheres**. Rio de Janeiro; Observatório Legislativo da Intervenção Federal na Segurança Pública do Rio de Janeiro – Olerj, 2018. Disponível em: http://olerj.camara.leg.br/retratos-da--intervencao/mulheres-e-prisao-levantamento-nacional-de-informacoes-penitenciarias-sobre-mulheres.

BRASIL. Conselho Federal de Psicologia. Conselhos Regionais de Psicologia e Centro de Referência Técnica em Psicologia e Políticas Públicas – CREPOP. **Referências técnicas para atuação de Psicólogas(os) no sistema prisional**. Brasília: CFP, 2021.

BRASIL. Conselho Nacional de Justiça, Departamento de Monitoramento e Fiscalização do Sistema Carcerário e do Sistema de Execução de Medidas Socioeducativas. **Regras de Bangkok**: regras das nações unidas para o tratamento de mulheres presas e medidas não privativas de liberdade para mulheres infratoras. Brasília: Conselho Nacional de Justiça, 2016.

BRASIL. **Constituição da República Federativa do Brasil**. Brasília, DF: Senado Federal; Centro Gráfico, 1988.

BRASIL. Lei nº 11.942, de 28 de maio de 2009. Lei de Execução Penal, para assegurar às mães presas e aos recém-nascidos condições mínimas de assistência. **Diário Oficial da União**, Brasília, DF, 2009. Disponível em: https://www2.camara.leg.br/legin/fed/lei/2009/lei-11942-28-maio-2009-588524-publicacaooriginal-113114-pl.html.

BRASIL. **Levantamento Nacional de Informações Penitenciárias – INFOPEN Mulheres**. 2. ed. Brasília: Ministério da Justiça e Segurança Pública; Departamento Penitenciário Nacional, 2017. Disponível em: https://conectas.org/wp-content/uploads/2018/05/infopenmulheres_arte_07-03-18-1.pdf. Acesso em: 8 abr. 2023.

BRASIL. Portal do Governo. **Projeto-piloto prevê atendimento às gestantes e bebês do sistema prisional de SP**. [São Paulo]: Portal do Governo, 26 mar. 2023. Disponível em: https://www.saopaulo.sp.gov.br/ultimas-noticias/sap-padroniza-atendimento-de-gravidas-do-sistema-penitenciario-paulista/.

CHAVES, L. H.; ARAÚJO, I. C. A de. Gestação e maternidade em cárcere: cuidados de saúde a partir do olhar das mulheres presas em uma unidade materno-infantil. **Physis – Revista de Saúde Coletiva**, [*on-line*], v. 30, n. 1, 2020.

CONSELHO NACIONAL DE JUSTIÇA – CNJ. "Estado de coisas inconstitucional" nas prisões repercute dentro e fora do país. **CNJ.jus.br**, 2020. Disponível em: https://www.cnj.jus.br/estado-de-coisas-inconstitucional-nas-prisoes-repercute-dentro-e-fora-do-pais/. Acesso em: 7 abr. 2023.

CONSELHO NACIONAL DE JUSTICA – CNJ. População carcerária feminina aumentou 567% em 15 anos no Brasil. **CNJ.jus.br**, 2015. Disponível em: https://www.cnj.jus.br/populacao-carceraria-feminina-aumentou-567-em-15-anos-no-brasil/.

CORREA, M. A.; DIAS, A. C. G.; ZIMMER, M. Terapia cognitivo-comportamental focada no trauma no contexto de acolhimento institucional, **Revista brasileira de terapias cognitivas**, Rio de Janeiro, v. 14, n. 2, p. 130-140, jul./dez. 2018.

COSTA, C. C. **O desenvolvimento do vínculo mãe-bebê no sistema prisional brasileiro**. 2022. Trabalho de Conclusão de Curso em Psicologia, Universidade Federal de São Carlos – UFSCar, São Carlos-SP, 2022.

DALENOGARE, G.; MAFFACCIOLLI, R.; VIEIRA, L. B.; DOTTA, R. M. Mulheres, prisões e liberdade: experiências de egressas do sistema prisional no Rio Grande do Sul, Brasil. **Ciência & Saúde Coletiva**, v. 27, n. 12, p. 4.531-4.540, 2022.

ESCOLA NACIONAL DE SAÚDE PÚBLICA SERGIO AROUCA – ENSP; FUNDAÇÃO OSWALDO CRUZ. Fiocruz propõe intervenções para aprimorar saúde de gestantes e mães no sistema prisional. **Informe ENSP/Fiocruz**, jun. 2017. Disponível em: https://informe.ensp.fiocruz.br/noticias/44844. Acesso em: 8 abr. 2023.

EUFRÁSIO, J. Comissão entrega à ONU relatório com 983 denúncias sobre sistema prisional do DF. **Correio Brasiliense**, 2022 Disponível em: https://www.correiobraziliense.com.br/cidades-df/2022/02/4982042-comissao-entrega-a-onu-relatorio-com-983-denuncias-sobre-sistema-prisional-do-df.html. Acesso em: 7 abr. 2023.

FAIR, H.; WALMSLEY, R. **World Female Imprisonment List**: women and girls in penal institutions, including pre-trial detainees/remand prisoners. 5. ed. WPB e ICPR, 2022. Disponível em: https://www.prisonstudies.org/sites/default/files/resources/downloads/world_female_imprisonment_list_5th_edition.pdf. Acesso em: 7 abr. 2023.

FLORES, N. M. P.; SMEH, L. N. Mães presas, filhos desamparados: maternidade e relações interpessoais na prisão. **Physis: Revista de Saúde Coletiva**, Rio de Janeiro, v. 28, n. 4, p. e280420, 2018.

GONÇALVES, J. R.; SILVA, C. Y. P. Aspectos psicológicos das gestantes em regime fechado no sistema prisional. **Revista JRG de Estudos Acadêmicos**, v. 2, n. 4, ano 2, 2019.

MEDEIROS, A. B.; SILVA G. W. S.; LOPES, T. R. G. *et al*. Representações sociais da maternidade para mulheres em privação de liberdade no sistema prisional feminino. **Ciência & Saúde Coletiva**, v. 27, n. 12, p. 4.541-4.551, 2022.

NASCIMENTO, G. A.; SALVADOR, C. A.; CASTELLANO, S. A realidade vivenciada pelas mulheres em cárcere privado no Brasil e os conflitos com os Direitos Humanos. **Revista Direito em Foco**, n. 12, 2020.

ONU. United Nations Office on Drugs and Crime. **Relatório da ONU alertou governo federal em novembro sobre problemas nos presídios do País**. UNODC, 2017. Disponível em: https://www.unodc.org/lpo-brazil/pt/frontpage/2017/01/relatorio-da-onu-alertou-governo-federal-em-novembro-sobre-problemas-nos-presidios-do-pais.html.

PACHECO, A. F. S. **O panorama do abandono familiar vivenciado pelas mulheres encarceradas no Brasil e seus efeitos na experiência prisional**. 2019. 64 f. Trabalho de Conclusão de Curso (Graduação em Direito) – Instituto de Ciências da Sociedade de Macaé, Universidade Federal Fluminense, 2019.

QUEIROZ, Nana. **Presos que menstruam**. Rio de Janeiro. Editora: Record, 2015.

SCHERER, Zeyne *et al*. Freedom-deprived women: social representations of prison, violence, and their consequences. **Rev. Bras. Enferm.**, v. 73, n. 3, 2020; Disponível em: http://dx.doi.org/10.1590/0034-7167-2018-0781.

SILVA, J. B.; CARRIJO, M. M. **A Importância do Apoio Social na Construção da Parentalidade**. 2019. Orientadora: M. e Renata S. R. Tomaz, Centro Universitário de Anápolis – UniEVANGÉLICA, 2019.

TOSTES, J. P. O.; OLIVEIRA, C. P. Psicologia e Direitos Humanos no sistema prisional feminino: um olhar sobre a maternidade. **CES REVISTA**, Juiz de Fora, v. 33, n. 2, 2019. Disponível em: https://seer.uniacademia.edu.br/index.php/ cesRevista/article/view/2285/1512. Acesso em: 7 abr. 2023.

ESTUDOS CIENTÍFICOS SOBRE O TRATAMENTO DE ABUSOS PSICOLÓGICOS: uma revisão bibliográfica

David Welber Maciel de Albuquerque Calmon
Eduardo Felipe Freitagas Prestes
Leandro Pereira Dias dos Santos
Victor Crocco
Wesley da Silva Neves
Damião Evangelista Rocha

1. Introdução

A palavra violência deriva do latim *violentia*, que significa "veemência", "impetuosidade" e sua origem está relacionada ao termo "violação" (*violare*). Assim, de acordo com a Organização Mundial da Saúde (OMS, 2002), a violência é caracterizada como o:

> [...] uso de força física ou poder, em ameaça ou na prática, contra si próprio, outra pessoa ou contra um grupo ou comunidade que resulte ou possa resultar em sofrimento, morte, dano psicológico, desenvolvimento prejudicado ou privação (NUNES *et al.*, 2020, p. 79410).

O código de Direitos Humanos desde sua formação já previa garantir a integridade física e psicológica de todo indivíduo (ONU, 1948), entretanto os papéis socialmente construídos e significados culturais formavam uma barreira entre as crianças, seus direitos e seu desenvolvimento (ÁVILA; MESQUITA, 2020).

No Brasil, por exemplo, a violência é um problema de saúde pública que atinge a população como um todo em larga escala, no entanto, quando se trata das crianças a situação é ainda mais preocupante. De acordo com o estudo realizado por Rates, Melo, Mascarenhas *et al.* (2014), que contabilizou as notificações de violência infantil no Brasil cedidas pelo SINAN NET (Sistema de Informação de Agravos de Notificação) no período entre 1 de janeiro e 31 de dezembro de 2011, foram registrados 17.900 casos neste ano, dos quais 73,6% ocorreram em domicílio.

O estudo também caracterizou a população agredida, apontando as meninas como o principal alvo das agressões. Já os registros com relação à cor da pele, crianças brancas sofrem mais agressões nos anos iniciais da vida, enquanto crianças pretas/pardas e amarelas/indígenas sofreram nos anos seguintes (NUNES *et al.*, 2020, p. 79410).

Entende-se que no decorrer da história, por algumas gerações a criança era socialmente vista como um "pequeno adulto", foi a partir do século XIX que passou a se ter a compreensão de que a infância é um período específico do desenvolvimento humano e que requer proteção e cuidados particulares a essa fase, embora em alguns locais do Brasil, muitas vezes a situação da infância passe despercebida. (SANTOS *et al*, 2021).

Em 1990, nos Estados Unidos, Inglaterra e País de Gales surgiram os primeiros estudos que auxiliaram na construção de conhecimento sobre os impactos de experiências adversas na infância (ACEs) e foi observado que o estresse de experiências negativas nesta fase pode gerar danos na atividade cerebral além de atrapalhar o desenvolvimento da aprendizagem (PESSOA, 2022), evidenciando assim a necessidade de se compreender as estatísticas e elaborar estudos sobre intervenções.

Voltando aos dias, depois que a discussão da violência contra a infância e juventude e suas implicações teve sua importância reconhecida, pode-se notar que acomete com muito mais gravidade e intensidade o jovem de periferia, que, além de sofrer devido à escassez de recursos essenciais básicos e desamparo governamental, ainda sofre preconceito por constructos desenvolvidos pela própria sociedade, como a classe social, a situação se agrava ainda mais quando se refere a população negra, que também sofre com o racismo e a violência policial.

Dentre as situações de violências temos ameaças, agressão verbal, ofensas, capacitismo, exclusão, entre outras. Isso reforça a necessidade de que sejam feitos estudos para compreensão sobre o mecanismo por trás desse quadro, para que possam ser projetadas intervenções até mesmo a nível de políticas públicas, estudos esses que possibilitam de se chegar a qualquer tipo de solução ou qualquer tentativa de resolver a questão.

A violência contra crianças e adolescentes, quando se trata do ambiente doméstico, compreende crueldade física e emocional, o abuso sexual. Incluem a negligência com a não prestação de cuidados imprescindíveis, desatenção em relação à alimentação ou higiene, omissão no suporte emocional ou educacional (abandono intelectual). Os maus-tratos, quando as crianças são muito pequenas ou até mesmo recém-nascidas, é vivenciado principalmente, tendo como quem ocasione o sofrimento, os pais ou cuidadores (FERREIRA *et al.*, 2020).

Tendo em vista essas barreiras construídas socialmente e buscando promover soluções, foi instituído o Estatuto da Criança e do Adolescente (ECA), Lei Federal nº 8.069, de 13 de julho de 1990, que regulamenta o artigo 227 da Constituição Federal, que trazia suas primeiras sanções e normas para reforçar os Direitos Humanos, trazendo até as crianças e adolescentes mais proteção, acesso aos seus direitos e melhor qualidade de vida.

Discorrer sobre violência psicológica contra crianças e adolescentes é assunto fundamental, pois nessa parte da vida do indivíduo está em maior vulnerabilidade como consequência de estar em desenvolvimento, nessa fase a criança não tem suas capacidades cognitivas e físicas bem formadas ainda, que através de seus adultos de referência e ambiente saudável irão se desenvolver, uma vez a violência acontecendo, esse movimento é interferido, colocando em risco a sua constituição como sujeito (SOUZA; ALVES, 2022).

Dentre as diretrizes do ECA, estão presentes a proteção dos direitos das crianças e adolescentes, incluindo pessoas com deficiência (PCD), medidas de combate ao trabalho infantil, direito ao acesso à educação gratuita de qualidade, direito ao acesso a alimentação adequada, serviços médicos que forem necessários de forma gratuita, cultura, esporte, lazer, entre outros, porém principalmente o direito à liberdade e dignidade.

Quando o assunto se enquadra em violência no âmbito familiar, existem duas classificações; entre eles, os que são mais usados nos trabalhos teóricos, são: Violência Intrafamiliar e Violência Doméstica; autores concordam e outros discordam no uso empregado dos termos. Entre eles, vale citar Azevedo e Guerra (1995) que se utilizam do tema da Violência doméstica; já o termo de violência intrafamiliar é Ferrari (2002), um dos nomes que opta por este tema.

Violência doméstica é todo ato ou omissão praticada por pais, parentes ou responsáveis em relação à criança e adolescente que tem o poder de afeto negativos, como dores e traumas de natureza física, sexual e psicológica à vítima; entretanto a violência doméstica também agrupa outras pessoas, não somente criança/adolescente mas qualquer outra pessoa que faça parte do âmbito doméstico, como empregados, pessoas que convivem esporadicamente neste convívio.

Já a Violência intrafamiliar é de espécie somente familiar, pessoas que têm graus consanguíneos. Ela é determinada por um padrão de relacionamento de caráter abusivo entre pai, mãe e filho, que anda na contramão dos papéis familiares.

Entre estes dois termos, utilizar-se-á o que melhor se posiciona diante deste artigo que é o de Violência Doméstica, pois seu grau de alcance vai além dos laços de consanguinidade.

É importante lembrar que a primeira infância é um momento crucial na questão do desenvolvimento, portanto os aprimoramentos sociais, escolares, cognitivos e emocionais que são assegurados por direitos pelo Estado como diz no parágrafo anterior, também constituem um papel do ambiente familiar e social dessa criança (SILVA *et al.*, 2020).

A promoção de saúde mental é um tema cada vez mais significativo na atualidade, visto que as pressões e desafios enfrentados pelas pessoas estão se tornando cada vez mais complexos, desiguais, complicados e variados.

Portanto, entender e compreender os fatores que afetam e influenciam o bem-estar psicológico se torna cada vez mais importante.

Diante disso, este artigo tem como objetivo relacionar diferentes estudos científicos sobre intervenções de abusos psicológicos de crianças e adolescentes, permitindo assim que novas hipóteses de tratamento e prevenção sejam elaboradas para a promoção da saúde mental e do bem-estar psicológico dos grupos abordados neste artigo.

Para a construção deste levantamento teórico foi realizada uma pesquisa de caráter exploratório, com delineamento qualitativo e que utilizou como base de coleta de dados referências bibliográficas que continham as informações almejadas para o artigo, para as quais foram levantados estudos voltados a intervenções que a Psicologia oferece para proteger e promover os Direitos Humanos.

Como resultado desse manejo teórico, buscou-se evidenciar como as intervenções oferecidas pela Psicologia podem prevenir e tratar abusos psicológicos, as informações colhidas foram utilizadas para compreender as causalidades do abuso psicológico em crianças, a dinâmica nas intervenções relatadas nos estudos científicos e identificar leis vigentes que dão o aparato necessário para garantir a saúde da criança.

Os critérios de inclusão para a realização deste artigo foram: livros e artigos científicos encontrados em fontes confiáveis, como o Google Acadêmico, Scielo e sites que apresentam conteúdos verídicos com referências citadas. Já os critérios de exclusão foram: artigos ou qualquer outro material que apresentassem origem duvidosa, materiais produzidos em línguas estrangeiras, que fossem muito antigos ou desatualizados, ou qualquer outra fonte que não apresentasse o conteúdo desejado para a realização do artigo.

2. Os impactos da violência no desenvolvimento infantil

A criança que se constitui em um ambiente que há constantes xingamentos, podem desenvolver disfunções como problemas cognitivos, emocionais e físicos que podem ser levados para toda vida (SILVA *et al.*, 2020). Os sentimentos envolvidos por conta da violência são os da tristeza, depressão, sentimentos de infelicidade que que pode acarretar em um problema maior nas condições de saúde mental e física das crianças (ABRANCHES; ASSIS *apud* SILVA *et al.*, 2020).

No início de nossas vidas é o período em que nossas funções cerebrais estão em sua maior produtividade e eficiência (GARDNER, 1998 *apud* SILVA *et al.*, 2020), portanto o cérebro tem as potencialidades das suas funções, por isso a importância de estimulação para o aperfeiçoamento das funções de uma criança.

Seguindo os estágios de desenvolvimento de Piaget, a criança tem seus dois primeiros estágios, o Sensório Motor e o Pré-Operatório (SILVA *et al.*, 2020, p. 352).

> O primeiro é conhecido como fase de inteligência prática ligada a concretude, a coordenação é baseada na evolução da percepção e da motricidade, esse estágio ocorre de 0 a – mais ou menos – 2 anos de idade (do nascimento até a aquisição da linguagem). No segundo estágio a criança utiliza seus recursos para explorar e conhecer o mundo ao seu redor, está numa fase de representação do mundo com base em suas vivências. Esse estágio é marcado por exemplo pelo mundo do faz de conta e a imitação. Ocorre de 2 a 6 – 7 anos de idade (SILVA *et al.*, 2020, p. 352).

Estudos realizados para ver as consequências negativas da violência psicológica, destacou uma série de complicações nos aspectos sociais, os problemas gerados podem vir a transgredir essa violência no namoro (SILVA *et al.*, 2020).

Dados do jornal Nexo, trouxe uma estimativa de aumento de 20% de casos de violência doméstica no Estado de São Paulo, tal aumento fez com que houvesse alteração no desenvolvimento destes.

> [...] pode acarretar no estresse tóxico, que ocorre quando há uma série de adversidades constantes, espalhadas em um longo período, sem o suporte de adultos. O resultado pode ser a interrupção do desenvolvimento saudável do cérebro, o que leva a mudanças bruscas no comportamento, diminuição da imunidade, ansiedade e depressão (NEXO, 2020 *apud* SILVA *et al.*, 2020).

As violências psicológicas têm uma influência cultural e histórico que por sua vez faz com que haja a reprodução da violência, os fatores de riscos ligadas a essa prática são:

> [...] pobreza, pai/mãe não biológicos ou separados, alienação ou precária autoestima da mãe, baixa amabilidade dos pais, gravidez ou parto complicados, baixo QI, dificuldades de temperamento; ambiente familiar, questões de gênero, disciplina rígida, suporte dos pais e valores familiares, satisfação com o casamento e idade da mãe (ABRANCHES; ASSIS *apud* SILVA *et al.*, 2020).

A população mundial foi surpreendida, com a chegada da pandemia do coronavírus, o isolamento fez com que houvesse consequências sociais, e psicológico, afetando também o contexto econômico. O ocorrido fez com que o ambiente doméstico tivesse alterações, culminando uma nova realidade da qual a violência psicológica está inserida (SILVA *et al*., 2020, p. 353).

Estudos apontam que a pandemia fez com que tivesse o confinamento domiciliar de crianças e adolescentes, desta forma aumentando os riscos de sofrimento de violências físicas, sexuais e psicológicas. As violências que já eram uma realidade podem permanecer, podendo aumentar (SANTOS *et al*., 2021, p. 353).

Esta situação de violência se torna ainda mais crítica, quando consideramos que ela provém de um âmbito que ao olhar da criança em suas fases de desenvolvimento, deveria ser um lugar de acolhimento, segurança, afeto e refúgio, isto é, a violência dentro de seu próprio lar, no ambiente doméstico.

Para uma criança que teve um bom ambiente de desenvolvimento, Winnicott diz:

> Pode-se afirmar que a história do desenvolvimento infantil é uma história de dependência absoluta, que avança firmemente através de graus decrescentes de dependência, e vai, tateando, em direção à independência. Uma criança ou um adulto amadurecidos têm um tipo de independência que se mescla, de uma forma feliz, a todos os tipos de necessidade, e ao amor, o que se torna evidente quando a perda provoca um estado de luto (WINNICOTT, 1999, p. 73).

Entretanto, para uma criança que tem sua formação inicial repleta de violência e descuido, o resultado será o mais negativo possível, diante de seu processo como sujeito.

A violência contra crianças inclui maus tratos físicos e emocionais, abusos sexuais e negligência física, como a falta de uma alimentação correta e higienização de vida; o não fornecimento dos cuidados básicos médicos; a falta de afeto e suporte emocional; negligência na parte educativa da criança, que acarreta na falta de medidas que estabelecem um bom desenvolvimento intelectual e moral do sujeito (FERREIRA, 2020, p. 3).

A violência tem impactos drásticos na vida da criança e do adolescente, que culminam em uma visão de mundo violenta e na repetição dessa violência em relacionamentos futuros. O sujeito que vive neste tipo de ambiente e presencia este comportamento agressivo desenvolve-se tendo parte de sua constituição alocada numa atitude violenta. Ademais, a vítima pode desencadear características voltadas a diferentes psicopatologias, tendo grande prejuízo a sua saúde mental.

Entre os tipos de psicopatologias que podem ser desenvolvidos a partir de um trauma físico, psicológico, violento e indiligente para com a criança e adolescente, vale citar:

> [...] condições clínicas diversas, tais como transtornos do humor, transtornos psicóticos, transtorno de estresse pós-traumático, comportamentos suicidas e de alto-risco, violência conjugal e maus tratos à crianças, e transtornos de personalidade (WAIKAMP; BARCELLOS SERRALTA, 2018, p. 138).

É notável que a violência da parte dos responsáveis com a criança e adolescente, é consequentemente acarretada em uma falha em sua maturação inicial que se perpetua em sua vida adulta, de maneira que o indivíduo irá de muitas formas sofrer e criar ambientes de grande proporção manifestados pelo caos.

3. Considerações finais

Evidenciando as implicações que os abusos psicológicos na infância e adolescência podem trazer para a vida do indivíduo, torna-se mais clara a importância dos estudos envolvidos na produção de novas intervenções, estes englobam desde as necessidades que o indivíduo tem durante a vulnerabilidade da sua infância, até a obstáculos mais complexos ainda presentes na estrutura social que diminuem a atenção dos responsáveis e dificulta a criança e adolescente de se expressar e serem ouvidos.

Com os estudos sobre o desenvolvimento humano, se fez possível compreender as necessidades importantes que constituem parte da formação do sujeito, estes dentro da produção das intervenções delineiam quais os aspectos básicos que devem ser assegurados à criança e adolescente.

Mais à frente, encontram-se os estudos estatísticos, através de dados demográficos são importantes como ferramenta que ao monitorar suas informações permitem o hipotetizar as dificuldades advindas de questões culturais de cada região, tendo a perspicácia de compreender a subjetividade por trás de cada número pode-se compreender quais adversidades as crianças e jovens estão enfrentando naquela região.

Como exemplo hipotético prático, é possível notar um problema público avaliando estatísticas que relatam a quantidade de crianças passando por gravidez, envolvidas com abuso de substâncias, entre outros.

Reconhecer um problema público permite desenvolver estudos de intervenções específicas, e através da implementação destas fortalecer o alcance das políticas públicas.

Com a promoção de ambientes mais saudáveis e a produção de conhecimento a fim de facilitar o reconhecimento das denúncias de violência psicológica, temos o início do tratamento do problema de abusos psicológicos que afetam as crianças.

Contudo, é importante ter a consciência de que não é somente com teorias e estudos que o problema será amenizado, como já fora citado, não é novidade para ninguém que a população jovem que mais sofre com a violência no geral, são as pessoas moradores de periferia e de baixa renda, problema que se agrava quando se trata da população negra.

Levando isso em conta, é evidente que a atuação governamental é de suma importância para que se possa trabalhar o assunto, pois também depende da condição ambiental em que o sujeito está inserido. É impossível ter qualquer centelha de qualidade de vida em ambientes que foram esquecidos pelo Estado, onde carecem dos mais básicos serviços, como saneamento e coleta de esgoto, energia elétrica, produtos de higiene pessoal e limpeza, alimentação adequada, entre outros itens e serviços essenciais para ter qualidade de vida.

> As diversas ações propostas pelas políticas públicas, ainda que sinalizem avanços, parecem não transformar a situação; são ações fragmentadas, não efetivas. Poucas trazem respostas aos jovens e os auxiliam a exercer sua cidadania de modo efetivo, romper as barreiras da discriminação, superar a condição de vulnerabilidade, para que eles sejam realmente sujeitos de direitos. As desigualdades econômicas (concentração de renda) são muito gritantes na vida da maioria das juventudes brasileiras, entre os grupos étnicos, e marcam profundamente a vida escolar e o mundo do trabalho. Apenas 18% dos jovens brancos possuem renda familiar com mais de cinco salários mínimos; esses índices diminuem mais entre os jovens pardos (12%) e negros (8%) (SIBIONI, 2019, p. 210).

Levando tudo isso em consideração, nota-se que trabalhar as demandas psicológicas da infância e juventude se torna irrisório e ineficiente se não houver meios de subsistência adequados, o que já se distancia e muito das atribuições de psicólogos ou até mesmo assistentes sociais, pois já se torna uma questão de descaso governamental. Assim, cabe a todos cobrar a todo momento os líderes democraticamente eleitos para que os mesmos possam enxergar a realidade abaixo deles e trabalhar para que, de preferência num futuro não tão distante, todos possam ter o mínimo de dignidade para viver, do contrário, não existe psicologia que resolva, é como "enxugar gelo".

O assunto é revoltante, difícil de compreender, principalmente para os que não vivem nas mesmas condições, porém que necessita ser trabalhado a todo momento para que haja resultados duradouros e verdadeiramente eficientes.

REFERÊNCIAS

ALVES, Maria Valeria Ferreira; SOUZA, Isadora Cavenague Ignácio de. **Violência Psicológica Infantil Intrafamiliar e os impactos no Desenvolvimento Psíquico Infantil**. 2022. Trabalho de Conclusão de Curso (Bacharelado em Psicologia) – Universidade de Uberaba, 2022. Disponível em: http://dspace.uniube.br:8080/jspui/handle/123456789/2064. Acesso em: 16 maio 2023.

ARANTES, Esther Maria de Magalhães. Pensando na Proteção Integral: contribuições ao debate sobre as propostas de inquirição judicial de crianças e adolescentes como vítimas ou testemunhas de crimes. *In*: CONSELHO FEDERAL DE PSICOLOGIA (org.). **Falando sério sobre a escuta de crianças e adolescentes envolvidos em situação de violência e a rede de proteção**. Brasília, DF, 2009. p. 79-99.

AZNAR-BLEFARI, Carlos *et al*. Atuação de psicólogos em alegações de violência sexual: boas práticas nas entrevistas de crianças e adolescentes. **Psico-USF**, v. 25, p. 625-635, 2021. Disponível em: https://pesquisa.bvsalud.org/portal/resource/pt/biblio-1155080. Acesso em: 16 maio 2023.

BATISTA, Mitlene Kaline Bernardo; QUIRINO, Túlio Romério Lopes. Debatendo a violência contra crianças na saúde da família: reflexões a partir de uma proposta de intervenção em saúde. ***Saúde e Sociedade***, v. 29, p. e180843, 2020. Disponível em: https://www.scielosp.org/article/sausoc/2020.v29n4/e180843/. Acesso em: 16 maio 2023.

CONCEIÇÃO, Maria Inês Gandolfo *et al*. Abuso sexual infantil masculino: sintomas, notificação e denúncia no restabelecimento da proteção. **Psicologia Clínica**, 2020, v. 32, n. 1, p. 101-121. Disponível em: http://pepsic.bvsalud.org/scielo.php?script=sci_arttext&pid=S0103-56652020000100006. Acesso em: 16 maio 2023.

FERREIRA, Jéssica Samara de Albuquerque *et al*. **Impactos da violência doméstica no desenvolvimento infantil e adolescente**. 2020. Disponível em: http://repositorio.aee.edu.br/jspui/handle/aee/17360. Acesso em: 16 maio 2023.

GIARDINA, Mikaeli Martins; DE SOUSA BARBOSA, Luiza Ribeiro; DE AMORIM ANDRADE, Alcilene Lopes. Depoimento especial: o olhar da Psicologia sobre o método na perspectiva do melhor interesse da criança. **Entre** a psicologia e o direito: os laços e enlaces humanos, p. 31. Disponível em: https://repositorio.alfaunipac.com.br/publicacoes/2021/585_depoimento_especial_o_olhar_da_psicologia_sobre_o_metodo_na_perspectiv.pdf. Acesso em: 23 maio 2023.

MAGNABOSCO MARRA, Marlene; FORTUNATO COSTA, Liana. Entre a revelação e o atendimento: família e abuso sexual. **Avances en Psicología Latinoamericana**, v. 36, n. 3, p. 459-475, 2018. Disponível em: https://www.redalyc.org/journal/799/79957069003/79957069003.pdf. Acesso em: 16 maio 2023.

MARTINS, Jessica Souza; SANTOS, Daniel Kerry dos. Atendimentos psicossociais a crianças e adolescentes vítimas de violência sexual: percepções de psicólogas de um Creas/Paefi. **Psicologia**: ciência e profissão, v. 42, 2022. Disponível em: https://doi.org/10.1590/1982-3703003233520. Acesso em: 16 maio 2023.

MINAYO, Maria Cecília de Souza; PINTO, Liana Wernersbach; SILVA, Cosme Marcelo Furtado Passos da. A violência nossa de cada dia, segundo dados da Pesquisa Nacional de Saúde 2019. **Ciência & Saúde Coletiva**, v. 27, p. 3.701-3.714, 2022. Disponível em: https://www.scielo.br/j/csc/a/W5fnbCRywfrLtSKvD4RzQqp/?lang=pt&format=pdf. Acesso em: 16 maio 2023.

MIURA, Paula Orchiucci *et al*. Violência doméstica ou violência intrafamiliar: análise dos termos. **Psicologia & Sociedade**, v. 30, 2018. Disponível em: https://www.scielo.br/j/psoc/a/dQc8Zb4b7z68hpCkKG9cBKK/?lang=pt&format=pdf. Acesso em: 16 maio 2023.

MONTEIRO, Fernanda Santos. **O papel do psicólogo no atendimento às vítimas e autores de violência doméstica**. 2012. 63 f. Monografia (Graduação em Psicologia) – Faculdade de Ciências da Educação e Saúde, Centro Universitário de Brasília, Brasília, 2012. Disponível em: https://repositorio.uniceub.br/jspui/handle/123456789/2593. Acesso em: 16 maio 2023.

MONTEIRO, Fernanda Santos. **O papel do psicólogo no atendimento às vítimas e autores de violência doméstica**. 2012. 63 f. Monografia (Graduação em Psicologia) – Faculdade de Ciências da Educação e Saúde, Centro Universitário de Brasília, Brasília, 2012. Disponível em: https://repositorio.uniceub.br/jspui/handle/123456789/2593. Acesso em: 16 maio 2023.

MOREIRA, Ana Paula Gomes; GUZZO, Raquel Souza Lobo. Violência e prevenção na escola: as possibilidades da psicologia da libertação. **Psicologia &**

sociedade, v. 29, 2017. Disponível em: https://www.scielo.br/j/psoc/a/gL6R-3MRpbH4v53qnBxfMYkn/?lang=pt&format=pdf. Acesso em: 16 maio 2023.

NUNES, Ana Clara Pereira *et al*. Violência infantil no Brasil e suas consequências psicológicas: uma revisão sistemática. **Brazilian Journal of Development**, v. 6, n. 10, 2020. Disponível em: https://ojs.brazilianjournals.com.br/ojs/index.php/BRJD/article/view/18453/14870. Acesso em: 16 maio 2023.

REIS, Deliane Martins; PRATA, Luana Cristina Gonçalves; PARRA, Cláudia Regina. O impacto da violência intrafamiliar no desenvolvimento psíquico infantil. **Psicologia**, v. 1, n. 1, p. 1-20, 2018. Disponível em: https://www.psicologia.pt/artigos/textos/A1253.pdf. Acesso em: 16 maio 2023.

SIBIONI, Roque Luiz. Políticas públicas para as juventudes no Brasil e vulnerabilidade juvenil à violência. **Revista de Ciências da Educação**, p. 201-225, 2019. Disponível em: https://core.ac.uk/download/pdf/327693107.pdf. Acesso em: 16 maio 2023.

SILVA, Jessica Cristina Tiago da; ASSUNÇÃO MELO, Sara Cristina de. Violência infantil: atuação do psicólogo no processo de auxílio à criança. **Psicologia e Saúde em debate**, v. 4, n. 1, p. 61-84, 2018. Disponível em: https://www.psicodebate.dpgpsifpm.com.br/index.php/periodico/article/view/197. Acesso em: 16 maio 2023.

SILVA, M. C. B. da et al.. EVIDENCE ON THE IMPACTS OF COVID-19 PANDEMIC ON VIOLENCE AGAINST CHILDREN: SCOPING REVIEW. **Texto & Contexto – Enfermagem**, v. 30, p. e20210058, 2021. DOI: https://doi.org/10.1590/1980-265X-TCE-2021-0058. Acesso em: 16 maio 2023.

SILVA SANTOS, Débora Letícia da *et al*. A violência psicológica como fator de risco ao desenvolvimento infantil. **Gep News**, v. 5, n. 1, p. 348-355, 2021. Disponível em: https://www.seer.ufal.br/index.php/gepnews/article/view/12931. Acesso em: 16 maio 2023.

SOUSA, Molina Bequer de, *et al*. Um muro de silêncio: a subnotificação do abuso sexual infantil intrafamiliar. **Brazilian Journal of Health Review**, v. 5, n. 2, p. 7.632-7.637, 2022. Disponível em: https://www.brazilianjournals.com/index.php/BJHR/article/view/47083?__cf_chl_tk=5oQUxDPMpUtyferH-cGGBK9x_rF6YOSq1TZxDPsxNtt8-1684444596-0-gaNycGzNDJA. Acesso em: 16 maio 2023.

TORRES, Vanessa Almeida; BARBOSA, Hanna Haviva Vasconcelos. Da tutela constitucional da criança: os efeitos da violência psicológica infantil ante a eficácia da doutrina da proteção integral. **SEMPESq- Semana de Pesquisa da Unit-Alagoas**, n. 7, 2019. Disponível em: https://eventos.set.edu.br/al_sempesq/article/view/12036/5743. Acesso em: 16 maio 2023.

WAIKAMP, Vitória; BARCELLOS SERRALTA, Fernanda. Repercussões do trauma na infância na psicopatologia da vida adulta. **Cienc. Psicol.**, Montevideo, v. 12, n. 1, p. 137-144, maio 2018. DOI: https://doi.org/10.22235/cp.v12i1.1603. Acesso em: 16 maio 2023.

WINNICOTT, Donald W. **Os bebês e suas mães**. Tradução de Jefferson Luiz Camargo; Revisão Técnica de Maria Helena Souza Patto. 2. ed. São Paulo: Martins Fontes, 1999. (Psicologia e pedagogia).

TRABALHO ESCRAVO E EXPLORAÇÃO PSICOLÓGICA DE MULHERES NEGRAS NO TRABALHO DOMÉSTICO

Amessi Ribeiro Pereira da Silva
Angela Maria da Silva Mendonça Branco
Cassiana Munhoz de Albuquerque
Larissa Marcondes Castellano
Sebastiana Lucia da Silva
Damião Evangelista Rocha

1. Introdução

Os Direitos Humanos são leis que asseguram a dignidade de todos os seres humanos. Essas leis estabelecem os direitos e deveres dos indivíduos, que devem usufruir dos seus direitos sem interferir no direito de outrem. A Declaração Universal dos Direitos Humanos garante direitos civis, políticos e sociais, o trabalho, e a seguridade, definem também a relação com o estado, e a obrigação que ele tem com os indivíduos, nenhum governo ou sujeito tem o direito de interferir nos direitos de nenhum indivíduo.

Os Direitos Humanos são garantidos em ordenamento jurídico, porém isso não contempla seu cumprimento por completo, visto que entre a existência desses direitos e a sua execução tem-se um enorme desequilíbrio, e por mais que seja a todo tempo reafirmado esses direitos focando na inclusão social, acaba-se por ver a violência se intensificando, conforme a Organização das Nações Unidas de 1948.

Segundo Decreto nº 5.452, de maio de 1943, aprova a consolidação das leis do trabalho onde os direitos do trabalhador por sua vez estão previstos na Consolidação das Leis Trabalhistas – CLT, que nada mais é, do que um conjunto de leis trabalhistas elaboradas no governo de Getúlio Vargas, em que se encontram normas de direitos individuais e coletivos de trabalho, além de fiscalização do trabalho e direito processual dele.

Tendo como base o estudo dos direitos do trabalhador no Brasil, esbarramos com temas que, ainda que descritos na CLT, infelizmente continuam a acontecer, afinal, mesmo que pertencendo a um conjunto de leis ainda não temos a garantia de todos os direitos previstos por lei, um deles é o trabalho análogo a escravidão.

A escravidão no Brasil teve início no século XV e sua ruptura como lógica socioeconômica no século XIX. Considera-se que era uma forma de exploração, que tinha como intuito usufruir da força de trabalho de homens e mulheres de origem africana, em que os trabalhos desempenhados pelos indivíduos escravizados eram forçados. Homens e mulheres eram levados de suas casas e não havia direitos que assegurassem a essas pessoas a autonomia ou salário.

Os escravos eram agredidos fisicamente e psicologicamente, chegando muitas vezes a morrerem sem sequer receberem por seus serviços. Tal prática ainda hoje está impregnada na sociedade brasileira, como revés daquilo que é cotidianamente discutido e questionado a respeito da equidade dos direitos numa sociedade em que a maioria é preta e miscigenada.

O trabalho escravo contemporâneo trata-se de um trabalho forçado que envolve restrições à liberdade do indivíduo, obrigando o trabalhador a prestar serviços sem receber seu salário, ou então, recebendo valores que desrespeitem a profissão ou o serviço exigido. O trabalho análogo a escravidão inclui situações de fraude, dívida, retenção de salários, retenção de documentos, ameaças ou violência que impliquem na anulação do direito à liberdade do indivíduo e/ou de seus familiares.

O trabalho análogo a escravidão além de promover diversos prejuízos à vida do indivíduo, ainda inviabiliza o direito à liberdade sobre forma de vigilância constante, condições insalubres de trabalho, produções exorbitantes e cobranças elevadas e indesejáveis (SILVA, 2018).

A violência psicológica trata-se de toda ação que possua como intuito causar danos a autoestima ou a identidade do indivíduo que seja alvo da violência, inclui, portanto, ameaças, humilhações, cobrança excessiva, chantagem, discriminação, sendo está de gênero ou outra demanda, críticas exacerbadas de desempenho ou de comportamento e exploração. Também é caracterizada violência psicológica de causar a exclusão do indivíduo ou propor jornadas de trabalho com base em ameaças (SILVA; COELHO; CAPONI, 2007).

O tema desenvolvido neste artigo foi sobre o "Trabalho Escravo e exploração Psicológica de Mulheres Negras no Trabalho Doméstico", com pesquisa qualitativa de revisão bibliográfica buscando entender os impactos no cotidiano do indivíduo e o quanto isso traz consequência à saúde mental da mulher negra, principal foco da pesquisa. Considerando que no Brasil atualmente o trabalho escravo é um crime, pois viola os Direitos Humanos e promove o trabalho forçado de jornadas longas e condições desumanas.

Nesse sentido, será relevante estabelecer uma discussão sobre o trabalho escravo e exploração psicológica de mulheres negras no trabalho doméstico, sendo que essas mulheres negras são grande maioria trazendo resquícios da escravidão vividas no passado, onde essas pessoas são inferiorizadas e exploradas socialmente e subjugadas (NOGUEIRA, 2017, p. 49).

2. A relação de trabalho e abusos de mulheres negras no serviço doméstico

A relação histórica entre trabalho doméstico e destinação da mulher para esse papel perpassa os séculos. A mulher negra, por sua vez, dado o histórico de escravidão no Brasil ainda é o retrato desse trabalho, embora sejam incansavelmente discutidos esses temas na atualidade, frente à necessária mudança de pensamento de uma sociedade racista e machista.

Os trabalhos domésticos como limpar, arrumar, cozinhar, cuidar de quem necessita de cuidados, portanto não valorizado pela sociedade capitalista. Apesar da Lei Áurea ter sido assinada em 13 de maio de 1888, muitas mulheres ainda sofrem com a exploração e o preconceito ao realizarem trabalhos domésticos.

Em sua maioria, essas mulheres vêm de longe em busca de novas oportunidades de emprego e estudo e acabam aceitando o trabalho como meio de se manterem. Algumas destas mulheres iniciam o trabalho antes mesmo de atingirem a maioridade e acabam se sujeitando a trabalhos insalubres e repletos de explorações e violência, tendo seus serviços desvalorizados e sem o direito a carteira assinada (AMORAS, 2021).

A mulher negra tem sua história silenciada e por conta do racismo tem enfrentado sofrimento e adoecimento no âmbito do trabalho. Para falar da situação análoga à escravidão, a qual as mulheres negras vivem atualmente é preciso lembrar de outra questão que também afeta diretamente as mulheres negras, o racismo, que tem uma marca histórica de luta de todo povo negro no Brasil, em busca de reconhecimento e igualdade de direitos, que embora afeta esse povo tem especial degradação as mulheres negras, que em muitas situações apresentam condições financeiras interior e menos tempo de estudo em relação a mulheres brancas (AMORAS, 2021, p. 3).

Grande parte dessas mulheres são responsáveis pela subsistência de sua família, criação e educação dos filhos, principais causa de suas lutas e normalmente a busca por melhores condições de trabalho, ingresso e ascensão em alguma carreira com mais prestígio, visibilidade e reconhecimento acaba sendo adiada, ficando em segundo plano.

Sua prioridade acaba sendo a formação de seus filhos, não raramente as mulheres vivem em situação análoga à escravidão simplesmente por desconhecer seus direitos trabalhistas que atualmente se estende ao trabalhador doméstico, ou por falta de oportunidade devido seu pouco estudo (AMORAS, 2021, p. 4).

Fazendo uma retrospectiva a colonização do Brasil, o qual escravizou mulheres e homens de uma forma desumana e cruel, foi ainda mais nociva as mulheres, pois além da jornada excessiva de trabalho na agricultura, ainda sofriam violação de seus corpos, onde eram impedidas de ter filhos, ou em contraposição em outros contextos eram obrigadas a ter filhos para aumentar o cabedal humano de seus senhores, onde tinham essas mulheres como reprodutoras e geradoras de escravos, o qual em muitas vezes eram separadas de seus filhos, pois eles eram moedas de troca em negociações para o aumento do patrimônio dos senhores, também nesse cenário eram obrigadas a servir sexualmente seus patrões, caracterizando a cultura do estupro, diante dessa violência sofrida pelas mulheres negras, geralmente acontecia à concepção de filhos considerados bastardos pela família de origem, que eram criados pelas mães e mantidos nas fazendas, porém sem o reconhecimento paterno (AMORAS, 2021, p. 8).

Embora essas mulheres, por vontade própria ou não, tivessem filhos, elas não podiam exercer essa maternidade como era o esperado devido a intensa jornada de trabalho nas lavouras de cana de açúcar, ou porque eram obrigadas a cuidar, amamentar os filhos de suas senhoras, que era costume na época adotar uma ama de leite para os filhos legítimos dos patrões (AMORAS, 2021, p. 12).

A violência sofrida pelas mulheres submetidas ao trabalho escravo teve sua origem ainda no período colonial, mais precisamente no deslocamento forçado do povo africano, pelo tráfico de pessoas que fora comum no período da colonização do Brasil, essa violência sofrida pelo povo africano ocasionou uma perda de identidade e a construção de um novo sujeito, porém não houve respeito pela história, passado e memoria desse povo (MANZI; ANJOS, 2021, p. 4).

As mulheres negras sempre combateram a violência por elas sofridas, tanto individualmente como coletivamente, podemos observar isso na variedade de Quilombos espalhados pelo território brasileiro, símbolo da sobrevivência até os dias de hoje, muitos deles é comandado por mulheres que resistiram as variadas formas de opressão e gerenciaram suas vidas no cuidado com as crianças e idosos, também demonstravam resistência na ocupação dos espaços e na conquista de seus direitos, referentes às suas práticas religiosas e cultura africana (MANZI; ANJOS, 2021, p. 5).

Vale salientar que mulheres negras tiveram grande contribuição com sua atuação como força de trabalho no meio urbano e no meio rural, onde foi importante como base produtiva e reprodutiva da sociedade brasileira nos dias de hoje. O Brasil tem sua história pautada no trabalho e produção, desenvolvimento econômico na dívida que tem com esse povo que teve sua história e cultura negligenciada por muito tempo em detrimento da construção de uma nova história e uma nova identidade, que ainda não teve seu potencial valor reconhecido, sendo até os dias atuais, sendo pauta marcante de luta por reconhecimento e dignidade (MANZI; ANJOS, 2021, p. 5).

A mulher negra em sua luta por igualdade social e igualdade de direitos, conquistou vários espaços, antes impensável ressignificando sua própria história como exemplo de luta para outras mulheres brasileiras que almejam seu protagonismo no contexto histórico, onde está inserida, ocupando espaços, funções e posições que lhe foram negadas (MANZI; ANJOS, 2021, p. 10).

Mesmo sendo a mulher alvo de tanta violência física que deixavam marcas profundas em seus corpos, que são realidade amplamente apontada na literatura, não se consegue avaliar o quanto foi dolorido a violência psicológica sofrida do longo dos séculos a essas mulheres que tiveram seus corpos mutilado, pelas diversas funções que eram obrigada a desempenhar enquanto escravas negras, que não eram donas de suas vontades e nem de seus corpos, onde os senhores "seus donos":

> [...] dispunham deles de acordo com seus desejos sexuais, enquanto serviam os senhores com seus trabalhos doméstico, amamentação e criação de seus filhos em detrimento da alimentação e criação de seus próprios filhos (MANZI; ANJOS, 2021, p. 11).

Ao colocar luz sobre o desenvolvimento da mulher negra no mercado de trabalho, pode-se observar que a maioria das mulheres negras desempenham a função de doméstica em casas de outras mulheres brancas, cenário que retrata a divisão de trabalho desde o Brasil Colônia, onde a mulher negra está associada ao trabalho doméstico, que por sua vez é considerado historicamente como serviço desvalorizado, mal remunerado e pouco reconhecida (MANZI; ANJOS, 2021, p. 17).

Toda essa conduta opressora desempenhada por parte de seus patrões e patroas da atualidade, herança da escravidão que perdura até os dias atuais, onde as mulheres estão praticamente exercendo o papel de menos valia, como seus pais e avós, com a diferença de que atualmente são tratados com menos violência física e são levadas a acreditar que são parte da família, pelo menos enquanto tem saúde e força para desempenhar suas tarefas e não moverem processos trabalhistas para adquirir seus direitos se esses tiverem sido negado (MANZI; ANJOS, 2021, p. 17).

Também é resquício da colonização do Brasil, submeter as mulheres negras à condição indigna de sobrevivência em que seus direitos são negados, onde o modelo capitalista e patriarcal a direciona para as margens dos centros urbanos em condições desigual e naturalizando as comunidades a seu lugar de direito, numa clássica divisão racial (MANZI; ANJOS, 2021, p. 18).

Como ocorria no tempo da escravidão, as mulheres negras, diferente das mulheres brancas eram consideradas mulheres fortes, capazes de desempenhar basicamente o mesmo trabalho dos escravos homens na lavoura, onde era considerado privilégio ser trabalhadoras das casas grande nas fazendas, atualmente estás mulheres lutam não só com suas questões como mulher forte, não por sua anatomia, mas por necessidade, ela muitas vezes se vê obrigada a sustentar seus filhos (MANZI; ANJOS, 2021).

Devido a vulnerabilidade da população negra que é exterminada ainda na juventude pela violência proveniente do racismo estrutural, que deixa essas mulheres viúvas com filhos pequenos para criar, ou ainda vitimiza seus filhos na adolescência ou início da fase adulta, que é justamente onde poderiam unir forças para ir em busca de melhores condições de vida, impossibilitando essa família de sair do círculo da miséria econômica (MANZI; ANJOS, 2021, p. 20).

O adoecimento da mulher negra é amplamente tratado nos artigos, mas não especificamente sobre o adoecimento da mulher negra no exercício do trabalho doméstico que impacta as questões e nos remete a analisar sobre a saúde de um público que maioria atuante no trabalho doméstico (CARMO, 2019, p. 10).

No contexto histórico, social e econômico, essa população é de grande importância e tem no trabalho a construção de sua identidade, onde a saúde é um fator importante a ser avaliado entre outras como por exemplo: o trabalho como fator estruturante da sociedade e a organização que gira em torno dele, a vida familiar nos momentos de lazer, a divisão social do trabalho e a forma que se distribui na sociedade (CARMO, 2019, p. 10).

Embora a mulher, em um contexto geral, vem ocupando espaços, antes majoritariamente masculina, ainda sofre opressão do gênero e sofrendo com a submissão feminina, pois embora desempenhe o papel profissional semelhante ao homem em carga horária, ainda vê seu salário ser inferior, herança do patriarcalismo, que definia que a mulher era destinada a cuidar de casa e responsabilizada pelos cuidados e educação dos filhos, os homens exerciam as funções de prover o sustento de sua família, atualmente essa desigualdade de salários ainda existe, mesmo sendo muitas mulheres provedoras de seus lares por serem viúvas ou por nunca terem se casado (CARMO, 2019, p. 12).

Na divisão social do trabalho ao homem foi destinado a função produtiva e para a mulher ficou a função reprodutiva, onde ao homem fora destinado as funções de maior status socialmente e financeiro, portanto, esse é o fator que contribui historicamente com a desigualdade social e a opressão entre os sexos. Como o capitalismo considera produtivo apenas o que é comercializado e pode gerar renda, não abrange o trabalho feito pelas mulheres, dando pouco importância ao trabalho doméstico/reprodutivo, por ser considerado trabalho complementar (CARMO, 2019, p. 13).

Pesquisas no Brasil apontam que o trabalho doméstico e suas vertentes, são exercidas por mulheres e em maioria maciça por mulheres negras e periféricas, que ainda enfrentam condições debilitantes de trabalho, pela carga horaria intensa, jornada dupla de trabalho, salários baixos e desvalorização social (CARMO, 2019, p. 14).

Os mesmos autores apontam que a esses fatores são acrescentados ainda a supressão de direitos trabalhistas, onde muitas mulheres se submetem a essas condições de trabalho, pela necessidade do emprego, embora em 2015 o governo estipulou a lei complementar 150/2015, dando ao trabalhador doméstico a garantia de alguns direitos como: salário-mínimo, jornada de trabalho fixa, FGTS, regras especificas para as horas extras, cuidados com a segurança e acesso ao seguro-desemprego.

Essa herança da servidão das mulheres negras se dá pelos tempos da escravidão, que embora num cenário novo, ainda traz resquícios daquela época, lembrando que no passado não só era a elas atribuídos os trabalhos de casa como: limpar, lavar, passar e cozinhar, mas também os cuidados com a amamentação dos filhos das senhoras, acompanhamento e os cuidados com a higiene pessoal das sinhazinhas, tarefas essas que eram consideradas na época como lugar de privilégios pelos demais escravos (CARMO, 2019).

Elas eram ensinadas todas as tarefas necessárias para o funcionamento da casa grande, ou seja, desempenhavam várias funções, esse lugar e essas tarefas não eram desempenhadas por qualquer escrava, existia um certo requisito para que elas fossem admitidas no trabalho interno das fazendas, eram preciso ser bem educadas, ter ausência de odor forte e ter boa aparência e por esse motivo eram vítimas da crueldade de seus senhores, que exerciam sobre elas a força de suas vontades sexuais, seja simplesmente pelo seu desejo sádico ou como forma de punição (CARMO, 2019, p. 15).

Em um contexto histórico cultural foi estabelecido as mulheres negras um lugar de servidão, pelo modelo patriarcal e racista que é extremamente favorecido pelo sistema capitalista que naturaliza o papel de cuidadora a essas mulheres, onde são exploradas e não tem sua força de trabalho valorizada por aqueles que deles se beneficiam, essas condição vivida por essas mulheres são justificadas pela pouca exigência de especialização, cabendo a elas os trabalhos braçais, portanto sem vínculo empregatício, com baixa remuneração e sem cobertura pelos direitos trabalhistas (CARMO, 2019, p. 16).

Ainda na atualidade o racismo estrutural aprisiona e subjuga a população negra no Brasil, causando um grande impacto na subjetividade dessa população com o silenciamento, apagamento da história desse povo (CARMO, 2019).

Carmo (2019) aponta que o racismo como estrutura da sociedade brasileira vem da segregação política e social enfrentado pela população negra que tem a seu desenlace na abolição da escravidão, que embora pensado nos benefícios que asseguravam a população negra e escravizada pela sua implantação, deixou essas pessoas à deriva, pois a "liberdade" proposta na Lei Áurea, os aprisionava de diversas outras maneiras pela desassistência em seu novo modelo de vida, onde eram obrigada a se submeter novamente a seus antigos senhores para prover seu sustento e sua sobrevivência, pois muitos se encontravam doentes e incapacitados de construir um novo recomeço.

Portanto, eram poucas as opções que tinham para continuar, ou voltavam a suas antigas situações de escravidão ou viviam a margem da sociedade, situação que após centenas de anos ainda reflete no modo de vida das pessoas negras no Brasil (CARMO, 2019, p. 30).

Para atribuir grupos de mulheres negras em setores de dimensões diversas, compreendendo que apreensão da experiência social das mulheres negras como vinculada em casa grande e senzala sendo como uma casa grande de espaço físico ocupado pelos escravos, um conjunto de relações dos familiares negros e negras sendo subordinado a demandas das famílias dos brancos (FREYRE, 2003). Assim as mulheres negras aparem nas práticas sociais desvinculadas da regra e padrões das famílias brancas. As mulheres aparecem nas práticas sociais desvinculadas da regra das famílias brancas (GIACOMINI, 2006).

Conforme Carneiro (2019), é possível estabelecer uma vinculação entre a escravidão racista que constitui a história do Brasil e a escravidão moderna que mantém a escravidão de mulheres negras.

Pode-se, a partir disso, compreender que a construção social das condições das mulheres negras no Brasil é composta pela nação de mulatas, mucamas, mãe preta e empregadas domésticas (GONZALES, 1994). Dessa maneira, tornando a imagem a relação de servidão e permanece até os dias atuais por meio do sistema de discriminação e produção de desigualdade socais.

A composição do capitalismo como racismo e a escravidão para entender a modernização brasileira é pensado por Almeida. A escravidão e o racismo são elementos construtivos tanto da modernidade, quanto do capitalismo, de tal modo que não há de desassociar um do outro (ALMEIDA, 2019, p. 183).

A partir deste pensamento compreendemos que o racismo, já internalizado no passado, tem colaborado para a situação vivida pelas mulheres negras atualmente em diversos setores. É está maneira de pensar que traz para a contemporaneidade o pensamento de não pertencimento da população negra dentro das leis vigentes em nossa sociedade. Pensamentos como estes ditam um lugar de inferioridade para uma população que não merece este título.

3. Considerações finais

Diante da problemática exposta sobre o "Trabalho Escravo e exploração Psicológica de Mulheres Negras no Trabalho Doméstico", se tornou possível observar ao longo dessa pesquisa que esse tipo de trabalho ainda existe atualmente e de como a escravidão no Brasil é relatada na nossa história.

É perceptível a dificuldade da mulher negra na sociedade e seus desafios de se colocar no mercado de trabalho com dignidade. Portanto é fundamental que haja mais discussões entre a sociedade para que a inclusão seja aceita de forma mais simples.

Entende-se como uma forma de trabalho desumano e adoecedor da classe trabalhadora, onde atualmente ainda temos trabalhadores, grande maioria mulheres negras em funções domésticas, que sofrem por não terem seus direitos trabalhista respeitado e, em pleno século XXI, esses indivíduos são subjugados e maltratados por seus empregadores.

É necessário maior incentivo para que o combate à discriminação da mulher negra no mercado, e para que realmente isso aconteça e necessária a mudança no pensamento social, sendo assim criar a consciência de que o racismo tem consequências legais há quem o pratica, e principalmente emocionais na vítima dessa ação.

Por fim, entende-se que as mulheres negras são as que mais sofrem na inclusão da sociedade, onde trabalhos agressivos são oferecidos para esse tipo de raça, assim sofrendo além do trabalho escravo a violência psicológica, nesse sentido podemos afirmar que a inclusão da mulher negra em condições melhores de trabalho e muito pequena diante das mulheres brancas.

O trabalho escravo ainda é um desafio a ser enfrentado na sociedade.

REFERÊNCIAS

ALMEIDA, S. **O que é racismo estrutural**. Belo Horizonte: Letramento, 2018.

AMORAS, M. G.; ARAUJO, L. M. O ativismo das mulheres negras escravizadas no Brasil colonial e pós-colonial, no contexto da América Latina. **Revista brasileira de estudos urbanos e regionais. Dossiê Território, Gênero e internacionalidades**, v. 23, 2021. DOI: 10.22296/23174-1529.rbeur.202128.

ÁVILA, Maria Betânia; FERREIRA, Verônica. Trabalho doméstico remunerado: contradições estruturantes e emergentes nas relações sociais no Brasil. **Psicologia & Sociedade**, v. 32, 2020.

BAIRROS, Luiza. Nossos Feminismos Revisitados. **Revista Estudos Feministas**, Florianópolis, ano 3, n. 2, p. 458-463, 1995. Disponível em: https://periodicos.ufsc.br/index.php/ref/article/viewFile/16462/15034. Acesso em: 15 abr. 2023.

BRASIL. Medida provisória nº 1.569-9, de 11 de dezembro de 1997. **Diário Oficial [da] República Federativa do Brasil**, Poder Executivo, Brasília, DF, 14 dez.

CARMO, Lurdes Aparecida do. **O trabalho doméstico e a saúde das mulheres Negras**. 2019. Trabalho de Conclusão do Curso (Graduação em Psicologia) – Universidade de Uberlândia, 2019.

CARNEIRO, Sueli. Enegrecer o feminismo: a situação da mulher negra na América Latina a partir de uma perspectiva de gênero. *In*: HOLLANDA, Heloísa Buarque (org.). **Pensamento feminista**: conceitos fundamentais. Rio de Janeiro: Bazar do tempo, 2019.

CEZAR, Frederico Gonçalves. **O processo de Elaboração da CLT**: Histórico da Consolidação das Leis Trabalhistas Brasileiras em 1943. Disponível em: http://institutoprocessus.com.br/2012/wp-content/uploads/2012/07/3%-C2%BA-artigo-Frederico-Gon%C3%A7alves.pdf. Acesso em: 30 mar. 2023.

DA COSTA RIBEIRO, Beatriz Aparecida. **O trabalho doméstico e as reminiscências da escravidão**: reflexões contemporâneas. 2022. Tese (Doutorado) – Universidade de São Paulo.

DECLARAÇÃO universal dos Direitos Humanos. Bruxelas: UNRIC. Disponível em: http://unric.org/pt/declaracao-universal-dos-direitos-humanos/.

ENGEL, Cíntia; PEREIRA, Bruna C. J. A organização social do trabalho doméstico e de cuidado: considerações sobre gênero e raça. **Revista Punto Género**, n. 5, p. 4-24, 2015.

FREYRE, Gilberto. **Casa grande e senzala**: formação da família brasileira sob o regime da economia patriarcal. São Paulo: Global, 2003.

FUNDO das Nações Unidas para a infância. Disponível em: https://www.unicef.org/.

GIACOMINI, Sônia Maria. **Mulher e escrava**: uma introdução histórica ao estudo da mulher negra. Petrópolis, RJ: Vozes, 1988.

GONZALES, Lélia. Racismo e Sexismo na cultura brasileira. **Revista Ciências Sociais Hoje**, ANPOCS, Rio de Janeiro, 1984.

MANZI, Maya; ANJOS, Maria Edna dos Santos Coroa dos. O corpo, a casa e a cidade: territorialidades de mulheres negras no Brasil. 2021. Programa de Pós-graduação em Território – Universalidade Católica do Salvador, Ambiente e Sociedade, Salvador, BA, Brasil. 2021.

NAGEL, Thallyta Beatriz Bezerra Dos Santos. Trabalho doméstico remunerado no brasil: a consubstancialidade das relações de opressão de raça, classe e gênero. *In*: CONGRESSO BRASILEIRO DE ASSISTENTES SOCIAIS, 2019.

NOGUEIRA, Tamis Porfírio Costa Crisóstomo Ramos. **Mucama permitida a identidade negra do trabalho doméstico no Brasil**. UFRRJ, 2017. (Artigo).

SILVA, Luciene lemos da; COELHO, Elza Berger Salema; CAPONI, Sandra Noemi Cucurullo de. Violência silenciosa: violência psicológica como condição da violência física doméstica. **Interface**, Botucatu, v. 11, n. 21, abr. 2007. Disponível em: https://www.scielo.br/j/icse/a/9SG5zGMVt4VFDZtzbX97MkP/?lang=pt. Acesso em: 19 maio 2023.

SILVA, Poliane Nunes Alves. **Trabalho escravo moderno**. Disponível em: http://www.atenas.edu.br/uniatenas/assets/files/spic/monography/TRABALHO_ESCRAVO_MODERNO.pdf. Acesso em: 25 mar. 2023.

DESAMPARO E VIOLÊNCIA CULTURAL:
um olhar da psicologia sobre os direitos humanos da comunidade LGBTQIAP+

Elisangela Muniz Torrado Gonçalez
Eliene Pessoa de Souza Santos
Marcos Alexandre do Carmo Souza
Roberlene Aparecida dos Santos Lazinho
Pedro Paulo Sammarco Antunes

1. Introdução

A compreensão da diversidade LGBTQIAP+ tem se tornado um tema central para Psicologia contemporânea, e embora a própria Psicologia esteja conectada com as questões dos direitos humanos, ainda sim, há poucas discussões sobre os direitos sexuais (UZIEL, 2011). E esses direitos sexuais são extremamente importantes. Dentre os princípios fundamentais de igualdade e da liberdade que regem o direito da sexualidade estão: a autonomia, integridade, segurança do corpo, privacidade, expressão, prazer sexual, associação, direito às escolhas reprodutivas livres e responsáveis e informação sexual livre de discriminações (RAUPP, 2006 *apud* UZIEL, 2011).

E embora esse direito seja importante e a maior parte do tempo às questões dos direitos sexuais da comunidade LGBTQIAP+ são violadas, outros direitos básicos sofrem o mesmo problema.

Rodrigues (2018) aborda sobre as violações aos direitos humanos da comunidade LGBTQIAP+ que são atingidas devido ao padrão sistemático e global, e que além de não terem os seus direitos civis reconhecidos pela maioria dos países ainda são vítimas de discriminações, violências, abusos, perseguições e constantes tipos de agressões.

Para Silva *et al.* (2020), a violência homofóbica no contexto urbano, como é o caso do Rio de Janeiro, tem sido amplamente exposta a partir do jornalismo digital e seu populismo penal midiático, evidenciando a necessidade de compreender e enfrentar essa realidade. A vulnerabilidade da população LGBTQIAP+ no Brasil tem exigido a criação de casas de acolhimento como medida de proteção e suporte social, além de clamar por políticas publicas eficientes de combate ao preconceito, luta por direitos e segurança.

Assassinatos e violências contra travestis e transexuais brasileiras em 2022 têm evidenciado a urgência de ações para enfrentar essa realidade, o acesso à saúde pública é uma barreira enfrentada pela comunidade, exigindo uma abordagem sensível e mais inclusiva.

O código de ética profissional do psicólogo também aborda a questão da diversidade sexual e de gênero, ressaltando a importância de uma atuação ética e comprometida com os direitos humanos, e combatendo pseudociências e ideias fundamentalistas apoiadas pela religião. O cuidado em saúde mental para travestis e pessoas trans também requer uma abordagem que desconsidere as normas cisgêneras, reconhecendo a singularidade de cada indivíduo.

A violência tem efeitos psicossociais sustentados nos corpos que sofrem, experimentando uma compreensão aprofundada dessa realidade. Refugiados deste grupo também tem sido alvo de violência, exigindo uma abordagem que entrelace questões de gênero, sexualidade e violência.

O Conselho Federal de Psicologia – CFP têm tido a orientação sexual e atuação dos psicólogos em relação às pessoas transexuais e travestis como foco, ressaltando a importância de uma atuação ética e inclusiva. A saúde mental da população LGBTQIAP é impactada pela violência vivenciada, e a construção de uma rede de atenção efetiva é fundamental.

A violência interpessoal contra homossexuais, bissexuais e transgêneros tem sido objeto de estudo e discussão, destacando a necessidade de enfrentamento dessa realidade. A compreensão dos pânicos morais e do controle social também é relevante na reflexão sobre a homofobia e a manifestação contra a comunidade LGBTQIAP+.

Este artigo tem como objetivo fomentar estudos sobre os direitos humanos da comunidade LGBTQIAP+, através do olhar da psicologia na busca por igualdade e cumprimento dos direitos, e também refletir sobre a importância da atuação dos psicólogos de forma ética e inclusiva ao atendimento à população LGBTQIAP+.

O método de pesquisa aplica-se aos estudos bibliográficos de textos acadêmicos e de livros que abordem sobre o tema proposto, baseados nos referenciais teóricos. A pesquisa terá como metodologia a revisão bibliográfica que, segundo Minayo (2007), é caracterizada por estabelecer um diálogo reflexivo entre as teorias e outros estudos com o objeto de investigação por nós escolhido.

Este estudo inicial sobre as questões dos direitos humanos a comunidade LGBTQIAP+ e as práticas da psicologia, no desamparo e violência cultural sofrido pela população LGBTQIAP+, trouxe ao grupo melhor reflexão sobre o tema escolhido.

2. Direitos humanos – População LGBTQIAP+

Pensar nas questões sobre direitos humanos é refletir sobre igualdade e justiça para qualquer pessoa sem descrição de cor, gênero, idade, classe ou raça. Podem-se confirmar tais afirmações nos seguintes artigos da Declaração Universal dos Direitos Humanos (1948):

> Artigo I: todas as pessoas nascem livres e iguais em dignidade e direitos. São dotadas de razão e consciência e devem agir em relação umas às outras com espírito de fraternidade; Artigo II: toda pessoa tem capacidade para gozar os direitos e as liberdades estabelecidos nesta Declaração, sem distinção de qualquer espécie, seja de raça, cor, sexo, língua, religião, opinião política ou de outra natureza, origem nacional ou social, riqueza, nascimento, ou qualquer outra condição; Artigo III: toda pessoa tem direito à vida, à liberdade e à segurança pessoal (DECLARAÇÃO UNIVERSAL DOS DIREITOS HUMANOS, 1948, p. 2).

Assim, não só pensar esses direitos, mas vivê-los requer, muitas vezes, respeitar determinadas regras, que segundo Castilho:

> São convenções, decorrentes dos costumes ou da lei (ou da mistura de ambos), que uma sociedade aceita, pela conveniência ou até mesmo pela imposição, para permitir tratamento – em tese – justo para todos os indivíduos. Essas regras determinam condutas aceitáveis e inaceitáveis, sanções, prêmios e punições. Regras primárias tratam do comportamento individual, e regras secundárias regem o comportamento social (CASTILHO, 2018, p. 32).

Segundo Castilho (2018), o surgimento dos direitos humanos ocorreu "sob a influência das atrocidades perpetradas durante a Segunda Guerra Mundial" e que a "Declaração Universal procurou colocar a dignidade da pessoa humana como núcleo de todos os direitos humanos", sendo proclamada pela Assembleia Geral das Nações Unidas, em Paris, no dia 10 de dezembro de 1948, tendo a enumeração destes direitos e liberdades fundamentais.

Para Rodrigues (2018), a "Declaração de 1948 foi um mecanismo para estabelecer condições mínimas de respeito a cada ser humano, em qualquer tempo e lugar", complementando que:

> A distância entre as suas elevadas intenções e a realidade concreta de cada nação sempre foi imensa, mas é importante considerar a Declaração como uma espécie de programa que reconhece não só os direitos civis e políticos (herdados da tradição burguesa e liberal), como também os direitos sociais e econômicos (da tradição socialista). E, mais recentemente, os chamados direitos de terceira geração (culturais, ambientais, entre outros) (RODRIGUES, 2018, p. 26).

O autor também pontua que mesmo esta Declaração (1948) tendo efeito limitadíssimo na realidade objetiva de cada país, ainda sim é um marco importante por "fornecer parâmetros que, supostamente, seriam aceitos internacionalmente por países e governos – mesmo que de maneira apenas formal".

Rodrigues (2018) lembra, porém, que não basta apenas proclamar esses direitos, mas que é necessário fazer com que esses direitos sejam positivados, promovidos e garantidos.

Embora as conquistas pelos direitos humanos sejam um grande marco no contexto histórico, para a comunidade LGBTQIAP+ as questões sobre os direitos ainda é um assunto extremamente delicado. A própria homossexualidade era classificada pela Organização Mundial da Saúde – OMS como doença, sendo retirada deste quadro em 17 de maio de 1990.

Rodrigues (2018) afirma que os direitos humanos são históricos e socialmente determinados, e que reconhecer os direitos civis da população LGBTQIAP+ é o primeiro passo. Questiona que "se todos são iguais perante a lei, não é admissível que o Estado trate de maneira diferente homo e heterossexuais". Além de pontuar que "ninguém pode ser discriminado ou deixar de usufruir algum direito em virtude de sua orientação sexual ou de sua identidade de gênero".

O autor também aborda sobre as violações aos direitos humanos da comunidade LGBTQIAP+ que são atingidas devido ao padrão sistemático e global, e que além de não terem os seus direitos civis reconhecidos pela maioria dos países ainda são vítimas de discriminações, violências, abusos, perseguições e constantes tipos de agressões (RODRIGUES, 2018, p. 28).

É sabido que em alguns países, as relações homossexuais são criminalizadas, chegando a determinados países a execução dos indivíduos com pena de morte. E que embora exista esforços de países específicos "para que a ONU reconheça explicitamente que a livre orientação sexual e identidade de gênero são direitos humanos fundamentais", ainda assim, "esses esforços têm sido ineficazes para vencer a barreira do fundamentalismo vigente no sistema das Nações Unidas" e que a diversidade sexual para o âmbito dos direitos humanos reconhecidos internacionalmente ainda é um grande desafio (RODRIGUES, 2018, p. 28).

Para Lopes (2020), o que define o ser humano é o sexo biológico, que pode ser masculino (XY), feminino (XX) ou intersexual. A partir desse conceito, ligado à carga genética de cada pessoa surge os conceitos de cisgênero, transgênero e por fim o termo agênero mais atual do que os demais.

Cisgênero refere-se a uma pessoa que se identifica mentalmente (psiquicamente) com o seu sexo biológico, enquanto transgênero se refere a uma pessoa que não se identifica, tem expressão de gênero diferente ou comportamento não condizente com o seu sexo biológico.

Transgênero refere-se a pessoa cuja identidade pessoal e de gênero não corresponde ao gênero que lhe foi atribuído em consonância com seu sexo ao nascer.

Agênero é uma identidade que pode denotar ausência de gênero, gênero neutro, ou ausência de identidade de gênero. Algumas pessoas também se identificam como agênero por não entenderem bem seu gênero, ou simplesmente por não ligarem para gênero.

O gênero é o conjunto de atitudes atribuídas e impostas pela sociedade a pessoas de determinado sexo (masculino e feminino), ou seja, são as "regras" que a sociedade impõe sobre como as pessoas devem se comportar de acordo com o sexo atribuído a elas. Por exemplo, brincar de boneca é considerado coisa de menina (sexo feminino), portanto é relacionado ao gênero feminino, enquanto brincar de carrinho é considerado coisa de menino (sexo masculino), portanto relacionado ao gênero masculino.

Para Lopes (2020), a expressão de gênero é a forma como a pessoa manifesta seu gênero, que pode ser concordante ou não com o seu sexo biológico. A identidade de gênero é o que a pessoa sente, ou seja, como ela se identifica de acordo com o gênero já estabelecido socialmente.

Assim, a expressão de gênero representa a maneira na qual a pessoa se mostra ao mundo e como ela mesma se percebe diante da sociedade.

3. Saúde pública à população LGBTQIAP+

Segundo Costa (2023), a questão da identidade de gênero, expressão de gênero e orientação sexual são consideradas tabus na sociedade heteronormativa, provocando violência, exclusão e opressão. O movimento LGBTQIAP+ é mencionado como uma resposta a essas questões, buscando lutar por causas sociais e garantir voz, respeito e direitos de escolha para essa população. São apresentados conceitos básicos, como sexo biológico, cisgênero e transgênero, além de definir os termos relacionados a esse grupo como lésbica, gay, bissexual, travesti, homem transexual, mulher transexual, queer, intersexuais, assexuais etc.

Destaca-se que, apesar dos princípios doutrinários do Sistema Único de Saúde – SUS, a realidade enfrentada pela população LGBTQIAP+ na assistência à saúde é marcada por preconceitos e barreiras, devido à falta de informação e capacitação dos profissionais de saúde. Santos (2021) relata que a comunidade LGBTQIAP+ é um grupo negligenciado e excluído em termos de direitos sociais e políticas públicas de saúde. Apesar da criação da Política Nacional de Saúde Integral, que busca diminuir a desigualdade dentro dos serviços de saúde, oferecendo um serviço mais equitativo e resolutivo, ainda há muitas dificuldades enfrentadas por essa população.

Além da falta de conhecimento sobre a existência dessa política de saúde e a falta de capacitação e formação dos profissionais de saúde para o atendimento adequado da comunidade LGBTQIAP+, ocorre também situações de preconceito, discriminação e falta de acolhimento nos serviços de saúde.

Por conta desses acontecimentos, Santos (2021) aponta a importância de pensar em estratégias para efetivar as políticas de saúde voltadas para a comunidade LGBTQIAP+ na prática, incluindo a capacitação dos profissionais de saúde e a implementação de disciplinas inclusivas nos currículos acadêmicos.

Para Gouvea (2021), as demandas de saúde das lésbicas estão relacionadas ao câncer de mama e colo de útero, que são agravadas devido à baixa utilização dos serviços de saúde por essas mulheres. Mulheres lésbicas também enfrentam sofrimento psíquico decorrente da violência física e do desconhecimento em relação ao risco de infecções sexualmente transmissíveis ao manterem relações sexuais com outras mulheres sem o uso do preservativo feminino.

No caso dos homens gays, a homossexualidade masculina foi relacionada ao HIV/AIDS desde a década de 1980, o que levou a uma estigmatização dessa população como portadora da "doença gay". Embora as políticas públicas tenham mudado a adesão dos homens gays aos serviços de saúde ainda é baixa, pois muitos não se sentem acolhidos ou representados nesses serviços (GOUVEA, 2021).

Assim torna-se fundamental a garantia de acesso à saúde de qualidade para toda a população, independentemente de sua orientação sexual ou identidade de gênero, e combatendo a exclusão, preconceito e discriminação enfrentados pela comunidade LGBTQIAP+ no contexto dos serviços de saúde.

Em 2006, a população LGBTQIAP+ passou a ter representação no Conselho Nacional de Saúde – CNS, o que legitima os processos de participação social do Sistema Único de Saúde – SUS e os espaços de participação da população na gestão desses serviços.

Em 2008, foi realizada a I Conferência Nacional de Lésbicas, Gays, Bissexuais, Travestis e Transexuais, na qual o Governo Federal anunciou a publicação da Portaria nº 1.707, que implantou o processo transexualizador no SUS, sendo um avanço significativo nos serviços públicos de saúde, uma vez que a cirurgia de ressignificação sexual só era realizada em serviços privados ou no exterior. Além disso, essa Portaria estabeleceu a necessidade dos serviços de saúde se preparar para atender a população transexual, com a criação de protocolos de atendimento e a formação de profissionais da saúde voltados à temática.

A elaboração da PNSI-LGBT está embasada nos princípios assegurados pela Constituição Federal de 1988, que garantem a cidadania e a dignidade da pessoa humana. A Política possui objetivos específicos que direcionam o atendimento à saúde da população LGBTQIAP+, levando em consideração marcadores de raça, cor, etnia, localização territorial, entre outros. Ela engloba ações de redução de riscos e danos à saúde pelo uso de fármacos, drogas ou hormônios; levantamento e análise de indicadores e dados específicos de saúde da população LGBTQIAP+.

4. Violência a população LGBTQIAP+

Para Gouvea (2021), o Ministério da Saúde reconhece que todas as formas de discriminação e violência, como a homofobia, contribuem para a produção de doenças e sofrimento, prejudicando a saúde mental e física da população LGBTQIAP+.

Além da homofobia, outros fatores de discriminação social também devem ser considerados como impulsionadores do processo de adoecimento dessa população, constituindo uma violação ampla dos direitos à saúde, dignidade e autonomia. A homofobia é o ódio e/ou aversão persistente e generalizada em relação a pessoas homossexuais, manifestando-se em diferentes formas de violência, desde agressões verbais até episódios de violência física.

Infelizmente, muitos casos de violência homofóbica não são registrados, seja por medo das vítimas de se exporem ou de sofrerem mais agressões, ou pela falta de registro policial, o que dificulta a apuração dos dados ou os torna inexistentes. As aversões e/ou preconceitos contra pessoas homossexuais, lésbicas, bissexuais e pessoas travestis e transexuais são evidentes também nas mídias, que contribuem para a atribuição de significados à sexualidade e regulam as práticas sociais relacionadas a esse tema.

O documento "Violência LGBTFóbicas no Brasil: dados de violência (2018)", elaborado pelo Ministério dos Direitos Humanos, apresenta dados que indicam que a LGBT+fobia no Brasil é uma forma de violência estrutural que atinge pessoas de diferentes faixas etárias e em diversos locais, incluindo ruas e ambientes familiares. A população LGBTQIAP+ é alvo de violações de direitos humanos e enfrenta preconceitos e violências de diferentes formas, como violência verbal e física. Jovens, pessoas negras, pessoas transexuais e travestis são particularmente vulneráveis a diferentes formas de violência e têm altos índices de homicídios.

No Brasil, obter dados oficiais sobre a população LGBTQIAP+ é difícil, e estima-se que existam cerca de 20 milhões de gays, 12 milhões de lésbicas e 1 milhão de pessoas transexuais. A falta de dados oficiais e o cenário alarmante apresentado por organizações não governamentais em relação à saúde dessa população são problemas enfrentados.

O processo de elaboração e instituição da Política Nacional de Saúde Integral de Lésbicas, Gays, Bissexuais, Travestis e Transexuais (PNSI-LGBT) no Brasil foi resultado de lutas e resistências dos movimentos sociais LGBTQIAP+ em parceria com o Governo Federal. Esse processo foi impulsionado pelo contexto social vivenciado no Brasil nas décadas de 1980 e 2000, marcado pela redemocratização, reformas no sistema de saúde e influências políticas e culturais dos movimentos feministas.

Em 2004, foi criado o programa Brasil sem Homofobia pela Secretaria Especial de Direitos Humanos (SEDH), que atribuiu ao Estado e à sociedade o compromisso de elaboração de políticas públicas e ações que promovam a não discriminação e garantam a proteção da saúde da população LGBTQIAP+.

Lopedote (2019) nos traz que as ideias e experiências da organização britânica, Centro Internacional de Saúde e Direitos Humanos – ICHHR, que tem trabalhado na área de preservação em todo o mundo, em instituições como a Organização das Nações Unidas – ONU, a Organização Mundial de Saúde – OMS e o Departamento de Psicologia Social da Universidade de East London.

O trabalho defende a indissociabilidade entre justiça e saúde mental no contexto da violência de Estado, argumentando que esses dois aspectos são inseparáveis e que a reabilitação psíquica deve ser encarada como um direito e levada a cabo para se alcançar a justiça. A interdisciplinaridade é fundamental para definir o tipo e o alcance dos serviços de reabilitação psíquica. O trabalho também destaca os obstáculos para a implementação desse direito, incluindo a diferença nos termos usados em diferentes contextos, a falta de clareza sobre o escopo do direito, a pouca jurisprudência e o monitoramento precário.

Segundo Lopedote (2019), historicamente os serviços de reabilitação para vítimas de tortura têm sido criados de forma errática e espontânea, de acordo com as circunstâncias locais e os recursos disponíveis, e muitas vezes têm sido moldadas pela orientação ideológica dos grupos ou instituições que os criam e mantêm. Ele também menciona que há diferenças na forma como os serviços conceituam a reabilitação psíquica, alguns definindo os sobreviventes de tortura como um grupo clínico específico com problemas de saúde mental, enquanto outros enfatizam a violação de direitos humanos como uma questão fundamental na reabilitação.

Através dessa pesquisa, Lopedote (2019) nos mostra que a reparação psíquica requer uma abordagem interdisciplinar, em que diferentes especialidades trabalhem integradas e se influenciando mutuamente. No entanto, a realidade local, incluindo recursos disponíveis, experiência da equipe e orientação teórica dos serviços, pode determinar o que é possível em termos de oferecer serviços de reparação. É importante considerar a diferença entre o que é correto ou justo e o que é possível no campo da reparação psíquica, levando em conta as condições locais e a urgência da violência de Estado.

A abordagem de Empoderamento, conhecida como Empowerment Approach, faz uma conexão explícita entre o bem-estar individual e o ambiente social e político. Busca-se autonomia e funcionalidade individual, bem como pertencimento a uma comunidade, mobilização e ação social, e identificação de fatores sociais e políticos que afetam o bem-estar individual. Essa abordagem tende a retirar ênfase e autoridade do profissional de saúde, sendo os trabalhadores de saúde vistos como colaboradores em vez de experts ou autoridades. Essa abordagem teve origem nos usuários de serviços de saúde (LOPEDOTE, 2019).

As abordagens de Justiça, conhecidas como Justice Oriented Approaches, incluindo a abordagem de direitos humanos, veem a reabilitação como um conjunto de especialidades interligadas, com intervenções médicas, psicoterapêuticas, sociais e legais voltadas para o indivíduo sobrevivente de violação grave de direitos humanos, bem como para as necessidades da família e da comunidade (LOPEDOTE, 2019).

Essa abordagem busca explicitamente justiça social, reparação legal e prevenção de novas violações, e seus objetivos vão além da recuperação individual, incluindo a busca pela justiça. É uma abordagem que se baseia em cuidados, assistência e solidariedade com as vítimas, buscando o reconhecimento da violência sofrida e a recuperação da humanidade e dignidade das vítimas. Procura criar um ambiente socialmente justo que seja restaurador e preventivo para novos episódios de abuso e violência (LOPEDOTE, 2019).

Falando de instituições sociais nas quais os homossexuais estão inseridos, Antunes (2016) nos diz que são construídas pela sociedade através da intersubjetividade, e seu processo de objetivação social se dá por meio dos atos que se tornam hábitos e criam padrões que se institucionalizam e se tornam legítimos. A sociedade moderna é marcada pelo individualismo e pelo pluralismo, a internalização das normas sociais é um processo importante na socialização e educação dos indivíduos, em que eles adotam crenças, valores, atitudes, normas e modelos de comportamento em vigor em seu grupo social.

Antunes (2016) nos mostra que a sociedade muitas vezes considera a heterossexualidade como normal e todas as outras formas de sexualidade como anormais, o que leva os homossexuais a internalizarem normas sociais heterossexistas, machistas, patriarcais, misóginas e homofóbicas. O nível de internalização dessas normas varia de indivíduo para indivíduo e de grupo social para grupo social, mas é importante compreender como esse processo ocorre em relação aos homens homossexuais.

A autoaversão resultante da homofobia internalizada pode levar os homens homossexuais a experimentarem sua própria homossexualidade como sofrimento, perigo e punição. Além disso, a falta de pesquisas atualizadas sobre a prevalência do preconceito internalizado entre homens homossexuais é apontada como um problema metodológico, pois muitos estudos foram conduzidos antes das conquistas do movimento homossexual e do advento da AIDS, eventos que tiveram um impacto significativo na experiência de ser homossexual na sociedade (ANTUNES, 2016).

Para Antunes (2016), homofobia internalizada, que é o direcionamento de atitudes sociais negativas em relação à pessoa homossexual por parte dos próprios homossexuais, como resultado da internalização de mensagens negativas sobre a homossexualidade presentes na sociedade. Muitos homossexuais internalizam essas mensagens negativas desde cedo e passam a se rotular negativamente, sem compartilhar suas emoções e comportamentos com os outros. Esse processo pode levar a efeitos e danos psicológicos, como baixa autoestima, sofrimento psíquico, depressão, ansiedade e estresse. A homofobia internalizada é influenciada por estereótipos negativos sobre os homossexuais presentes em instituições sociais como a família, escola, mídia, igreja e estado, e pode levar a sentimentos de vergonha e inferioridade em relação à orientação sexual. Além disso, os homossexuais podem desenvolver mecanismos defensivos, como preocupação obsessiva com características estigmatizastes ou ódio contra si mesmos e identificação com o agressor. A homofobia internalizada representa um desafio psicológico para os homossexuais ao longo da vida, afetando sua formação de identidade e bem-estar emocional.

O autor destaca que a aprendizagem dos estereótipos e discriminação associados a não heterossexualidade ocorre desde cedo na vida dos indivíduos, levando-os a internalizar esses valores como "verdades absolutas". Isso pode resultar em sentimentos de vergonha e auto castigo, levando alguns homossexuais a viverem como se fossem heterossexuais para evitar o estigma e a rejeição da sociedade. Antunes (2016) também menciona que a homofobia internalizada pode levar a defesas psíquicas, como negação, formação reativa, racionalização, hostilidade/raiva, encobrimento e super compensação, como mecanismos de enfrentamento. Além disso, é destacado que nem todos os indivíduos homossexuais são afetados da mesma forma por essas influências culturais.

Para Antunes (2016), a homofobia internalizada é um fenômeno em que indivíduos homossexuais adotam atitudes e comportamentos preconceituosos em relação a sua própria orientação sexual. Isso pode ocorrer como uma forma de defesa psíquica para lidar com o estigma e a discriminação enfrentados pela comunidade LGBTQIAP+. Algumas manifestações da homofobia internalizada incluem agressões verbais a outras pessoas, argumentação e confronto constante, distanciamento de contatos sociais, provocação de outros exibindo sua orientação sexual de forma estereotipada, e tentativa de encobrimento da homossexualidade, como levar amigas para eventos familiares ou evitar falar sobre a vida pessoal. O encobrimento pode fazer parte de uma defesa rígida e diária, mas também pode gerar um custo psicológico alto, pois impede que os indivíduos se expressem como realmente são. Além disso, a super compensação, que busca compensar o preconceito sofrido alcançando um status social, econômico ou cultural superior, e a rejeição de heterossexuais ou o "orgulho excessivo" por ser homossexual também pode ser indícios de homofobia internalizada. A homofobia internalizada tende a serem mais frequente em indivíduos não assumidos, adolescentes, idosos, religiosos, viúvos ou soropositivos, e pode ter efeitos negativos na saúde mental e bem-estar dessas pessoas. É importante refletir sobre os limites entre a defesa e a homofobia internalizada nesse contexto.

5. Considerações finais

Podemos concluir que a compreensão do desamparo e da violência cultural que afetam a comunidade LGBTQIAP+ é de extrema importância para a promoção dos direitos humanos e a construção de uma sociedade mais justa e igualitária. A Psicologia, assim como outras áreas do conhecimento, tem um papel fundamental nesse processo, que nos ajudou a entender como a cultura e a sociedade moldam nossas crenças, valores e comportamentos.

A comunidade LGBTQIAP+ enfrenta desafios e discriminações distintas e complexas, que variam de acordo com o contexto social, cultural e político em que se encontram. Essas experiências de desamparo e violência cultural têm impactos profundos na saúde mental e física dessas pessoas, afetando sua autoestima, identidade, relacionamentos e perspectivas de vida.

Porém, o presente estudo nos traz esperança, ao apontar para os esforços de diversas organizações e movimentos sociais que lutam pelos direitos humanos da comunidade LGBTQIAP+, visando à promoção da igualdade, do respeito e da dignidade humana. A Psicologia, por sua vez, pode contribuir para esse processo por meio de sua prática clínica, pesquisa e intervenção social, buscando compreender e transformar as causas do desamparo e da violência cultural que afetam a comunidade LGBTQIAP+.

A leitura deste artigo nos faz questionar os valores que estão por trás dessa violência e como eles são perpetuados em nossa sociedade. Ao concluir que o tema abordado sobre desamparo e violência cultural, nos elucida que a luta por direitos humanos ainda é necessária e urgente.

Nesse sentido, é importante que a sociedade como um todo se engaje na defesa dos direitos humanos da comunidade LGBTQIAP+. É preciso lutar por políticas públicas inclusivas, pelo respeito à diversidade e pela desconstrução dos estereótipos e preconceitos que permeiam nossa cultura. A Psicologia pode contribuir significativamente nessa luta, tanto na produção de conhecimento quanto na prática clínica.

A leitura deste artigo nos traz uma reflexão profunda sobre a experiência de desamparo e violência cultural enfrentada pela comunidade LGBTQIAP+. A partir da perspectiva da Psicologia e dos direitos humanos, foi possível analisar as diferentes formas de opressão e exclusão que essas pessoas enfrentam em nossa sociedade.

Diante de todos os fatos aqui elucidados nos permite refletir sobre a nossa própria atuação na promoção dos direitos humanos da comunidade LGBTQIAP+, bem como sobre as práticas e políticas que precisam ser adotadas em âmbito social, político e cultural para garantir a igualdade de oportunidades e o respeito à diversidade.

Assim, concluímos que esta obra é relevante e necessária para a compreensão dos desafios enfrentados por essa comunidade e para a promoção dos direitos humanos e da justiça social.

REFERÊNCIAS

ANTUNES, Pedro Paulo Sammarco. **Homofobia internalizada**: o preconceito do homossexual contra si mesmo. 2016. 433 f. p. 126-140. Tese (Doutorado em Psicologia) – Pontifícia Universidade Católica de São Paulo, São Paulo, 2016.

BUTLER, Judith. **Desfazendo o gênero**. Rio de Janeiro: Civilização Brasileira, 2016.

CASTILHO, Ricardo dos Santos. **Direitos humanos**. Saraiva Educação SA, 2017.

COSTA, Bárbara Rodrigues *et al*. Barreiras de acesso à saúde pública para população LGBTQIA+. **Revista Multidisciplinar em Saúde**, v. 4, n. 1, 2023.

DECLARAÇÃO universal dos Direitos Humanos, v. 13, p. 175-196, 2015.

FAVERO, Sofia. Como atender travestis e pessoas trans? (Des)cisgenerizando o cuidado em saúde mental. **Cadernos Pagu** [*on-line*], n. 66, 2022. Disponível em: https://www.scielo.br/j/cpa/a/wv34FdrtmzG3fQTQNmvkJJM/#.

GOUVÊA, L. F.; SOUZA, L. L. de. Saúde e população LGBTQIA+: desafios e perspectivas da Política Nacional de Saúde Integral LGBT. **Revista Periódicus**, v. 3, n. 16, p. 23-42, 2021. DOI: https://doi.org/10.9771/peri.v3i16.33474.

LOPEDOTE, Maria Luiza *et al*. **Corpos que sofrem**: como lidar com efeitos psicossociais da violência? São Paulo: Editora Elefante, 2019. p. 185-195.

LOPES, Bruna Chaves; LANGARO, Joao Pedro; SCHMITT, Stefani. **Integralidade e equidade no cuidado à população transexual: Conceitos e orientações basicas**. Centro de referencia a saúde LGBTI e saúde da mulher. Porto Alegre, RS: Editora Rede Unida, 2020. Disponível em: http://editora.redeunida.org.br/wp-content/uploads/2018/11/Cartilha-Integralidade-e-Equidade-no-Cuidado-%C3%A0-Popula%C3%A7%C3%A3o-Transexual-conceitos-e-orienta%C3%A7%C3%B5es-b%C3%A1sicas.pdf.

RODRIGUES, Julian. Direitos humanos e diversidade sexual: uma agenda em construção. *In*: VENTURI, Gustavo (org.). **Diversidade sexual e homofobia no Brasil**. 2018.

SANTOS, Layrtthon Carlos de Oliveira *et al*. Dificuldades e desafios da população LGBTQIA+ frente às políticas públicas de saúde. In: SEMINÁRIO INTERNACIONAL DESFAZENDO GENERO, 5., 2021. **Anais** [...]. Simpósio temático, n. 38, 2021. Disponível em: https://editorarealize.com.br/editora/anais/desfazendo-genero/2021/TRABALHO_COMPLETO_EV168_MD_SA_ID_09122021095354.pdf.

UZIEL, Anna Paula. Diversidade sexual, democracia e promoção de direitos. Psicologia e diversidade sexual: desafios para uma sociedade de direitos. Brasília: Conselho Federal de Psicologia – CFP, 2011. (Conferência).

TORTURA PSICOLÓGICA E A PROBLEMÁTICA DA CURA GAY NO CONTEXTO DOS DIREITOS HUMANOS

Bianca Silveira Tigre
Bruna Pedroso Gomes de Oliveira
Eduarda Vianna Guimarães Eide
Maria Gabriela de Assis Santos
Yasmim Helena do Amaral
Damião Evangelista Rocha

1. Introdução

Neste artigo é abordada a tortura psicológica em pessoas LGBTQIAPN+ e problemática da cura gay no contexto dos direitos humanos, com referenciamento em pesquisa qualitativa exploratória a partir de artigos literários de 2018 a 2023 numa revisão bibliográfica como recorte teórico.

O presente artigo está dividido em seções para maior compreensão, sendo essas seções, a sexualidade, a homossexualidade, a relação entre a família e a religião, a tortura psicológica e a "cura gay". Desse modo, ir-se-á contemplar desde o cenário atual de políticas públicas que enquadram este grupo, a partir de visões de diferentes autores, podendo visar o que comunidade LGBTQIAPN+ vem passando em relação a essa problemática no país e também podendo enxergar as diferentes áreas em que a tortura psicológica cresce e se estabelece na vida desses.

Atualmente, no Brasil, presencia-se a violência, opressão, preconceitos e intolerâncias a esta comunidade. Com isso, os Direitos da comunidade LGBTQIAPN+ vem sofrendo diversos ataques. Esses ataques, segundo Dantas (2016), "[...] têm base em uma estrutura social e em valores moralistas e conservadores que oprimem e limitam a liberdade de ser, sentir, amar e de viver dos sujeitos".

A pesquisa analisou artigos científicos que especificam a problemática da "cura gay" no Brasil, bem como a participação da Psicologia referente ao tema, quais os saberes estão sendo empregados para discutir o problema, e quais as contribuições da psicologia frente a esta questão.

No intuito de relatar o preconceito e do direito humano invadindo e ferido, que as pessoas do LGBTQIAPN+ sofrem, dentro de casa, na rua e sem o apoio da família, com base em filósofos, artigos científicos, Conselho Federal de Psicologia, Conselho Federal de Medicina, Organização Mundial da Saúde e o Código de Ética da Psicologia.

Além disso, é preciso saber que o Brasil é um dos países que mais matam pessoas LGBTQIAPN+. Dessa maneira esse artigo tem também como finalidade conscientizar indivíduos a respeito dessa discriminação, a fim de promover a erradicação desse preconceito.

> Conforme uma pesquisa realizada pela organização não governamental 'Transgender Europe' (TGEU), que apoia os direitos da população transgênero, o Brasil é o país onde mais se mata travestis e transexuais no mundo, sendo que entre janeiro de 2008 e março de 2014, foram registradas 604 mortes no país. Um relatório sobre violência homofóbica no Brasil, publicado em 2012 pela Secretaria de Direitos Humanos – hoje Ministério das Mulheres, da Igualdade Racial e dos Direitos Humanos – apontou o recebimento, pelo Disque 100, de 3.084 denúncias de violações relacionadas à população LGBT, envolvendo 4.851 vítimas. Em relação ao ano anterior, houve um aumento de 166% no número de denúncias – em 2011, foram contabilizadas 1.159 denúncias envolvendo 1.713 vítimas.

É importante lembrar que tanto a misoginia, como a homofobia também sofrem a ação de outros componentes presentes na sociedade, tais como: idade, etnia/raça, classe social, escolaridade, sexo/gênero, profissão, modelos estéticos estabelecidos pelos mercados, local de residência e procedência que determinado grupo social é associado (ANTUNES, 2016).

2. Sexualidade

Com o passar dos anos, o conceito do termo Sexualidade vem se alterando. No período Greco-romano os sujeitos possuíam liberdade sexual e condescendência social, pois ainda não tinham referências religiosas e não consideravam "pecado" relações homoafetivas. Entretanto tal tipo de relação passou a ser proibido diante da Alta Idade Média, com o Código de Justiniano de 533 d.C., que considerava ilícito tudo que infringia o ideal cristão, encontrando-se na mesma categoria de adultério e divorcio. Desse modo, a igreja tornou-se influencia poderosa contra a homossexualidade, visto que essa não proveria reprodução (FARO, 2015).

No presente, esse termo está interligado a afetividade partilhada entre pessoas e na atração sexual, também pode estar associado a outros modos pela procura do prazer, porém é algo relativo que se difere em contextos sociais e históricos. À vista disso, "[...] Atualmente a sexualidade humana é definida como uma dimensão biológica produzida no contexto social, cultural e histórico, no qual o sujeito se encontra inserido" (FUZATTO, 2022).

De acordo com o Manual de Comunicação LGBTI+ (2020, p. 17):

Sexualidade refere-se às construções culturais sobre os prazeres e os intercâmbios sociais e corporais que compreendem desde o erotismo, o desejo e o afeto, até noções relativas à saúde, à reprodução, ao uso de tecnologias e ao exercício do poder na sociedade.

Assim, a sexualidade não corresponde apenas ao ato sexual, mas diz respeito a uma necessidade básica, da qual está presente em todas as fases da vida do ser humano, do mesmo modo como o afeto e o compartilhamento de intimidade.

3. Homossexualidade

Atualmente, debates sobre a homossexualidade são muito frequentes, abordando assuntos como a representatividade no meio corporativo, em meios de influência e mídia como apresentadores, personagens de telenovelas e animações, combate a homofobia e assuntos relacionados ao espaço que este grupo vem ganhando na sociedade com o passar dos anos, com muita luta, o tema vem ganhando voz.

Mesmo com os constantes debates sobre o tema, ainda vemos frequentemente casos de homofobia que levam a quadros de sofrimento psicológico, agressões e até a morte, pois ainda somos um dos países que mais mata esse público, e que vem de um contexto no qual homossexuais eram excluídos da sociedade, invisibilizados e até enviados para instituições psiquiátricas, pois a família queria distância, ou acabavam indo parar na rua, como vimos até hoje uma grande parte da população trans buscando a sobrevivência na vida noturna.

O sofrimento começa quando a pessoa se descobre LGBTQIAPN+ muitas vezes ainda no começo da adolescência, sendo sustentado pelos pais, vem a dúvida de como será o futuro, o medo de ser abandonado pela família e sociedade, virar estatística de morte, o desemprego, falta de oportunidades e opressão. O termo "homossexualismo" foi caracterizado como uma "personalidade patológica" segundo a Classificação Internacional de Doenças – CID, da OMS em sua sexta revisão, em 1948.

Já em 1965, em sua oitava revisão, o termo foi utilizado para descrever outra vez uma patologia, o "desvio de transtornos sexuais", persistindo com esta definição novamente em sua nona revisão e desta forma, acabou por sofrer inúmeras críticas da categoria médica, psiquiátrica, psicológica e dos grupos e movimentos LGBTQIAPN+ (CARNEIRO, 2015, p. 114).

A homofobia, nesse contexto, surge como um conceito polissêmico e um fenômeno plural e faz referência a um conjunto de emoções e comportamentos negativos de uma pessoa ou grupo em relação aos homossexuais. Ela é, também, um dispositivo de controle que reforça a ideia de naturalização da normalidade relacionada à orientação heterossexual e que se manifesta nas relações sociais por meio de agressões físicas, verbais, psicológicas e sexuais (NATARELLI *et al.*, 2015).

Todavia, a homofobia associada aos sintomas psicopatológicos e sentimentos negativos que provoca (medo, incômodo, ódio, repúdio), mas também em relação ao preconceito, a discriminação e a violência contra lésbicas, gays, bissexuais, travestis, transexuais e transgêneros, a homofobia, também, se associam às relações de poder e de gênero que se fazem presentes na sociedade (NATARELLI *et al.*, 2015).

Segundo a Resolução do Conselho Federal de Psicologia CFP nº 001/99, de 22 de março de 1999, estabelece normas de atuação para os psicólogos em relação à questão da Orientação Sexual. Considerando que a forma como cada um vive sua sexualidade faz parte da identidade do sujeito, a qual deve ser compreendida na sua totalidade; que a homossexualidade não constitui doença, nem distúrbio e nem perversão; que a Psicologia pode e deve contribuir com seu conhecimento para o esclarecimento sobre as questões da sexualidade, permitindo a superação de preconceitos e discriminações:

- [...] Art. 2º – Os psicólogos deverão contribuir, com seu conhecimento, para uma reflexão sobre o preconceito e o desaparecimento de discriminações e estigmatização contra aqueles que apresentam comportamentos ou práticas homoeróticas.

- Art. 3º – Os psicólogos não exercerão qualquer ação que favoreça a patologização de comportamentos ou práticas homoeróticas, nem adotarão ação coercitiva tendente a orientar homossexuais para tratamentos não solicitados [...].

Ainda, segundo o CRP Resolução nº 1, de 29 de janeiro de 2018, estabelece normas de atuação para as psicólogas e os psicólogos em relação às pessoas transexuais e travestis Considerando a Política Nacional de Saúde Integral de Lésbicas, Gays, Bissexuais, Travestis, Transexuais e Intersexual, publicada em 2013 pelo Ministério da Saúde; o Código de Ética Profissional das Psicólogas e dos Psicólogos, editado por meio da Resolução CFP nº 10/2005, de 21 de julho de 2005; as expressões e identidades de gênero como possibilidades da existência humana, as quais não devem ser compreendidas como psicopatologias, transtornos mentais, desvios e/ou inadequações [...]:

- [...] Art. 3º – As psicólogas e os psicólogos, no exercício profissional, não serão coniventes e nem se omitirão perante a discriminação de pessoas transexuais e travestis.

- Art. 4º – As psicólogas e os psicólogos, em sua prática profissional, não se utilizaram de instrumentos ou técnicas psicológicas para criar, manter ou reforçar preconceitos, estigmas, estereótipos e discriminações em relação às pessoas transexuais e travestis.

- [...] Art. 7º – As psicólogas e os psicólogos, no exercício profissional, não exercerão qualquer ação que favoreça a patologização das pessoas transexuais e travestis. Parágrafo único: As psicólogas e os psicólogos, na sua prática profissional, reconhecem e legitimam a autodeterminação das pessoas transexuais e travestis em relação às suas identidades de gênero.

4. Relações familiares e a religião

Desta forma, inúmeros líderes religiosos e seus adeptos têm disseminado discursos preconceituosos direcionados à população LGBTQIAPN+. Situação preocupante, uma vez que a homossexualidade é vista por estes como algo patológico e que necessita de cura por meio da conversão.

Segundo Natividade (2005), a tentativa de repatologizar a homossexualidade tem sido discutida atualmente, inclusive por parlamentares, medida que representaria um retrocesso gravíssimo e um ataque aos direitos humanos.

Visto que o Conselho Federal de Medicina – CFM, a Organização Mundial de Saúde – e o Conselho Federal de Psicologia – CFP, respectivamente, já reconheceram a homossexualidade como uma variação típica da sexualidade humana, não havendo nada de patológico.

Os debates acerca da "cura gay" por meio de terapias de reversão extrapolam o campo científico e ganham outros contornos. As discussões adentram o âmbito religioso e político. Percebe-se que há uma forte oposição por parte de religiosos que entendem a homossexualidade como um desvio, uma doença que necessita de cura. Dentre os parlamentares o fator religião é o que direciona o desejo em regulamentar a prática de reversão da homossexualidade, apoiada por um viés heteronormativo defendido por tais deputados.

Segundo Gonçalves (2019), a partir da efetivação da portaria 01/99 do Conselho Federal de Psicologia, discussões e embates têm sido levantados Um Projeto de Decreto Legislativo – PDL 234/2011, de 18 de junho de 2013, de autoria do então deputado federal e presidente da Frente Parlamentar Evangélica, João Campos (PSDB/GO), foi aprovado pela Comissão de Direitos Humanos e Minorias da Câmara dos Deputados. Tal projeto pretendia legalizar as terapias de reversão sexual realizadas por psicólogos, suspendendo assim, os artigos 3º e 4º da Resolução nº 01/99 que proíbe a realização de tais terapias. O PDL 234/2011 foi duramente criticado por diversas frentes, inclusive pelo CFP. Tal pressão levou ao arquivamento do projeto pelo próprio autor em junho de 2013.

É possível perceber a tentativa de patologizar a homossexualidade dentro do campo político motivados por valores marais e religiosos. A ciência é deixada de lado em desfavor de discursos não científicos e religiosos, que além de ferir a subjetividade humana e acarretando danos à saúde dos envolvidos, pretende impor a ideologia religiosa em um Estado laico. Deste modo, segundo Souza, Medeiros e Nunes (2017-2018), a tentativa de converter a homossexualidade em doença, por meio de discursos que se dizem científicos, é uma fantasia que mostra a heterossexualidade como a orientação correta e habitualmente aceita.

A prática de uma suposta "psicologia cristã" é incompatível com o Código de Ética Profissional do Psicólogo(a). Em 2018, pesquisadores tiveram as percepções de profissionais que se identificam como "psicólogo(as) cristãs", que defendem a reversão da homossexualidade.

Ocorreu várias denúncias vindas de ativistas LGBTQIAPN+, recebendo o apoio e censura pública do CFP, fazendo com que esses profissionais fossem processados e correndo o risco de perder o registro profissional. As pessoas envolvidas passaram a ser representadas pelo parlamentar do deputado e pastor Sóstenes Torres Cavalcante, do DEM/RJ, recebendo o apoio do pastor Silas Malafaia (MACEDO; SÍVORI, 2018).

Segundo a pesquisa feita de Mesquita e Perucchi (2016), propôs analisar os discursos de indivíduos que ocupam posições de porta-vozes das religiões católicas e evangélicas por meio de vídeos. Mais uma vez as interlocuções demonstram uma negatividade em relação as pessoas LGBTQIAPN+, tida como prática antinatural, divergente da criação divina.

Outras narrativas recorrentes consideram como um comportamento aprendido ou imposto, afirmando uma parlamentar missionária católica, alegando que a homossexualidade é uma questão de escola e que o problema é de quem decide ser.

5. Tortura e violência psicológica contra a população LGBTQIAPN+

A Lei nº 9.455/97, que define os crimes de tortura, dentre as condutas ilícitas descritas, prevê que quem constrange alguém a prestar informação ou declaração, sob ameaça ou violência, resultando em sofrimento físico ou mental, comete o crime de tortura. Importante ressaltar que o texto da lei não limita a prática de tortura apenas a agressões que causam sofrimento físico, mas abrange também as situações, nas quais há emprego de ameaça ou violência que resultem em sofrimento mental ou psicológico, como, por exemplo, levando a vítima a prestar informação ou declaração.

Para configurar o crime, é necessário que todos os elementos do tipo penal estejam presentes, caso contrário, a conduta pode caracterizar outro tipo de ilícito, como constrangimento ilegal ou ameaça.

Segundo o Ministério da Saúde, caso suspeito ou confirmado de violência doméstica/intrafamiliar, sexual, autoprovocada, tráfico de pessoas, trabalho escravo, trabalho infantil, tortura, intervenção legal e violências homofóbicas contra mulheres e homens em todas as idades é de notificação compulsória e deve ser feito rigorosamente pelos profissionais de saúde que atendem as vítimas. Os profissionais de saúde, investidos de seus conhecimentos técnicos, devem preencher a ficha de notificação de violência interpessoal e autoprovocada, ainda que não haja confirmação da violência. Por meio dessa determinação, os casos ocorridos devem ser registrados, para posterior elaboração de indicadores.

Com o intuito de fortalecer o programa Brasil sem Homofobia, surge, em 2009, o Plano Nacional de Promoção da Cidadania e Direitos Humanos de Lésbicas, Gays, Bissexuais, Travestis, Transexuais e Transgêneros, que visa orientar a construção de políticas públicas de inclusão social e de combate às desigualdades para a população LGBTQIAPN+, promovendo os direitos sociais, principalmente das pessoas em situação de risco social e com exposição à violência, além de combater o estigma e a discriminação por orientação sexual e identidade de gênero (BRASIL, 2009; BRASIL, 2013).

Conforme descrito pelo Ministério Público, o Alto Comissariado para Direitos Humanos das Nações Unidas, para orientação sexual e identidade de gênero, as seguintes obrigações internacionais dos países: 1) proteger LGBTQIAPN+ contra todas as formas de violência; 2) prevenir a tortura e os maus tratos contra LGBTQIAPN+; 3) descriminalizar a homossexualidade e de repudiar leis que punam de alguma forma a homossexualidade ou identidades de gênero; 4) proteger as pessoas contra a discriminação motivada pela orientação sexual ou identidade de gênero; e 5) proteger as liberdades de expressão, associação e reunião de LGBTQIAPN+ e assegurar sua participação efetiva na condução dos assuntos públicos (FUZZATO, 2022).

O impacto à saúde dessa população pode ser analisado a partir de dois aspectos: 1) a percepção dos adolescentes homossexuais sobre as violências as quais são submetidos; 2) as repercussões das práticas homofóbicas na saúde do adolescente. Experiências dessa natureza afetam as ações e a maneira de pensar de quem a sofre, além de interferirem na adoção de hábitos de vida saudáveis (NATARELLI *et al.*, 2015).

Um psicólogo atuante dentro de um centro de referências, trabalha lidando com questões polêmicas e conflituosas para os seus participantes através de grupos onde cada um dos participantes podem trocar suas experiências e estabelecer vínculos com pessoas do movimento (CAMPANINI *et al.*, 2010).

Diante disso, o papel de profissionais da Psicologia é proporcionar acolhimento de qualidade para a comunidade LGBTQIAPN+ possibilitando uma compreensão acerca da forma como a exposição à violência, preconceito e rejeição podem acarretar a saúde mental e trazer uma série de prejuízos aos adolescentes e jovens homossexuais (BATISTA *et al.*, 2019).

Conforme orientações da American Psychological Association – APA (2009), psicólogas e psicólogos devem receber treinamento e formação específicos em Psicologia do preconceito e saúde mental da população LGBTQIAPN+, a fim de desenvolver práticas psicológicas afirmativas, informadas por evidências e culturalmente adequadas para reconhecer e validar as especificidades das vivências dessa população (FUZZATO, 2022).

6. Cura Gay

Após o ano de 1985, quando o Conselho Federal de Medicina removeu a homossexualidade do Manual de Diagnóstico de Perturbação Mental. Em 1999, foi publicada, pelo Conselho Federal de Psicologia, a Resolução nº 01/99 que estabelece que a homossexualidade não poderia ser mais considerada uma doença, distúrbio ou perversão, sendo assim, o Psicólogo é inibido de oferecer propostas de tratamento voltados para a cura da homossexualidade (MESQUITA, 2018).

Com o estabelecimento dessas resoluções, o foco de estudo da Psicologia deixou de ser a homossexualidade enquanto patologia, passando a dar ênfase no contexto de vida das pessoas homossexuais e ao preconceito do qual esse público é vítima (WHITLEY; KITE, 2016). A partir dessa mudança de foco, o tema da homossexualidade passou a ser alvo de um forte debate social, tanto à nível da igualdade de direitos humanos (e.g., casamento civil e adoção de filhos por casais homoafetivos), quanto no combate à discriminação contra esse grupo (HEREK, 2015).

Mesmo diante desse cenário de avanço, diversos profissionais da Psicologia e fundamentalistas religiosos passaram a reivindicar o retorno da Psicologia a uma atuação voltada para a "cura da homossexualidade". O Presidente da Frente Parlamentar Evangélica, João Campos, criou um Projeto de Decreto Legislativo – 234/2011, em junho de 2013 que passou a ser aprovado pela Comissão de Direitos Humanos e Minorias da Câmara dos Deputados, com o objetivo de interromper a decisão sobre a proibição do tratamento de reversão de homossexuais, ou seja, legalizar as terapias de reversão sexual realizadas por psicólogos, suspendendo então, os artigos 3º e 4º da resolução 01/99. Após 15 dias, o projeto foi arquivado por pressão de manifestações do próprio PSDB.

Porém, alguns profissionais de Psicologia e Fundamentalistas religiosos passaram a lutar para o retorno da atuação do tratamento, mas, o Supremo Tribunal Federal – STF em abril de 2019 concedeu uma liminar ao Conselho Federal de Psicologia, mantendo na íntegra a resolução que determina que não cabe aos profissionais da Psicologia o oferecimento de qualquer tipo de prática de reversão sexual, tendo em vista que a homossexualidade não é uma patologia, doença ou desvio (CFP, 2019).

Macedo e Sívori (2019) ao discutirem sobre a diversidade sexual na Psicologia brasileira postulam que as chamadas "terapias de reorientação sexual" representam um desafio para o desenvolvimento científico e profissional da Psicologia, bem como para o exercício e livre expressão da orientação sexual como um direito humano. Para além de descredibilizar a Psicologia como uma área científica, as controvérsias criadas pela posição do Conselho Federal de Psicologia – CFP em relação a homossexualidade e religião ultrapassam o domínio da Psicologia e da sua regulamentação como profissão, para se tornar mais uma disputa sobre uma política sexual no Brasil.

Assumir a perspectiva de que a homossexualidade tem cura, implica em colocar a comunidade LGBTQIAPN+ em uma condição de desviante, ou seja, de pessoas que precisam se readequar a um estado considerado "normal" ou "convencional" (SOUSA, 2017).

Dentro dessa discussão, Costa *et al.* (2018) pontuam que ao longo da história, os motivos que levavam os homossexuais a procurarem serviços de reorientação sexual, não estavam ligados à sua orientação sexual de fato, mas, às contingências aversivas (e.g., preconceito, agressão, exclusão) que estes eram expostos por não serem heterossexuais.

A partir de estudos, as pesquisas realizadas na área começaram a verificar que muitas das noções que foram tomadas para incluir a homossexualidade como doença e transtorno não faziam uso de procedimentos adequados, tais como a utilização de amostras representativas da população homossexual (TORO-ALFONSO, 2005). Nesta direção, no início dos anos 1970, começaram a ser realizadas pesquisas que mostraram evidências de que os homossexuais não eram psicologicamente diferentes dos heterossexuais (KINSEY *et al.*, 1948). Um dos maiores precursores nessa área foi Hooker (1956) que fez uma comparação entre um grupo de homens heterossexuais e homossexuais em termos de seu desempenho em vários testes psicológicos padronizados, como o teste de Roshchach e de percepção temática.

Os resultados indicaram que não foi possível determinar a orientação sexual por meio dos testes psicológicos, o que levou o autor a concluir que a homossexualidade não existia como entidade clínica, ou seja, não era uma patologia ou doença mental.

7. Considerações finais

Em síntese, é espantoso pensar que no ano 2023 ainda seja preciso ser levantado na câmara, projetos que proíbam a cura gay. Mesmo depois de pesquisas, artigos e profissionais lutando contra essa crueldade, que inclusive atinge de forma direta todos os direitos humanos.

Sendo essa cura, uma forma direta de tortura psicológica contra pessoas LGBTQIAPN+, que já são uma minoria, mas que em situações como essa acabam se sentindo ainda mais reprimidas e taxadas como "erradas".

E segundo Pedro Sammarco (2016), "ao longo da história, cinco foram os dispositivos sociais que interditam o comportamento homossexual: os hábitos, as tradições, a religião, o sistema jurídico e as ciências biomédicas. Embora tivesse havido a despatologização e descriminalização da homossexualidade em muitos lugares no final do século XX, a violência e os ataques contra homossexuais ainda persistem em grande número, em todas as partes. Isso acontece até mesmo nos países que possuem as leis mais avançadas, que os protegem. Vimos que ao longo da história a homofobia foi sendo construída. Ela é uma das bases que sustenta as estruturas de poder e todo o funcionamento social em muitos povos".

REFERÊNCIAS

ALBUQUERQUE, G. A.; PARENTE, J. S. Violência perpetrada contra o grupo LGBT: Interfaces com desordens fisiológicas e psicológicas nas vítimas. **Tempus – Actas de Saúde Coletiva**, v. 11, n. 4, p. 171-183, 6 set. 2018.

ANTUNES, P. P. S. **Homofobia internalizada: o preconceito do homossexual contra si mesmo**. 2016. Tese (Doutorado em Psicologia Social) – Programa de estudos Pós-Graduados em Psicologia Social, Pontifícia Universidade Católica de São Paulo, São Paulo, 2016.

BRASIL. Ministério da Mulher, da Família e dos Direitos Humanos. **LGBT nas prisões do Brasil**: Diagnóstico dos procedimentos institucionais e experiências de encarceramento. 2020. Disponível em: https://www.gov.br/mdh/pt-br/assuntos/noticias/2020-2/fevereiro/TratamentopenaldepessoasLGBT.pdf. Acesso em: 1 abr. 2023.

CONSELHO FEDERAL DE PSICOLOGIA. **Psicologia e diversidade sexual**: desafios para uma sociedade de direitos. Brasília: Conselho Federal de Psicologia – CFP, 2011. 244 p. Disponível em: https://site.cfp.org.br/wp-content/uploads/2011/05/Diversidade_Sexual_-_Final.pdf.

CONSELHO FEDERAL DE PSICOLOGIA. **STF concede ao CFP liminar mantendo íntegra e eficaz a Resolução 01/99**. 2019. Disponível em: https://site.cfp.org.br/stf-concede-ao-cfp-liminar-mantendo-resolucao-01-99.

CONSELHO FEDERAL DE PSICOLOGIA. **Tentativas de Aniquilamento de Subjetividades LGBTIs**. Brasília: Conselho Federal de Psicologia, 2019. Disponível em: https://site.cfp.org.br/wp-content/uploads/2019/06/CFP_TentativasAniquilamento_WEB_FINAL.pdf.

COSTA, A. E. de O.; SILVA, D. M. V. da; JÚNIOR, J. I. L. Reorientação Sexual: Compromisso Científico ou Subterfúgio para Cura Gay? **Gep News**, [S. l.], v. 2, n. 2, p. 198-203, 2018. Disponível em: https://www.seer.ufal.br/index.php/gepnews/article/view/5272. Acesso em: 2 abr. 2023.

DE NOVAES, M. O. "Cura gay": psicologia, política e religião, perspectivas em torno da problemática. **Revista Periódicus**, [S. l.], v. 2, n. 16, p. 113-125, 2021. DOI: 10.9771/peri.v2i16.36905. Disponível em: https://periodicos.ufba.br/index.php/revistaperiodicus/article/view/36905. Acesso em: 3 abr. 2023.

DIAS, Tainah Biela. "Do púlpito ao palanque" 1: o argumento da liberdade religiosa e a cura gay em perspectivas evangélicas conservadoras. **Religare**, v. 16, n. 1, p.117-139, ago. 2019. ISSN: 19826605. Disponível em: https://www.researchgate.net/profile/Tainah-Dias/publication/339424018_Do_pulpito_ao_palanque_o_argumento_da_liberdade_religiosa_e_a_cura_gay_em_perspectivas_evangelicas_conservadoras/links/61cb41adb6b5667157af267b/Do-pulpito-ao-palanque-o-argumento-da-liberdade-religiosa-e-a-cura-gay-em-perspectivas-evangelicas-conservadoras.pdf?_sg%5B0%5D=started_experiment_milestone&origin=journalDetail. Acesso em: 2 abr. 2023.

FUZATTO, Ana Julia Costa. **Homofobia e violência à jovens LGBTQIA+**: consequências e modos de enfrentamento. 2022. Trabalho de Conclusão de Curso (Bacharelado em Psicologia) – Universidade de Uberaba, Uberaba, MG, 2022. Disponível em: https://repositorio.uniube.br/bitstream/123456789/2063/1/ANA%20JULIA%20COSTA%20FUZATO.pdf.

GOMES, Marceli; BRUM, Tainara Gautier; ZANON, Bruna Pase; MOREIRA, Simone Xavier; ANVERSA, Elenir Terezinha Rizzetti: a violência para com as pessoas LGBT: uma revisão narrativa da literatura. **Brazilian Journal of Health Review**, Curitiba, v. 4, n. 3, p. 13903-13924, mar./abr. 2021.

GONÇALVES, A. O. Religião, política e direitos sexuais: controvérsias públicas em torno da "cura gay". **Religião & Sociedade**, v. 39, n. 2, p. 175-199, 2019. DOI: https://doi.org/10.1590/0100-85872019v39n2cap07.

HEREK, G. M. Beyond "homophobia": Thinking more clearly about stigma, prejudice, and sexual orientation. **American Journal of Orthopsychiatry**, v. 85, p. 29-37, 2015. DOI: https://doi.org/10.1037/ort0000092.

IG QUEER: Projeto de lei propõe multa a procedimentos de 'cura gay' em São Paulo. Disponível em: https://agenciaaids.com.br/noticia/ig-queer-projeto-de-lei-propoe-multa-a-procedimentos-de-cura-gay-em-sao-paulo/.

KESKE, H. A.; RODEMBUSCH, C. F. Apenados (as) LGBT no sistema prisional: a "Ala Rosa" da Cadeia Pública de Porto Alegre. **Revista Caparaó**, [S. l.], v. 3, n. 2, p. e49, 2021. Disponível em: https://revistacaparao.org/caparao/article/view/49. Acesso em: 20 mar. 2023.

MACEDO, C. M. R.; SÍVORI, H. F. (2018). Repatologizando a homossexualidade: a perspectiva de "psicólogos cristãos" brasileiros no século XXI.

Estudos & Pesquisas em Psicologia, v. 18, p. 1.415-1.436, 2018. Disponível em: https://www.e-publicacoes.uerj.br/index.php/revispsi/article/view/42242.

MANUAL DE COMUNICAÇÃO LGBTI+. **Núcleo de Estudos Afro-Brasileiros**. Curitiba: Universidade Federal do Paraná, 2018. Disponível em: https://www.grupodignidade.org.br/wp-content/uploads/2018/05/manual-comunicacao-LGBTI.pdf. Acesso em: 4 abr. 2023.

MESQUITA, D. T. **Análise das concepções e práticas de psicólogas (os) frente às normativas do conselho federal de psicologia sobre diversidade sexual e de gênero.** 2018. Dissertação (Mestrado em Psicologia) – Universidade Federal de Juiz de Fora, Juiz de Fora, 2018. Disponível em: http://hermes.cpd.ufjf.br:8080/jspui/bitstream/ufjf/6821/1/danieletrindademesquita.pdf. Acesso em: 24 abr. 2023.

NASCIMENTO, L. A criminalização da homofobia como evento polêmico: o dissenso entre LGBTs e cristãos. **Revista Científica do Curso de Direito**, [*S. l.*], n. 3, p. 6-25, 2019. DOI: 10.22481/rccd.v0i3.6063. Disponível em: https://periodicos2.uesb.br/index.php/rccd/article/view/6063. Acesso em: 2 abr. 2023.

OLIVEIRA, José Marcelo Domingos de, MOTT, Luiz Domingos de Oliveira. **Mortes violentas de LGBT+ no Brasil – 2019**. Salvador: Editora Grupo Gay da Bahia, 2020. (Relatório do Grupo Gay da Bahia).

QUINTÃO, G. F. A nova direita cristã: alianças, estratégias e transfiguração do discurso religioso em torno do projeto de cura gay. **Estudos de Sociologia**, Araraquara, v. 22, n. 42, 2017. DOI: 10.52780/res.9431. Disponível em: https://periodicos.fclar.unesp.br/estudos/article/view/9431. Acesso em: 2 abr. 2023.

ROSA, Rita de Cassia Quadros da Rosa. **Corpos LGBT na escola e na prisão**: aparecimento, educação e potências. 2022. Tese (Doutorado em Educação) – Universidade de Santa Cruz do Sul – UNISC, Santa Cruz do Sul, 2022. Disponível em: https://repositorio.unisc.br/jspui/handle/11624/3443?mode=simple.

SANTOS, Juliana Oliveira; KRAWCZAK, Kaoanne Wolf. Brasil, o país que mais mata: uma análise crítica acerca da violência contra travestis e transexuais. *In*: JORNADA DE PESQUISA, 22., Ijuí, 18 maio, 2020.

SOUSA, F. H. F. A cura gay: uma decisão judicial que afronta os direitos humanos no Brasil? **Revista Eletrônica de Direito da Faculdade Estácio do Pará**, v. 4, 1-18, 2017. Disponível em: http://www.revistasfap.com/ojs3/index.php/direito/article/view/141.

TORTURA psicológica por ACS. Publicado há 3 anos. Disponível em: https://www.tjdft.jus.br/institucional/imprensa/campanhas-e-produtos/direito-facil/edicao-semanal/tortura-psicologica. Acesso em: 2 abr. 2023.

VIOLAÇÃO DOS DIREITOS HUMANOS:
a prática da tortura psicológica, por parceiro íntimo, contra a mulher brasileira

Charliane Gomes de Sousa Cordeiro
Elisangela Rocha Mendes
Iracema França Cruzoleto
Maureen Aparecida Germano
Paloma Karolina Romão Cobello
Salatiel da Silva Roque
Daniel Hidalgo Lima

1. Introdução

De todos os tipos de violências praticadas contra as mulheres, violências físicas, negligências, ameaças, coerções, humilhações, que as levam ao adoecimento mental e a morte, a tortura psicológica "é considerada uma das formas mais frequentes de agressão no meio doméstico, apesar de mais subnotificada e com maior dificuldade de identificação por parte da vítima, posto que muitas vezes, a mulher não se percebe sendo agredida" (OLIVEIRA *et al.*, 2017).

Configura crime de tortura, segundo o Art. 1º da Lei nº 9.455, de 7 de abril de 1997, conhecida como Lei da Tortura, constranger alguém com emprego de violência ou grave ameaça, causando-lhe sofrimento físico ou mental, assim como, submeter alguém, sob sua guarda, poder ou autoridade, com emprego de violência ou grave ameaça, a intenso sofrimento físico ou mental, como forma de aplicar castigo pessoal ou medida de caráter preventivo.

Para Romão e Matta (2018):

> A jurisprudência relata e classifica que somente será considerado crime de tortura se houver constrangimento mediante violência ou grave ameaça, que causa sofrimento físico ou mental na pessoa ofendida. Porém, outros casos analisados, a jurisprudência se contrapõe e tem outro entendimento, ou seja, a mulher estando sob a guarda do agressor, ainda que não haja violência psicológica ou constrangimento com emprego de violência ou grave ameaça, poderá ser vítima e a conduta configurar crime tortura.

A violência contra a mulher é e deve ser tratada como um problema de saúde pública no Brasil, é uma violação dos direitos humanos, viola o direito à vida, e deprecia a saúde física e mental das mulheres, podendo ocorrer não exclusivamente no lar e dentro dos relacionamentos íntimos, mas em qualquer ambiente, sendo ele público ou privado.

Para Oliveira *et al.* (2017), "a violência contra a mulher, além de violar direitos, eleva a demanda por cuidados em saúde, caracterizando um grande desafio à saúde pública brasileira".

> Os direitos humanos são direitos inerentes a todos os seres humanos, independentemente de raça, sexo, nacionalidade, etnia, idioma, religião ou qualquer outra condição. [...] incluem o direito à vida e à liberdade, à liberdade de opinião e de expressão, o direito ao trabalho e à educação, entre muitos outros. Todos merecem estes direitos, sem discriminação (ONU, 2018).

Para a Organização Mundial de Saúde, "o abuso psicológico é caracterizado por insultos, menosprezo, humilhações constantes, intimidação (por exemplo: destruir coisas) e ameaças de dano" (*apud* SILVA *et al.*, 2022).

Diante da importância do tema em questão e amparados na revisão bibliográfica, se faz necessária uma ampliação do olhar sobre as violências psicológicas que as mulheres vivenciam há tempos, e que, quem as comete, pratica ato ilícito, por violar os direitos primários dessa parte da população. Além de ter como objetivo demonstrar quais Direitos estão sendo violados, por que essa violência acontece e quais as consequências geradas pela tortura psicológica.

Para o presente artigo optou-se pelo método de pesquisa de revisão bibliográfica, com delineamento exploratório, com a finalidade de compreensão de que há Leis de proteção à mulher e para identificar a tortura psicológica como uma violação dos Direitos Humanos.

A busca por artigos científicos que tratam da violência contra a mulher e seus direitos, começou no início do mês de março de 2023 e terminou em maio do mesmo ano, em plataformas *on-line*, como o Scientific Eletronic Library Online (SCIELO) e o Google Acadêmico, abrangendo o período dos últimos 5 anos, além das recomendações de estudo indicadas pelo orientador da pesquisa.

Para a pesquisa foram utilizados os seguintes termos: "violência contra a mulher", os "direitos das mulheres" e "tortura psicológica contra as mulheres". O enfoque deste artigo foi sobre os Direitos Humanos relacionados as mulheres no Brasil, no que diz respeito à tortura psicológica sofrida por elas.

Com isso, far-se-á relevante discutir teoricamente cada aspecto revelado nesta introdução, validando cientificamente a relevância de se discutir a questão da tortura psicológica como mecanismo de subjugação da mulher, em tempos que esse tema não pode mais ser naturalizado.

2. Desenvolvimento

Sendo a tortura psicológica uma violação do Direitos Humanos da mulher, a Declaração Universal dos Direitos Humanos, em suas considerações, traz como referencial adotado e proclamado pela Assembleia Geral das Nações Unidas (Resolução 217 – A III) em 10 de dezembro 1948, em seus artigos do 1 ao 5:

> **Artigo 1**: Todos os seres humanos nascem livres e iguais em dignidade e direitos. São dotados de razão e consciência e devem agir em relação uns aos outros com espírito de fraternidade. **Artigo 2**: 1. Todo ser humano tem capacidade para gozar os direitos e as liberdades estabelecidos nesta Declaração, sem distinção de qualquer espécie, seja de raça, cor, sexo, língua, religião, opinião política ou de outra natureza, origem nacional ou social, riqueza, nascimento, ou qualquer outra condição. 2. Não será também feita nenhuma distinção fundada na condição política, jurídica ou internacional do país ou território a que pertença uma pessoa, quer se trate de um território independente, sob tutela, sem governo próprio, quer sujeito a qualquer outra limitação de soberania. **Artigo 3**: Todo ser humano tem direito à vida, à liberdade e à segurança pessoal. **Artigo 4**: Ninguém será mantido em escravidão ou servidão; a escravidão e o tráfico de escravos serão proibidos em todas as suas formas. **Artigo 5**: Ninguém será submetido à tortura, nem a tratamento ou castigo cruel, desumano ou degradante.

No Brasil, a Lei Maria da Penha (Lei nº 11.340: Lei Maria da Penha, 2006) define a violência contra a mulher como qualquer ação ou omissão baseada no gênero que lhe causa lesão, morte, sofrimento sexual, físico, moral, patrimonial ou psicológico (PAIVA et al., 2022).

A Lei Maria da Penha apresenta as circunstâncias em que condutas agressivas passam a ser consideradas como sendo violência doméstica e, principalmente, objetiva coibir, prevenir, punir e erradicar a violência doméstica contra a mulher através de medidas protetivas, abrangendo as definições de suas diferentes formas: física, psicológica, sexual, patrimonial e moral.

A mesma Lei traz os seguintes tipos de Violência:

- Física – tipo de violência que coloca em risco ou causa dano à integridade física da mulher. Configura a prática de crime a ação e a omissão. A violência pode ocorrer pelo uso da força (como chutes, socos e empurrões) ou de armas (cortes, facadas etc.).

- Psicológica – tipo de violência em que o agressor causa dano emocional e diminui a autoestima e o desenvolvimento da vítima. O agressor costuma degradar ou controlar as ações, comportamentos, crenças e decisões da mulher, com ameaças, humilhações, manipulações, perseguição e, até mesmo, isolamento, impedindo-a de frequentar lugares ou conversar com pessoas.

- Sexual – o agressor obriga a mulher a manter, presenciar ou participar de relação sexual não desejada, por meio de intimidação, ameaça, coação e/ ou força física. Também é considerado violência sexual quando o agressor induz a vítima a comercializar ou utilizar de qualquer modo sua sexualidade; quando ele força o matrimônio, a gravidez ou o aborto e, também, quando limita ou anula seus direitos sexuais e reprodutivos.

- Patrimonial/econômica – ocorre quando há retenção, subtração e destruição, total ou parcial, de valores, bens, recursos econômicos, instrumentos de trabalhos, documentos pessoais e objetos.

- Social – quando a mulher sofre calúnia (acusar alguém falsamente de um crime); difamação (imputar a alguém um fato ofensivo à sua reputação) e / ou injúria (ofender a honra de alguém).

Para além da Lei Maria da Penha, configura crime de tortura, sengundo o Art. 1º da Lei nº 9.455, de 7 de abril de 1997, com pena de reclusão, de dois a oito anos:

> [...] constranger alguém com emprego de violência ou grave ameaça, causando-lhe sofrimento físico ou mental; submeter alguém, sob sua guarda, poder ou autoridade, com emprego de violência ou grave ameaça, a intenso sofrimento físico ou mental, como forma de aplicar castigo pessoal ou medida de caráter preventivo.

Para Romão e Matta (2018) "a diferença entre violência psicológica e tortura é que a primeira é uma das formas de violência prevista no art. 7º da Lei Maria da Penha, poderá vir a ser um elemento que caracterize crime de tortura".

> A jurisprudência prevê que a violência psicológica poderá configurar tortura na violência doméstica se houver o previsto na Lei 9455/97, art. 1º, I e II, ou seja, submeter à ofendida sofrimento físico ou mental, ou caso esteja sob sua guarda, poder do agressor (ROMÃO; MATTA, 2023).

Segundo o Ministério da Mulher, da Família e dos Direitos Humanos, no Brasil, em 2020 foram registradas 105.821 denúncias de violência contra a mulher nas plataformas do Ligue 180 e do Disque 100. As plataformas de denúncias para mulheres vítimas de violência, como o Ligue 180, prestam um serviço de escuta para as vítimas, além de registrar e fazer o encaminhamento para os órgãos responsáveis, além de fornecer informações a respeito dos direitos das vítimas e locais de atendimento, com esse serviço disponível 24 horas ao dia (BRASIL, 2023).

A violência psicológica é subnotificada e, por vezes, socialmente aceita. Acontece de forma corriqueira e acomete mulheres independentemente de sua condição socioeconômica, etnia, religião, e compromete a qualidade de vida, não apenas das mulheres, mas de todo o núcleo familiar (SIQUEIRA *et al.*, 2019).

A ideologia tradicionalista e homens com maior níveis de orientação para dominância social, favorecem a limitação da liberdade com atitudes mais hostis contra as mulheres, sendo as partes mais conservadoras da sociedade as que apresentam atitudes sexistas e com justificativas para legitimar a violência contra as mulheres (PAIVA *et al.*, 2022).

Para Marques *et al.* (2020) a violência domérstica tem como causa central a desigualdade entre os sexos, onde o parceiro da vítima pratica atos que resultam em todos os tipos de violências sofridas pelas mulheres, sendo física, sexual, patrimonial e psicológica, expressando o poder patriarcal na medida que o homem é o dominador sobre a mulher.

A violência contra a mulher, segundo Acosta (2017), está fundamentada nas relações de poder, entre homens e mulheres, e nas desigualdades entre eles que foram construídas ao longo da história, onde a violência se instalou sob o poder machista, deixando a mulher a mercê de vários tipos de violência na atualidade.

Outros motivos que levam a prática da violência são o uso de drogas e álcool, a falta de habilidade na gestão dessa emoção, a ignorância e a demonstração de poder, esses fatores combinados com as dificuldades da vida diária profissional e conjugal, contribuem para aparição de condutas violentas. Além disso, homens que abusam dessas substâncias têm uma probabilidade maior de exercer maus tratos contra suas mulheres do que os que não consomem essas substâncias (TIJEIRAS *et al.*, 2005 *apud* SILVA *et al.*, 2021).

> O álcool freqüentemente atua como um desinibidor, facilitando a violência. Os estimulantes como cocaína, crack e anfetaminas estão freqüentemente envolvidos em episódios de violência doméstica, por reduzirem a capacidade de controle dos impulsos e por aumentar as sensações de persecutoriedade. O uso de álcool parece estar envolvido em até 50% dos casos de agressão sexual (BLUME; ZILBERMAN, 2005, p. 2).

A Organização Mundial da Saúde – OMS, em seu Relatório Global sobre Saúde e Álcool de 2018, aponta que o álcool está presente em cerca de 18% dos casos da violência intraparental.

Em estudo realizado por Leite *et al.* (2023) o uso de álcool ou estar sob suspeita de uso pelo agressor, aumentou a prevalência de se cometer violência, uma vez que pode alterar diversas funções neurofisiológicas do organismo, podendo tornar o indivíduo mais agressivo. Em análise específica da violência perpetrada por parceiro íntimo, fazer uso de álcool aumentou em 1,12 vezes a prática da violência.

Para Leite *et al.* (2017), a violência psicológica está associada a violência física e costuma começar pela privação de liberdade e ir avançando até causar constrangimentos, humilhações e demonstrações físicas de agressão corroborando com o estudo de Costa em que a violência psicológica foi caracterizada como a primeira acontecer.

Segundo informações da Secretaria da Segurança Publica e Defesa Social do Ceará (2021), o dano emocional causado na mulher vítima de violência psicológica, prejudica a mulher como profissional, família e mãe, alterando até mesmo seus valores e crenças, onde a mulher vive em uma prisão invisível, ficando cada vez mais isolada. A violência psicológica é o início do ciclo de violência, sendo tão dolorosa quanto a física ou a sexual, é a porta de entrada para os outros tipos de abuso.

> As vítimas de abusos psicológicos geralmente se sentem infelizes, mesmo que aparentemente tenham a vida que desejam ou uma vida considerada perfeita, e costumam ficar tristes sem saber o motivo. Não é incomum o aparecimento de outros sintomas como a vontade de chorar, o desinteresse por coisas que outrora foram objeto de vontade, além do medo e da anedonia – definida como a perda da capacidade de sentir prazer ou de se divertir (POLICIA CIVIL – CE, 2021).

A violência contra a mulher não está restrita a um grupo específico de mulheres, mas está amplamente difundida na sociedade podendo atingir mulheres de qualquer faixa etária, raça ou grau de escolaridade (LEITE *et al.*, 2017; BATISTA, V. C., *et al.*, 2020).

O isolamento e o medo também aumentam a possibilidade de se desenvolver algum tipo de doença tanto de ordem mental como física (TINOCO *et al.*, 2021). Outro sentimento muito comum é a vergonha pela exposição que vão enfrentar ao fazer uma denúncia, além da dependência financeira, que são fatores que contribuem para que as vítimas acabem não buscando ajuda (ROSA *et al.*, 2018).

As violências sofridas pelas mulheres acabam criando sentimentos de inferioridade, insatisfação consigo mesma, o que pode levar ao desenvolvimento de problemas como: ansiedade, depressão, ideias paranoides e acúmulo de problemas no seu cotidiano (GUIMARAES et al., 2018).

Segundo Tinoco et al. (2021), durante toda a vida, as mulheres podem sofrer qualquer tipo de violência, tanto de seus companheiros íntimos como de desconhecidos, e se pretas ou pardas e com baixo nível escolar as chances de serem vítimas aumentam mais ainda.

A década de 80 foi considerada pela ONU a década das mulheres, pelas primeiras políticas públicas de enfrentamento às violências praticadas contra as mulheres e por também ter sido inaugurada a primeira delegacia de defesa da mulher no Brasil e a criação do Conselho Nacional dos Direitos da Mulher (TINOCO et al. 2021).

> Para se combater de maneira efetiva a violência contra a mulher é necessário que os setores de saúde, segurança pública, justiça, educação e assistência social, consigam juntos propor ações que irão ajudar na desconstrução das desigualdades de gênero, combater as discriminações e promover o empoderamento da mulher, além de garantir um atendimento qualificado e humanizado às mulheres em situações de vulnerabilidade. Portanto, o enfrentamento à violência contra a mulher está diretamente ligado a prevenção, a assistência e a garantia de direitos das mulheres (BRASIL, 2011).

Devido ao impacto das violências na saúde das mulheres, foi instituída em 2003, pela Lei nº 10.714, a obrigatoriedade da notificação de violências contra mulheres atendidas nos serviços de saúde. A partir de 2009, os dados sobre essas violências passaram a ser registrados no SINAN (Sistema de Informação de Agravos de Notificação). A partir de 2011, a notificação de violências passou a integrar a lista de notificação compulsória, universalizando a notificação para todos os serviços de saúde públicos e privados. Assim, a ficha de notificação individual de violência passou a ser o instrumento utilizado para notificar qualquer caso suspeito ou confirmado de violência doméstica/intrafamiliar contra a mulher (BRASIL, 2016).

Desde então, cada vez mais, o governo brasileiro, assim como outros países e a ONU, procuram obter dados a respeito das diversas violências que as mulheres vêm sofrendo ao longo da história, assim como entender as causas e procurar estabelecer Leis e medidas protetivas para diminuir e sanar tal agressão. No que diz respeito a tortura psicológica, necessita-se elaborar campanhas de conscientização com a finalidade de instrução às mulheres, que precisam compreender que não há motivos para aceitarem tal violência e que esse crime vai além de uma agressão física.

3. Considerações finais

Sendo a violência psicológica um dos crimes praticados contra as mulheres brasileiras, por seus parceiros íntimos, e não somente por eles, há muito tempo as mulheres sofrem com esse crime e suas consequências, pelos prejuízos físicos e emocionais para a saúde dessa população, até mesmo a morte. É uma violência silenciosa que pode preceder a outros tipos de abusos, sendo relevante o desenvolvimento de mais estudos a respeito do assunto para que se entenda a origem e consequências de tais atos criminosos.

O objetivo deste trabalho foi trazer o conhecimento e a discussão sobre as violências psicológica praticada contra as mulheres e que desrespeitam os seus direitos, assim como compreender acerca de fatores culturais e do desenvolvimento das populações que levam a tal violência e entender de que forma as Leis as protegem e porque esse é um assunto que precisa ser levado a sério por representar um problema de saúde pública, apresentando a necessidade das políticas públicas de combate e conscientização de tal violência.

As informações nesse artigo levantadas, comprovam que a violência psicológica contra a mulher é mais silenciosa e é bastante comum e subdiagnosticada, que essa violência precede a violência física e pode causar o adoecimento mental com possibilidade de levar à morte.

Afinal ainda há um grande número de mulheres que vivem em condições bastante diferentes das que a lei determina. Infelizmente, apesar das medidas protetivas que constam na lei, ainda não é possível uma garantia de que a mulher não voltará a sofrer algum tipo de violência.

É importante a conscientização da mulher e da população em geral acerca dos tipos de violências sofridas e sobre as atitudes que ela deve adotar, que órgãos públicos recorrer para prevenir e promover sua segurança diante de tais situações de violências, evitando o progresso das agressões.

Estudos sobre as consequências da violência psicológica sobre a saúde das mulheres e as motivações dos agressores devem ser produzidos e estudados profundamente.

Para a Psicologia, tal entendimento é fundamental para que se trate as vítimas, diminuindo seus sofrimentos, encorajando-as a fazerem denúncias de seus agressores e também no trato do agressor, visando a diminuição da sua agressividade e trazer um novo entendimento do papel da mulher na sociedade, um entendimento fora do aprendizado machista que ainda é disseminado entre as gerações, com a finalidade de que a longo prazo, com políticas de conscientização, com um novo sistema de educação, tais violências sejam diminuídas e até mesmo sanadas.

REFERÊNCIAS

ACOSTA, D. F. *et al*. Aspectos éticos e legais no cuidado de enfermagem às vítimas de violência doméstica. **Texto & Contexto – Enfermagem**, v. 26, n. 3, p. e6770015, 2017. Disponível em: https://www.scielo.br/j/tce/a/DM6Cwh66FZBsYz4xfvCtspm/#. Acesso em 10 abr. 2023.

BRASIL. Assistência Social. **Denunciar e buscar ajuda a vítimas de violência contra mulheres (Ligue 180).** [Brasília]: 5 jul. 2022. Disponível em: https://www.gov.br/pt-br/servicos/denunciar-e-buscar-ajuda-a-vitimas-de-violencia-contra-mulheres. Acesso em: 16 maio 2023.

BRASIL. Departamento de Vigilância de Doenças e Agravos Não Transmissíveis e Promoção da Saúde. **Viva**: Instrutivo Notificação de Violência Interpessoal e Autoprovocada. Brasil: Ministério da Saúde. Secretaria de Vigilância em Saúde, 2016.

BRASIL. Ministério da Mulher, da Família e dos Direitos Humanos. **Violência contra mulher**. 2020. Disponível em: https://www.gov.br/mdh/pt-br. Acesso em: 3 maio 2023.

BRASIL. **Política Nacional de Enfrentamento a Violência Contra as Mulheres**. Brasília, DF: Secretaria Nacional de Enfrentamento à Violência contra Mulheres, 2011.

BRASÍLIA, DF. Presidente da República, [1997]. Disponível em: http://www.planalto.gov.br/ccivil_03/leis/l9455.htm. Acesso em: 13 abr. 2023.

COORDENADORIA da Mulher em Situação de Violência Doméstica e Familiar do Poder Judiciário do Estado de São Paulo – COMESP. Disponível em: https://www.tjsp.jus.br/Comes. Acesso em: 10 mar. 2023.

GUIMARAES, R. C. S. *et al*. Impacto na autoestima de mulheres em situação de violência doméstica atendidas em Campina Grande, Brasil. **RevCuid**, v. 9, n. 1, p. 1988-97, 2018.

LEITE, F. M. C. *et al*. Análise dos casos de violência interpessoal contra mulheres. **Acta Paulista de Enfermagem**, v. 36, p. eAPE00181, 2023.

LEITE F. M. C. *et al*. Violência contra a mulher: caracterizando a vítima, a agressão e o autor. **Rev. Pesqui**: Revista da UFRJ, Rio de Janeiro, v. 7, n. 1, p. 2.181-2.191, 2015.

MARQUES, N. L. et al. **O perfil do homem autor de violência doméstica**. [*S. l.*], 28 abr. 2021. Disponível em: http://repositorio.aee.edu.br/bitstream/aee/17355/1/O%20PERFIL%20DO%20HOMEM%20AUTOR%20DE%20VIOL%C3%8ANCIA%20DOM%C3%89STICA.pdf. Acesso em: 21 maio 2023.

OLIVEIRA, A.; MOREIRA, L. R.; MEUCCI, R. D.; PALUDO, S. S. Violência psicológica contra a mulher praticada por parceiro íntimo: estudo transversal em uma área rural do Rio Grande do Sul, 2017. **Epidemiol Serv. Saude**, 2021. DOI: https://doi.org/10.1590/s1679-49742021000400017. Acesso em: 13 abr. 2023

ORGANIZAÇÃO DAS NAÇÕES UNIDAS. **Declaração Universal dos Direitos Humanos**. 1948. Disponível em: https://www.unicef.org/brazil/declaracao-universal-dos-direitos-humanos. Acesso em: 1 maio 2023.

ORGANIZAÇÃO MUNDIAL DA SAÚDE – OMS. **Relatório Global sobre Álcool e Saúde**. Genebra, Suíça, 2018. Disponível em https://apps.who.int/iris/bitstream/handle/10665/274603/9789241565639-eng.pdf?ua=1&TSPD_101_R0=cf3f04158e4be62a1f6ffe3fdaa68609n3w00000000000000020560e197fff-f00000000000000000000000000005bb5d669007c79b89f. Acesso em: 9 maio 2023.

PAIVA, T. T.; TAVARES, S. M.; SILVA, P. G. N. da. Relacionamentos durante a quarentena: as justificativas para aceitar o abuso psicológico em mulheres. **Act. Psi**, José, San Pedro Montes de Oca, v. 36, n. 133, p. 87-99, dez. 2022. Disponível em: http://www.scielo.sa.cr/scielo.php?script=sci_arttext&pid=S2215-35352022000200087&lng=en&nrm=iso. Acesso em: 16 abr. 2023.

POLÍCIA CIVIL (CE). **Violência psicológica: a sutileza da prisão sem grades**. Ceará: Secretaria da Segurança Publica e Defesa Social (CE), 7 ago. 2021. Disponível em: https://www.sspds.ce.gov.br/2021/08/07/violencia-psicologica-a-sutileza-da-prisao-sem-grades/. Acesso em: 21 maio 2023.

PORRÚA-GARCÍA, C.; RODRIGUEZ-CARBALLEIRA, A.; ESCARTIN, J. et al. Development and validation of the scale of psychological abuse in intimate partner violence (Eapa-p). **Psicothema**, v. 28, n. 2, p. 214-221, 2016. DOI: https://doi.org/10.7334/psicothema2015.197. Disponível em: https://pubmed.ncbi.nlm.nih.gov/27112821/. Acesso em: 1 abr. 2023.

ROMÃO, R. T. C.; MATTA, C. T. V. A violência psicológica no âmbito de violência doméstica e a tortura psicológica na violência doméstica. **Jusbrasil**, Lins, 2018. Disponível em: https://www.jusbrasil.com.br/artigos/a-violencia--psicologica-no-ambito-de-violencia-domestica-e-a-tortura-psicologica-na--violencia-domestica/519462104. Acesso em: 9 maio 2023.

ROSA, D. O. A. *et al*. Violência provocada pelo parceiro íntimo entre usuárias da Atenção Primária à Saúde: prevalência e fatores associados. **Saúde debate**, v. 42, n. esp. 4, p. 67-80, 2018.

SIQUEIRA, C. A.; ROCHA, E. S. S. Violência psicológica contra a mulher: Uma análise bibliográfica sobre causa e consequência desse fenômeno. **Revista Arquivos Científicos (IMMES)**, v. 2, n. 1, p. 12-23, 2019.

TINOCO, N. da S.; SANTOS, A. R. C.; FIALHO, S. da S. F. *et al*. Vulnerabilidade e as violências mais comuns enfrentadas pelas mulheres brasileiras. **Revista Eletrônica Acervo Saúde**, v. 13, n. 3, p. e5916, 22 mar. 2021. Disponível em: https://acervomais.com.br/index.php/saude/article/view/5916/4275. Acesso em: 29 de mar. 2023.

ZILBERMAN, M. L.; BLUME, S. B. Violência doméstica, abuso de álcool e drogas. **Revista Brasileira de Psiquiatria**, v. 27, p. s51-s55, 2005.

TORTURA PSICOLÓGICA E CONSEQUÊNCIAS NA SAÚDE DA MULHER NEGRA

Ashilley Louisi da Silveira Moraes
Amanda de Souza Vaz
Keila Folharini
Gabriela Vasconcelos da Silva
Thayná Ramos Penga
Damião Evangelista Rocha

1. Introdução

A violência psicológica contra as mulheres é uma forma de violência de gênero que se manifesta através de atitudes, comportamentos e palavras que têm o objetivo de desqualificar, desvalorizar e controlar a vítima. Essa forma de violência é caracterizada por não deixar marcas físicas aparentes, mas tem um impacto profundo na saúde mental e emocional das mulheres. A violência psicológica pode ser praticada por homens em diferentes contextos, incluindo relacionamentos conjugais, familiares e profissionais (CARRIJO; MARTINS, 2020).

Com base no estudo, Carrijo e Martins (2020) discutem a violência psicológica praticada contra as mulheres negras. As autoras destacam que as mulheres negras são vítimas de uma forma específica de violência, que é a interseccionalidade do racismo e da violência de gênero. Nesse contexto, a violência psicológica é uma forma de controle utilizado para manter as mulheres negras em uma posição de inferioridade, limitando seu acesso aos recursos sociais, econômicos e políticos.

Outro estudo de base (BENEDITO; FERNANDES, 2019), discute a forma como o racismo permeia as práticas clínicas de psicologia. As autoras argumentam que a psicologia pode reproduzir o racismo estrutural através de conceitos e técnicas psicológicas que são baseados em uma visão de mundo eurocêntrica. Isso pode levar a um tratamento inadequado das mulheres negras que sofrem violência psicológica, pois suas experiências são frequentemente ignoradas ou minimizadas pelos profissionais de saúde mental.

Por fim, o estudo de Clemente, Azevedo e Clemente (2020) destaca que as mulheres negras enfrentam múltiplas formas de opressão que afetam sua saúde mental. Essas mulheres são frequentemente vítimas de violência psicológica no ambiente profissional, que se manifesta através de práticas discriminatórias e preconceituosas. Isso pode levar a problemas de saúde mental, como ansiedade, depressão e estresse pós-traumático.

No contexto geral, a violência psicológica contra as mulheres é uma forma de violência de gênero que tem um impacto profundo na saúde mental e emocional das vítimas. As mulheres negras são particularmente vulneráveis à violência psicológica devido à interseccionalidade do racismo e da violência de gênero. É importante que os profissionais de saúde mental estejam conscientes dessas questões e forneçam um tratamento adequado e sensível às necessidades das mulheres negras que sofrem violência psicológica. Além disso, é necessário que a sociedade como um todo tome medidas para combater o racismo estrutural e a violência de gênero, a fim de proteger as mulheres e promover a igualdade (BENEDITO; FERNANDES, 2020).

Com esse trabalho, o grupo tem como objetivo explorar sobre as discriminações de casos de violências psicológicas ocorridas contra mulheres, através das pesquisas descritas no artigo, contribuir para a conscientização e prevenção de tal violência e descrever com clareza em quais contextos essas violências podem acontecer. Com o objetivo de explorar as diversas formas de violências psicológicas cometidas contra mulheres, este trabalho tem como finalidade contribuir para a conscientização e prevenção dessas violências. Por meio das pesquisas descritas neste artigo, buscou-se descrever com clareza em quais contextos essas violências podem ocorrer.

Para atingir esses objetivos, foram utilizados cerca de 20 dissertações e teses selecionados a partir de plataformas como Google Acadêmico, Scielo, Pepsic e Teses USP, todos publicados a partir de 2018. A análise desses artigos permitiu a identificação de diferentes tipos de violências psicológicas, bem como os contextos em que essas violências são mais frequentes.

Com base nestas informações, espera-se que este trabalho possa contribuir para o desenvolvimento de estratégias de prevenção e combate a essas formas de violência, além de promover a conscientização sobre a importância de se reconhecer e denunciar situações de violência psicológica contra mulheres.

2. As barreiras culturais da mulher negra

As mulheres em geral enfrentam expectativas sociais e culturais que podem gerar pressão psicológica. Elas são frequentemente julgadas com base em sua aparência física, desempenho acadêmico, capacidade profissional e habilidades parentais. Além disso, existe uma expectativa de que as mulheres equilibrem várias responsabilidades, como trabalho, família e cuidados com o lar. Essas pressões podem levar ao estresse, ansiedade e baixa autoestima (SILVA, 2020).

As mulheres negras enfrentam desafios adicionais às pressões já mencionadas. O racismo sistêmico e estrutural cria uma carga adicional sobre elas, afetando sua autoimagem, senso de pertencimento e identidade racial. A imagem estereotipada da mulher negra como hipersexualizadas, agressiva ou submissa cria um ambiente hostil que impacta negativamente sua saúde mental. Ademais, as mulheres negras enfrentam barreiras em termos de oportunidades educacionais e profissionais, o que pode resultar em sentimentos de inferioridade e falta de reconhecimento. As pressões psicológicas enfrentadas pelas mulheres, em geral, e pelas mulheres negras, em particular, têm um impacto significativo em sua saúde mental. Estudos têm mostrado que essas mulheres têm maior probabilidade de desenvolver transtornos de ansiedade, depressão e estresse pós-traumático. A constante vigilância em relação à aparência física, o medo de serem julgadas ou rejeitadas com base em estereótipos raciais e as dificuldades em encontrar seu lugar em uma sociedade predominantemente branca contribuem para o aumento do risco de problemas de saúde mental (SILVA, 2020).

Apesar das pressões psicológicas enfrentadas, as mulheres e as mulheres negras têm demonstrado uma incrível resiliência e resistência. Elas têm se unido para desafiar estereótipos, promover a igualdade de gênero e a valorização da diversidade racial. O apoio de redes sociais e comunitárias, bem como o fortalecimento da autoestima e da identidade cultural, são fatores-chave para ajudar a lidar com as pressões psicológicas e promover a saúde mental positiva. A tortura psicológica é uma forma de violência que causa danos psicológicos a quem a sofre. Quando praticada de forma sistemática e intencional, pode levar a consequências graves na saúde mental das pessoas, incluindo traumas, ansiedade, depressão e outras condições psicológicas (SILVA, 2020).

Para as mulheres negras, a tortura psicológica pode assumir formas específicas, relacionadas ao racismo e ao sexismo que são historicamente enraizados em nossa sociedade. O livro "Psicologia e Racismo: as Heranças da Clínica Psicológica", de Maiara de Souza Benedito e Maria Inês Assumpção Fernandes, 2023 explora essas formas específicas de violência psicológica e suas consequências na saúde mental das mulheres negras.

Uma forma comum de tortura psicológica que afeta as mulheres negras é a micro agressão racial. Essa forma de violência psicológica se manifesta em pequenos comentários, gestos e ações que parecem inofensivos, mas que, na verdade, são carregados de significado racista. Por exemplo, quando uma pessoa negra é questionada sobre sua habilidade em um trabalho, enquanto seus colegas brancos não recebem a mesma pergunta, isso pode ser uma forma de micro agressão racial. Esses pequenos atos de racismo cotidiano podem parecer insignificantes, mas ao longo do tempo, podem causar danos profundos na autoestima e autoconfiança das mulheres negras. Elas podem começar a se questionar se são boas o suficiente, se merecem as oportunidades que têm, e se seus colegas e amigos realmente as respeitam e valorizam (MARTINS; LIMA; SANTOS, 2020).

Outra forma de tortura psicológica que afeta as mulheres negras é a invisibilidade racial. Isso acontece quando as mulheres negras são sistematicamente ignoradas e excluídas de espaços e oportunidades profissionais, sociais e políticas, simplesmente por causa de sua raça. Isso pode levar a sentimentos de isolamento, solidão e desesperança, além de prejudicar a autoestima e autoconfiança (CLEMENTE; AZEVEDO; CLEMENTE, 2020).

A invisibilidade racial também pode afetar a saúde mental das mulheres negras de outras maneiras. Por exemplo, quando as mulheres negras não são representadas em filmes, programas de TV ou outras mídias, isso pode fazer com que elas se sintam invisíveis e sem valor. Elas podem começar a se perguntar se a sociedade realmente as valoriza e se há espaço para elas neste mundo.

O conjunto de livros escolhidos para o desenvolvimento desse artigo, traz reflexões sobre a experiência das mulheres negras no Brasil em diferentes contextos, como a violência policial, o sistema prisional, o sistema de justiça criminal, a literatura e a saúde. Os temas abordados incluem o racismo estrutural, a criminalização da pobreza, a falta de acesso a direitos básicos e a importância de uma abordagem interseccional para entender a complexidade da experiência das mulheres negras. Alguns aprendizados e insights importantes são: a necessidade de dar voz e representatividade às mulheres negras, a urgência em combater a violência obstétrica e a violência de gênero, a importância de uma literatura mais diversa e a necessidade de uma abordagem interseccional para compreender a violência de gênero. A saúde mental de mulheres negras professoras universitárias é afetada por uma série de fatores inter-relacionados, incluindo racismo, sexismo, discriminação no ambiente de trabalho, pressão por produtividade, sobrecarga emocional e falta de suporte institucional (CLEMENTE; AZEVEDO; CLEMENTE, 2020).

> Ser mulher negra é ter que lutar duas vezes mais do que qualquer outra pessoa para provar que merece estar onde está [...]. A mulher negra não tem o direito de ser vulnerável, de adoecer, de estar cansada. A vida não permite, a sociedade não permite. Ser mulher negra é estar sempre pronta para a luta, mesmo quando não se tem mais forças [...]. A mulher negra vive em uma constante encruzilhada, onde é impossível escapar de sua condição e, ao mesmo tempo, encontrar um caminho para a ascensão social (BORGES, 2018).

Essas citações mostram que as mulheres negras enfrentam muitas dificuldades, incluindo a necessidade de provar constantemente seu valor e sua capacidade, a falta de espaço para a vulnerabilidade e a exaustão devido à luta constante, e a falta de oportunidades para a mobilidade social. Em suma, as mulheres negras enfrentam uma luta constante para encontrar seu lugar em uma sociedade que muitas vezes as exclui e as subestima.

As desigualdades raciais na saúde persistem no Brasil, com a população negra enfrentando uma série de desafios em relação ao acesso a serviços de saúde, diagnóstico e tratamento de doenças, além de enfrentar uma série de outros obstáculos sociais e econômicos que afetam sua saúde (BRASIL, 2017).

A saúde da população negra no Brasil é afetada por uma série de determinantes sociais da saúde, incluindo pobreza, falta de acesso a serviços básicos de saúde e educação, desemprego e violência (BRASIL, 2017).

O racismo institucional é um problema importante na saúde da população negra no Brasil, afetando não apenas o acesso aos serviços de saúde, mas também a qualidade dos cuidados recebidos. É fundamental adotar uma abordagem interseccional para compreender a saúde mental e física das mulheres negras, considerando como fatores como gênero, classe e outros determinantes sociais da saúde se inter-relacionam para afetar suas experiências (BRASIL, 2017).

> Cada história de vida é singular, e a subjetividade perpassa a experiência do aprisionamento. No entanto, é possível identificar na história das mulheres negras presas, uma trajetória de dor e sofrimento, que evidencia a relação direta entre a opressão de gênero, raça e classe social, e o aprisionamento como expressão máxima da violência institucional (MARTINS, 2019).

A citação da autora destaca a singularidade das histórias de vida das mulheres negras presas, mas aponta para uma trajetória comum de dor e sofrimento. A autora sugere que a opressão de gênero, raça e classe social está diretamente relacionada ao aprisionamento dessas mulheres, que é visto como uma expressão máxima da violência institucional. A partir dessa reflexão, Lúcia Mariaci Ribeiro Martins (2019) busca compreender o sofrimento psíquico dessas mulheres e suas vivências no cárcere, lançando um olhar crítico e sensível sobre a situação das mulheres negras na sociedade brasileira.

A criminalização de mulheres negras é uma realidade presente em todo o mundo, e no Brasil não é diferente. As mulheres negras são as principais vítimas da violência policial e do encarceramento em massa. De acordo com dados do INFOPEN Mulheres (Levantamento Nacional de Informações Penitenciarias) de 2018, 68% das mulheres encarceradas no Brasil são negras. Isso se deve, em grande parte, ao racismo estrutural que permeia todas as esferas da sociedade (SILVA, 2021).

O Direito Penal do Inimigo é uma corrente teórica que defende a punição de indivíduos considerados perigosos para a sociedade, em detrimento da garantia de direitos fundamentais. No caso das mulheres negras, essa teoria é utilizada para justificar a violência institucional, como a prática de abordagens violentas e a aplicação de penas mais rigorosas. O estereótipo da mulher negra como ameaça à segurança pública é reforçado pela mídia e pelo próprio sistema de justiça criminal (SILVA, 2021).

Também é importante citar a violência obstétrica que acometem mulheres negras, a violência obstétrica é uma forma de violência de gênero que ocorre durante o processo de gestação, parto e pós-parto, e tem se tornado um tema cada vez mais discutido e problematizado em nossa sociedade. No entanto, é importante ressaltar que a experiência da violência obstétrica não é homogênea e afeta de maneira desproporcional as mulheres negras (SOUSA, 2022).

A violência obstétrica sob a perspectiva da mulher negra é um fenômeno complexo e multifacetado que precisa ser entendido dentro de um contexto histórico e estrutural de opressão racial. As mulheres negras têm sido alvo de discriminação e desvalorização ao longo da história, e isso se reflete nas práticas de saúde reprodutiva. Desde a escravidão, as mulheres negras tiveram seus corpos explorados e violados, sendo submetidas a uma reprodução forçada e a intervenções médicas violentas. Essa herança histórica de desumanização e controle sobre seus corpos ainda permeia o sistema de saúde atual (SOUSA, 2022).

As mulheres negras enfrentam desigualdades no acesso à saúde, à informação adequada e ao suporte emocional durante a gravidez e o parto. Elas são mais propensas a receberem menos cuidados pré-natais, a terem suas queixas de dor ignoradas e a serem submetidas a intervenções médicas desnecessárias. Além disso, muitas vezes são estereotipadas como "mulheres fortes" e têm suas necessidades emocionais e psicológicas negligenciadas (SOUSA, 2022).

A violência obstétrica contra essas mulheres também está relacionada ao racismo estrutural e à discriminação racial presente no sistema de saúde. Profissionais de saúde muitas vezes perpetuam estereótipos e preconceitos, tratando as mulheres negras com desrespeito, desconfiança e subestimando sua capacidade de tomar decisões informadas sobre seu próprio corpo. Essas atitudes racistas podem levar a procedimentos invasivos, falta de consentimento informado e até mesmo à negação de tratamento adequado (SOUSA, 2022).

Além disso, a violência obstétrica tem um impacto desproporcional nas mulheres negras em termos de morbidade e mortalidade materna. Elas enfrentam taxas mais altas de complicações durante a gravidez e o parto, bem como maior risco de morte materna. Essas disparidades são resultado de um sistema de saúde que não prioriza a saúde e o bem-estar delas, perpetuando a desigualdade e o sofrimento (SOUSA, 2022).

Diante desse cenário, é fundamental que haja uma mudança estrutural e cultural na forma como a saúde reprodutiva das mulheres negras é abordada.

É necessário investir em políticas públicas que promovam o acesso igualitário à saúde, a formação de profissionais de saúde sensíveis às questões raciais e de gênero, bem como a conscientização e empoderamento das mulheres negras sobre seus direitos reprodutivos (SOUSA, 2022).

A luta contra a violência obstétrica sob a perspectiva da mulher negra é parte de uma luta mais ampla contra o racismo e a discriminação. É um chamado para que a sociedade reconheça a importância (SOUSA, 2022).

A experiência das mulheres negras no Brasil é marcada por desafios únicos e uma série de pressões psicológicas. O racismo estrutural, as expectativas sociais e culturais, a falta de oportunidades educacionais e profissionais, a invisibilidade e a micro agressão racial são algumas das formas de violência psicológica que afetam a saúde mental das mulheres negras.

Essas pressões psicológicas podem levar a problemas de saúde mental, como transtornos de ansiedade, depressão e estresse pós-traumático. No entanto, as mulheres negras têm demonstrado resiliência e resistência em enfrentar esses desafios. O apoio de redes sociais e comunitárias, o fortalecimento da autoestima e da identidade cultural são fatores-chave para ajudar a lidar com as pressões psicológicas e promover a saúde mental positiva.

A tortura psicológica é uma forma de violência que causa danos psicológicos a quem a sofre, e para as mulheres negras, ela assume formas específicas, relacionadas ao racismo e ao sexismo historicamente enraizados na sociedade. A micro agressão racial e a invisibilidade racial são exemplos de como o racismo pode afetar a saúde mental das mulheres negras. Além de todos os locais citados, onde este grupo pode sofrer pressões psicológicas, também existe o mercado de trabalho. O mercado de trabalho ainda é um ambiente aonde mulheres e mulheres negras enfrentam muitas dificuldades e pressões. Essas questões são fruto de uma sociedade historicamente desigual e discriminatória, que resulta em obstáculos no acesso à educação e oportunidades profissionais (CARRIJO; MARTINS, 2020).

Mulheres em geral enfrentam desigualdades salariais e dificuldades para ocupar cargos de liderança. Ainda hoje, muitas empresas tendem a valorizar mais as habilidades e a experiência masculina, ignorando o potencial das mulheres. Isso resulta em menos oportunidades para elas e menor remuneração, mesmo quando têm as mesmas habilidades e qualificações que homens que ocupam os mesmos cargos (SILVA, 2020).

No caso das mulheres negras, essas dificuldades são ainda maiores. Além das desigualdades de gênero, elas sofrem com o racismo estrutural que permeia a sociedade brasileira. Essa discriminação se manifesta no mercado de trabalho de diversas formas, como a maior dificuldade de acesso a empregos formais e a cargos de liderança, a falta de reconhecimento e de remuneração adequada, entre outras (SILVA, 2020).

Outro fator que contribui para as dificuldades que as mulheres e mulheres negras enfrentam no mercado de trabalho é a sobrecarga de tarefas domésticas e cuidados com filhos e familiares, que muitas vezes recai sobre elas. Isso prejudica a carreira e limita as oportunidades profissionais, já que muitas empresas ainda não oferecem condições adequadas de flexibilidade para conciliar a vida pessoal e profissional (CLEMENTE; AZEVEDO; CLEMENTE, 2020).

Essas questões têm sido debatidas cada vez mais na sociedade e no meio empresarial, mas ainda há muito a ser feito para garantir a igualdade de oportunidades para todas as pessoas. É necessário um esforço conjunto de empresas, governos e sociedade civil para criar políticas e práticas que garantam a diversidade e a inclusão no mercado de trabalho, promovendo o respeito à diversidade e a valorização das competências e habilidades de todas as pessoas.

A pressão psicológica também pode ocorrer em relacionamentos amorosos e que muitas vezes passa despercebida, sendo subestimada ou até mesmo justificada pela sociedade. Essa forma de violência é caracterizada por comportamentos que visam controlar, humilhar, diminuir a autoestima e a autonomia da vítima, gerando danos emocionais graves. Infelizmente, as mulheres são as principais vítimas desse tipo de violência, especialmente as mulheres negras, que sofrem ainda mais por enfrentarem uma série de opressões que se entrelaçam, como o racismo e o sexismo (BENEDITO; FERNANDES, 2020).

As mulheres negras, historicamente, foram alvos de estereótipos e preconceitos que as apresentavam como menos femininas, menos desejáveis e menos dignas de proteção. Esses estereótipos influenciam diretamente nas relações amorosas, onde a mulher negra pode ser vista como uma pessoa mais fácil de ser controlada e submissa (SILVA, 2020).

Além disso, muitas vezes, a violência psicológica contra as mulheres negras é justificada pela ideia de que elas são "fortes" e "resilientes", e que, portanto, não sofrem tanto quanto as mulheres brancas. Essa concepção é completamente equivocada e desconsidera a dor e o sofrimento que as mulheres negras enfrentam diariamente (SILVA, 2020).

Os comportamentos que caracterizam a violência psicológica podem ser sutis e insidiosos, dificultando a identificação por parte da vítima e até mesmo de pessoas próximas. Algumas das formas mais comuns de violência psicológica são: humilhação pública, controle excessivo, chantagem emocional, isolamento social, ameaças de abandono, ridicularização e desvalorização da aparência e das habilidades da vítima (SILVA, 2020).

A violência psicológica pode ter consequências graves para a saúde mental da vítima, gerando ansiedade, depressão, síndrome do pânico, transtornos alimentares, insônia, entre outros. Além disso, muitas mulheres que sofrem desse tipo de violência acabam por desenvolver baixa autoestima e dificuldades para estabelecer relações interpessoais saudáveis (SILVA, 2020).

Por isso, é fundamental que a sociedade como um todo esteja atenta aos comportamentos que caracterizam a violência psicológica, especialmente quando se trata de mulheres e mulheres negras em relacionamentos amorosos. É importante que a vítima tenha suporte para denunciar e buscar ajuda, e que as pessoas ao redor sejam empáticas e se coloquem à disposição para apoiar a vítima em sua jornada de recuperação.

A clínica psicológica é um espaço importante para muitas mulheres e mulheres negras que buscam ajuda para lidar com uma variedade de problemas psicológicos e emocionais. No entanto, essas mulheres enfrentam vários desafios específicos que podem dificultar sua experiência na terapia (BENEDITO; FERNANDES, 2020).

Um dos principais problemas enfrentados por mulheres na clínica psicológica é a falta de representatividade. Muitas mulheres relatam que não se sentem representadas ou compreendidas por seus terapeutas, que muitas vezes são homens brancos. Isso pode levar a uma falta de empatia e compreensão das experiências únicas das mulheres e mulheres negras, o que pode dificultar o processo terapêutico (BENEDITO; FERNANDES, 2020).

Outro problema comum é a estigmatização em torno de problemas de saúde mental. Mulheres e mulheres negras muitas vezes enfrentam estereótipos e preconceitos que as levam a se sentir envergonhadas ou isoladas por procurar ajuda para problemas psicológicos. Isso pode levar a uma relutância em buscar tratamento ou atrasar o início da terapia, o que pode agravar os problemas (BENEDITO; FERNANDES, 2020).

Além disso, muitas mulheres e mulheres negras relatam dificuldades em equilibrar suas responsabilidades de cuidar de suas famílias e de si mesmas. Embora não haja uma única solução para lidar com a violência psicológica contra as mulheres, a intervenção pode ser uma forma eficaz de prevenir e reduzir seus efeitos (BENEDITO; FERNANDES, 2020).

Neste artigo, serão discutidas algumas estratégias de intervenção para amenizar as violências psicológicas sofridas por mulheres e mulheres negras. As mulheres são frequentemente vítimas de violência psicológica em relacionamentos íntimos, no trabalho e em outros contextos sociais. A violência psicológica pode ser especialmente prejudicial para as mulheres, pois pode levar a consequências graves para a saúde mental e física. Por exemplo, a exposição prolongada à violência psicológica pode levar à depressão, ansiedade, problemas de sono, distúrbios alimentares, autolesão e suicídio (MARTINS, 2023).

As mulheres negras enfrentam desafios únicos quando se trata de violência psicológica. A discriminação racial e o racismo institucionalizado podem aumentar a vulnerabilidade das mulheres negras à violência psicológica. Além disso, as mulheres negras podem enfrentar desafios adicionais em relação ao acesso a recursos e suporte após serem vítimas de violência psicológica (MARTINS, 2023).

Existem várias estratégias de intervenção que podem ajudar a amenizar a violência psicológica sofrida por mulheres e mulheres negras. Algumas dessas estratégias são: educar as pessoas sobre o impacto que ela pode ter na vida das mulheres e mulheres negras. Isso pode ser feito através de campanhas de conscientização, treinamento e educação nas escolas, no trabalho e em outras comunidades. A educação e a conscientização sobre a violência psicológica podem ajudar a reduzir a aceitação social da violência e promover uma cultura de respeito e igualdade (BARUFALDI *et al.*, 2017).

O empoderamento econômico pode ser uma estratégia eficaz para prevenir a violência psicológica e proteger as mulheres e mulheres negras. Isso inclui o acesso a empregos bem remunerados, oportunidades de treinamento e desenvolvimento profissional, e programas de assistência financeira. O empoderamento econômico pode aumentar a independência financeira das mulheres e mulheres negras, reduzir sua vulnerabilidade à violência psicológica e permitir que elas deixem situações abusivas.

As políticas públicas e leis podem ser uma ferramenta eficaz para prevenir e combater a violência psicológica contra mulheres e mulheres negras. Isso inclui a criação de leis que criminalizam a violência psicológica, políticas que promovem a igualdade de gênero e raça, e a implementação de programas de prevenção e resposta à violência. As políticas públicas e leis também podem promover a conscientização sobre a violência psicológica e garantir que as vítimas tenham acesso a serviços e suporte (BARUFALDI *et al.*, 2017).

O engajamento da comunidade também pode ser uma estratégia eficaz para prevenir a violência psicológica e apoiar as mulheres e mulheres negras que são vítimas. Isso pode incluir a formação de grupos de apoio, programas comunitários de prevenção à violência, campanhas de conscientização e outras atividades que envolvam a comunidade. O engajamento da comunidade pode promover a solidariedade e o apoio entre as mulheres e mulheres negras, reduzir o estigma associado à violência psicológica e aumentar a conscientização sobre as formas de prevenção e resposta à violência.

A violência psicológica é uma forma de violência que pode ter consequências graves para a saúde mental e física das mulheres e mulheres negras. A intervenção pode ser uma forma eficaz de prevenir e reduzir os efeitos da violência psicológica. Estratégias como a educação e conscientização, o apoio psicológico, o empoderamento econômico, as políticas públicas e leis, e o engajamento da comunidade podem ajudar a prevenir a violência psicológica, proteger as vítimas e promover uma cultura de respeito e igualdade. É importante que essas estratégias sejam implementadas em conjunto para criar um ambiente seguro e saudável para todas elas.

A condição da mulher negra na sociedade brasileira não tem sido fácil, está sempre em uma posição de desvantagem em relação aos demais segmentos da sociedade, estão nos empregos mais precários, com vínculos empregatícios precarizadas, encontram barreiras no acesso às diversas políticas públicas, como a saúde e a educação. As mulheres negras se inserem no mercado de trabalho nas ocupações mais precarizadas, isso também vem de pouco acesso à educação (FERNANDES; SILVA; SILVA, 2017).

> No Brasil 21% das mulheres negras são empregadas domésticas e apenas 23% delas têm Carteira de Trabalho assinada – contra 12,5% das mulheres brancas que são empregadas domésticas, sendo que 30% delas têm registro em Carteira de Trabalho. Das mulheres que se encontram empregadas 17% são empregadas domésticas, e, dentre essas, a grande maioria são mulheres negras que, em geral, não desfrutam de qualquer direito trabalhista, pois não trabalham com carteira assinada e não recolhem FGTS (IPEA, 2004 *apud* FERNANDES; SILVA; SILVA, 2017).

Contudo, ainda acontecem violações de direitos humanos. A pobreza e desigualdades sociais, o conflito armado e a violência, os abusos, a discriminação, a intolerância, as torturas físicas ou psicológicas e a escravidão são alguns dos exemplos disso. Como diz o Artigo 5º da Constituição Federal: "Todos são iguais perante a lei, sem distinção de qualquer natureza, garantindo-se aos brasileiros e aos estrangeiros residentes no país a inviolabilidade do direito à vida, à liberdade, à igualdade, à segurança e à propriedade" (BRASIL, 1988).

Com o passar dos anos muito se tem falado sobre a violência tanto física quanto a psicológica em relação as mulheres e pouco se fala dos casos com mulheres negras, por quê? Esse tipo de violência não acontece? As mulheres negras não denunciam? O que podemos observar através de estudos bibliográficos é que essas violências acontecem cada vez mais principalmente com mulheres negras (BARUFALDI, 2017).

A violência principalmente com mulheres negras são muitas vezes justificas pela frase "Ah, mas ela é mais forte", as pessoas tendem a aplicar a pessoa negra o adjetivo de ser mais forte por conta do próprio racismo estrutural decorrente do pensamento de que se eles sobreviveram à época da escravidão aguentariam qualquer coisa hoje. Ao falarmos de violência é automático que pensemos apenas em violência física ou até mesmo a verbal, quando colocamos em pauta a violência psicológica, é de extrema importância que seja levado tão a sério quanto as demais.

Todos os tipos de violência em relação as mulheres negras não acontecem somente para machucá-las, mas também as desmoralizar, rebaixá-las e muitas vezes fazer com que elas inconscientemente acessem alguns traumas causados no decorrer de suas vidas ou até mesmo uma pressão psicológica de algumas ou várias vezes serem comparadas com outras negras que foram agredidas ou até mesmo mortas (SILVA, 2020).

Muito se podia observar no passado que as mulheres negras eram responsáveis pela criação dos filhos de seus patrões, como por exemplo bom comportamento, falar e por vezes alguma prática de esporte. Em alguns filmes é possível observar que as mães brancas saíam para casa de suas amigas ou ficavam em casa se cuidando e quem era responsável pela criança era a empregada, que alimentava, ensinava, fazia companhia e cuidava daquela criança, o que mostra mais uma vez esse racismo estrutural.

Isso mostra que o racismo também é um fator determinante para a violência contra mulheres, principalmente as negras, que muitas vezes não tem acesso aos mesmos direitos e oportunidades que as brancas, tendo que lidar com situações de desigualdade social e discriminação. É necessário que as políticas públicas sejam elaboradas levando em consideração essas questões, garantindo atendimento especializado e equidade de direitos para todas as mulheres. Além disso, é fundamental que a educação sobre o tema seja amplamente disseminada para que todas as mulheres possam reconhecer e denunciar a violência, e assim, buscar a justiça e proteção que merecem.

> A respeito da violência contra mulher, Lourdes Bandeira (2014 *apud* CARRIJO; MARTINS, 2020) afirma que esse tipo de violência não se refere a atitudes e pensamentos de aniquilação de alguém considerado como igual e visto nas mesmas condições de existência e valor como aquele que a pratica. Pelo contrário, a motivação da violência seria as expressões de desigualdades baseadas na condição de sexo, que começa no seio familiar, onde as relações de gênero se constituem por meio de hierarquia. Porém, não se negam as situações em que marcas de raça, idade, classe, dentre outras, modificam a posição em relação àquela do núcleo familiar (BANDEIRA, 2014 *apud* CARRIJO; MARTINS, 2020).

Ademais, as mulheres negras enfrentam uma dupla opressão, onde além de sofrer o racismo, são também vítimas do machismo. São invisibilizadas nas lutas feministas, que muitas vezes são comandadas por mulheres brancas e não consideram as particularidades das mulheres negras em suas pautas e demandas.

A presença de mulheres negras em espaços de poder e decisão é extremamente importante para uma sociedade mais justa e igualitária, mas infelizmente é algo ainda muito restrito. A representatividade é fundamental para que as mulheres negras possam se sentir valorizadas e encorajadas a lutar pelos seus direitos e espaços na sociedade. É necessário o combate ao racismo estrutural que permeia nossa sociedade, para garantir que todas as mulheres, independentemente da sua cor, possam ser tratadas com dignidade e respeito, ocupando os lugares que lhes são de direito. A luta contra o racismo e o machismo é uma luta de todas e todos, pois só assim poderemos construir uma sociedade mais justa e igualitária para todas as pessoas.

É de suma importância que essas mulheres negras recebam os atendimentos necessários de preservação de vida, saúde e dignidade. Os atendimentos sociais, assim como as políticas públicas têm por serviço conseguir psicólogos, atendimentos médicos, assistentes sociais e em muitos dos casos proteção policial, para com isso garantir a permanência da vida dessa mulher.

O conjunto de livros escolhidos para o desenvolvimento deste artigo traz reflexões importantes sobre a experiência das mulheres negras no Brasil em diferentes contextos, como a violência policial, o sistema prisional, o sistema de justiça criminal, a literatura e a arte. Essas obras nos ajudam a compreender melhor as pressões psicológicas enfrentadas pelas mulheres negras e a encontrar formas de promover sua saúde mental e bem-estar.

3. Considerações finais

Com base em todas as teses, dissertações e livros que usamos para escrever este artigo, concluímos que a mulher negra sofre diversas torturas psicológicas em vários locais. Ela não tem fácil acesso ao sistema de saúde, é prejudicada no ambiente de trabalho, sofre mais violência obstétrica que as mulheres brancas, é maioria no sistema carcerário no país e são maioria em relacionamentos abusivos.

A clínica psicológica também não está preparada para receber esta mulher em seus consultórios, pois, historicamente, é utilizado um modelo eurocêntrico e essas mulheres relatam não se sentirem representadas e bem ouvidas porque geralmente são atendidas por homens brancos.

Seus problemas são tidos como menores porquê a sociedade prega que ela é mais forte e mais resiliente, o que não justifica os dados exorbitantes apresentados ao longo deste artigo por meio de nossas pesquisas, mas se vê o quanto é necessário que essas mulheres ocupem mais espaço na sociedade como um todo.

Grande parte deste problema se dá pelo racismo e machismo estrutural que permeiam a nossa sociedade há décadas. A arte também se faz presente nessa cultura, historicamente retratando a mulher negra em posições da mulher que está ali sempre para servir como a empregada, a baba, a faxineira e a hipersexualiza, mostrando a imagem de uma mulher "fácil" e sem valor. Essa representação artística não as representa e as prejudicam em todos os âmbitos de suas vidas, tendo em vista que a mídia e a literatura influenciam a sociedade como um todo e faz com que essa imagem passe como a verdadeira.

Atualmente temos visto mais mulheres negras sendo protagonistas e bem representadas na mídia e ocupando cada vez mais espaços em empresas e no Congresso Nacional, mas é necessário que se crie mais políticas públicas para que esse grupo tenha mais acesso à saúde, educação e trabalho, além de que os profissionais de escuta psicológica estejam mais atentos as queixas e dores dessas mulheres.

REFERÊNCIAS

AZEVEDO, L. R.; CLEMENTE, F. da S.; CLEMENTE, M. da S. Gênero e saúde mental: um olhar sobre as mulheres negras professoras universitárias. **Revista Feminismos**, [*S. l.*], v. 8, n. 1, 2020. Disponível em: https://periodicos.ufba.br/index.php/feminismos/article/view/42425. Acesso em: 2 maio 2023.

BARUFALDI, L. A.; SOUTO, R. M. C. V.; CORREIA, R. S. de B. *et al*. Violência de gênero: comparação da mortalidade por agressão em mulheres com e sem notificação prévia de violência. **Ciência & Saúde Coletiva**, v. 22, n. 9, p. 2.929-2.938. 2017. DOI: https://doi.org/10.1590/1413-81232017229.12712017. Acesso em: 2 maio 2023.

BENEDITO, M. de S.; FERNANDES, M. I. A. Psicologia e Racismo: as heranças da clínica psicológica. **Psicologia – Ciência e Profissão**, n. esp. 40, p. e229997, 2020. DOI: https://doi.org/10.1590/1982-3703003229997. Acesso em: 2 maio 2023.

BORGES, Juliana. Mulheres Negras na Mira. **Sur/Conectas**, v. 15, n. 28, 2019. Disponível em: https://sur.conectas.org/wp-content/uploads/2019/05/sur-28-portugues-juliana-borges.pdf. Acesso em: 2 maio 2023.

BRASIL. **Constituição Federal de 1988**. Constituição da República Federativa do Brasil. Disponível em: https://constituicao.stf.jus.br/dispositivo/cf-88-parte-1-titulo-2-capitulo-1-artigo-5#:~:text=Art.%205%C2%BA%20Todos%20s%C3%A3o%20iguais,69. Acesso em: 18 maio 2023.

BRASIL. Ministério da Saúde. Secretaria de Gestão Estratégica e Participativa. Departamento de Monitoramento e Avaliação do SUS. **SUS painel de indicadores do SUS n°10 temática saúde da população negra, volume V**. Brasília: Ministério da Saúde, 2017. Disponível em: https://bvsms.saude.gov.br/bvs/publicacoes/politica_nacional_saude_populacao_negra_3d.pdf. Acesso em: 2 maio 2023.

FERNANDES, Maíra Clara Farias; SILVA, Ádilla Jacionária Albano; SILVA, Lara Hanna Freire Nolasco. **A mulher negra na sociedade brasileira**. 2022. Disponível em: https://repositorio.ufsc.br/bitstream/handle/123456789/242811/129%201121.pdf?sequence=1&isAllowed=y. Acesso em: 2 maio 2023.

MARTINS, Lúcia Mariaci Ribeiro. **Do aprisionamento do corpo ao aprisionamento da mente**: um olhar negro para o sofrimento psíquico da mulher negra no cárcere. São Paulo: Letra e Voz, 2019. Disponível em: https://www.revistas.uneb.br/index.php/saudecoletiva/article/view/14494. Acesso em: 2 maio 2023.

MARTINS, Paloma Afonso; CARRIJO, Christiane. A Violência Doméstica e Racismo Contra Mulheres Negras. **Revista Estudos Feministas**, Florianópolis, v. 28, n. 2, p. e60721, 2020. Disponível em: https://www.scielo.br/j/ref/a/JK8t85xSSKbjtwkJzsxpqtq/abstract/?lang=pt. Acesso em: 2 maio 2023.

MARTINS, Tafnes Varela; LIMA, Tiago Jessé Souza de; SANTOS, Walberto Silva. O efeito do micro agressões raciais de gênero na saúde mental de mulheres negras. **Ciência & Saúde Coletiva**, v. 25, p. 2.793-2.802, 2020. Disponível em: https://www.scielosp.org/pdf/csc/2020.v25n7/2793-2802/pt. Acesso em: 2 maio 2023.

SILVA, Cintia Danielle Lauriano da. **As insurgências do feminino negro: reflexões sobre a violência às mulheres negras na literatura brasileira**. São Paulo: Appris, 2021. Disponível em: https://repositorio.ufpb.br/jspui/bitstream/123456789/19824/1/CINTIA%20DANIELLE%20LAURIANO%20DA%20SILVA_vers%c3%a3o%20final.pdf. Acesso em: 2 maio 2023.

SILVA, Gabriela Bomfim da. **A criminalização de mulheres negras**: a incidência do direito penal do inimigo na transversalidade de raça e gênero. São Paulo: Tirant lo Blanch, 2019. Disponível em: https://repositorio.uniceub.br/jspui/bitstream/prefix/15301/1/Gabriela%20%20Silva%2021604221.pdf. Acesso em: 2 maio 2023.

SOUSA, Ana Laura Araújo da Silva. **A violência obstétrica sob a perspectiva da mulher negra**. São Paulo: Paco Editorial, 2020. Disponível em: https://repositorio.ufsc.br/bitstream/handle/123456789/237898/TCC%20DIREITO%20UFSC.pdf?sequence=1&isAllowed=y. Acesso em: 2 maio 2023.

DIREITOS HUMANOS: sua história, evolução e instituição na Psicologia

Allana Sencovici Bernardes Angelin
Gabriele Fischer Santini Mendes
Grazielle Ferreira Ribas
Letícia Batista dos Santos
Luca de Gregoriis
Damião Evangelista Rocha

1. Introdução

1.1 O que são os Direitos Humanos?

Os Direitos Humanos são um conjunto de direitos básicos e fundamentais inerentes a todo ser humano, reconhecidos internacionalmente como universais, indivisíveis e interdependentes. Eles são garantidos por leis nacionais e internacionais e têm como objetivo proteger a dignidade, liberdade, igualdade e justiça de todas as pessoas, independentemente de sua raça, gênero, orientação sexual, religião ou qualquer outra característica. Os Direitos Humanos incluem o direito à vida, à liberdade, à igualdade perante a lei, à educação, à saúde, à moradia, à alimentação, à privacidade, à livre expressão e à participação política. É amplamente reconhecido que o respeito e a proteção dos direitos humanos são fundamentais para a promoção do desenvolvimento humano e da paz em todo o mundo (SILVA et al., 2021).

Valores e normas são essenciais para a convivência em sociedade. Os valores são crenças transmitidas durante a socialização e são baseados em princípios comportamentais. As normas são regras que definem o que pode ou não ser feito em uma determinada circunstância. Os valores e normas estão interligados e sem eles as relações humanas seriam insustentáveis. Os Direitos Humanos então, são um conjunto de normas e procedimentos que garantem direitos inalienáveis a toda pessoa, como a justiça, liberdade e igualdade. Eles são criados e evoluem com a consciência da humanidade sobre a necessidade de proteger a condição humana de cada indivíduo (SILVA et al., 2021).

No Brasil, a luta pelos Direitos Humanos tem sido constante, enfrentando desafios e retrocessos, mas também conquistando avanços significativos ao longo dos anos. O livreto digital produzido pelo Conselho Regional de Psicologia de São Paulo apresenta uma ampla visão sobre os Direitos Humanos no Brasil. O material aborda desde a Declaração Universal dos Direitos Humanos, passando pelos direitos civis e políticos, até chegar aos direitos sociais, econômicos e culturais. Além disso, discute questões relacionadas à violação dos direitos humanos, como a violência policial, o racismo, a LGBTfobia e a violência contra as mulheres (SILVA *et al.*, 2021).

Segundo o Conselho Regional de Psicologia de São Paulo, os Direitos Humanos são aqueles inerentes a todas as pessoas, independentemente de raça, cor, gênero, idade, orientação sexual, religião, origem social, política ou nacional. Eles são garantidos pela Constituição Federal de 1988, e visam proteger a liberdade, à igualdade, à segurança, à propriedade e a intimidade dos indivíduos (ACUNA, 2020)

No entanto, é importante destacar que no Brasil, assim como em muitos outros países, a luta pelos Direitos Humanos ainda é um processo em constante evolução. De acordo com Valente e Sala (2018), essa luta é permeada por diversos desafios, como o racismo, a xenofobia, a homofobia, a violência policial e a discriminação social. É necessário, portanto, que sejam criadas políticas públicas e ações afirmativas para promover a inclusão e a igualdade entre todos os cidadãos.

Assim, é fundamental que sejam feitos esforços constantes para a promoção e a proteção dos Direitos Humanos no Brasil. A garantia desses direitos é essencial para que todos os indivíduos possam viver com dignidade e respeito, e para que se possa construir uma sociedade mais justa e igualitária (ALVARENGA, 2020).

A formação do psicólogo é um fundamento extremamente importante para a estruturação da sua graduação. O seu trabalho vai envolver o contato com os indivíduos, de diferentes tipos, com diferentes realidades, poder aquisitivo, cor, raça e sexualidade. A matéria prima da Psicologia seria a condição humana, em todas as suas formas, seja ela compreendida pelo comportamento, desenvolvimento ou subjetividade, está ligada à cognição, percepção, motivação e também as vulnerabilidades e potencialidades dos indivíduos.

Diante disso, o trabalho tem a finalidade de fazer uma relação entre a Psicologia e os Direitos Humanos, qual seria o papel na proteção desses direitos e como ela ajudaria na sua propagação. Entender em quais momentos na atuação do psicólogo entrará em contato com os direitos humanos e mediante ele buscar a melhor maneira de garanti-los. O objetivo é reunir informações a respeito dos direitos humanos, como e porque foram criados, entender a sua relação com psicologia e qual seria o seu papel na propagação e proteção dos direitos humanos.

Foi realizado a partir de uma pesquisa bibliográfica, que são desenvolvidas a partir de materiais já existentes. A principal vantagem desse método de pesquisa se dá pelo fato de permitir aos investigadores uma maior cobertura de fenómenos do que aquela pesquisa que é feita diretamente (GIL, 2002)

Foi realizado uma pesquisa exploratória, que caráter qualitativo, escolhendo-se esse tipo de pesquisa pois ela tem a finalidade de proporcionar uma maior familiaridade com o problema, com vista a torná-lo mais explícito e gerar hipóteses, o objetivo principal é o aprimoramento das ideias (GIL, 2002).

1.2 História e motivação para a criação dos Direitos Humanos

Pode-se afirmar que o início das afirmações de Direitos Humanos foi durante os séculos XVII e XVIII, com a mudança de um sistema rural, agrícola e feudal para uma urbana, industrial e capitalista, o ser humano começou a buscar cada vez a liberdade individual e seus direitos, deixando de ser um súdito e se tornando um cidadão (MONDAINI, 2020). Os acontecimentos durante esse período, principalmente em países como Inglaterra, Estados Unidos e França ajudaram a dar fundamentos aos ideais que temos hoje.

Na Inglaterra, a saída do sistema econômico feudal gerou diversos tipos de revoltas populares que mostravam indignação com o poder monárquico e situação da população, o que fez com que a população buscasse seus direitos, limitando o poder do rei, o que antecedeu a criação da *Bill of Rights*, Carta de Direitos, em 1689 (POPIN; SUYAMA, 2020). Apesar da difícil luta por seus direitos, que envolveram revoltas e até mesmo guerra, a criação da Carta de Direitos foi um marco para os direitos humanos.

Segundo Bezerra (2018), a Carta de Direitos teve dois pontos importantes para fundamentar a primeira geração de direitos humanos, a cristalização dos direitos que deveriam ser seguidos pelo Estado e a afirmativa de que os direitos derivariam do parlamento. A sua importância ainda é afirmada ao observarmos a influência que teve sob movimentos como a independência dos Estados Unidos e até mesmo documentos de leis utilizados atualmente.

Mondaini (2020) afirma que a importância da independência dos EUA em 1776 se dá ao fato de uma colônia buscar um dos direitos mais primordiais do ser humano, a liberdade e igualdade, além de ter sido um movimento que inspirou a independência de diversas outras colônias. Os movimentos da época mostravam a insatisfação do povo de ser governado por uma monarquia ou império que limitava sua liberdade e individualidade.

Porém, é possível afirmar que foi em 1789, com a revolução francesa, que não só focava em pontos específicos de liberdade, mas o fim da monarquia como um todo. De acordo com Popin e Suyama (2020), a população, além de estar sofrendo com condições deploráveis por conta da fome e seca, foi influenciada por movimentos intelectuais fundamentados por ideais de liberdade e igualdade, o que motivou a luta e revolta contra o governo monárquico até sua queda e criação da Declaração dos Direitos do Homem e do Cidadão.

A Declaração dos Direitos do Homem e do Cidadão de 1789 foi responsável pela garantia de direitos dos cidadãos, além de proteger a igualdade e a dignidade contra o governo e burguesia (MONDAINI, 2020). Apesar de ter sido violenta, a revolução francesa foi fundamental como pioneira para instigar a movimentação da população de outros países na época a buscarem seus direitos.

Porém, foi apenas no século XX, após as atrocidades vividas durante a segunda guerra mundial, que houve um consenso mundial sobre a importância universal dos direitos humanos, assim, em 1948, foi adotado a Declaração Universal dos Direitos Humanos (POPIN; SUYAMA, 2020). A partir desse marco, foi possível visualizar mudanças significativas internacionais acerca dos Direitos Humanos. Com tantas ações e omissões que ocorrem e ferem a dignidade humana, torna-se cada vez mais importante a busca da estabilização de direitos humanos que são estimados como fundamentais e que cada indivíduo possui. Segundo Lima e Crocetta (2019), os direitos humanos vão além de qualquer lei positiva e devem ser considerados como essenciais para qualquer ser humano por simplesmente existir.

Vieram da antiguidade os primeiros direitos humanos reconhecidos com o código de Hamurabi onde o poder dado ao Estado não tinha limites e as leis não conferiam garantias que permitisse exigir algo do poder estatal, fazendo com que a concretização dos direitos humanos ficasse a serviço dos governantes e suas vontades (LIMA; CROCETTA, 2019).

Conforme dito por Lima e Crocetta uma das maneiras de desrespeitar os direitos humanos é quando alguém, cultura ou sociedade não consegue lutar por seus objetivos morais e políticas gerais, com foco em conseguir bens essenciais para se viver com dignidade.

De acordo com Pires (2018), o processo que influencia a construção dos direitos humanos no contexto da América Latina é:

> A crença nas ideias de universalidade e neutralidade dos direitos humanos produziram, ainda que a partir de um discurso que prometia proteção, uma apropriação dessa agenda de forma hierarquizada e extremamente violenta para os grupos sociais menorizados e aliados dos bens materiais e simbólicos para o bem viver.

Contudo, conforme apontado por Pires (2018), a criação dos direitos humanos foi feita inicialmente de modo universal e após considerados direitos naturais, com intuito de representar as faculdades e instituições que seriam capazes de garantir condições de vida livre, igual e digna para todos os indivíduos seja ele quem for, além disso responder os anseios de dignidade e total desenvolvimento da autonomia para quem quer que seja.

1.3 Definição da Psicologia

A Psicologia é o estudo científico do comportamento humano e dos processos mentais, isso inclui a análise e compreensão das emoções, pensamentos, percepções, motivações e comportamentos das pessoas. Ela procura entender como as pessoas interagem com o mundo ao seu redor e como suas experiências de vida afetam sua cognição e comportamento. Além disso, essa área do conhecimento também se preocupa com a identificação e tratamento de distúrbios mentais e emocionais, bem como com o desenvolvimento de intervenções para melhorar a qualidade de vida das pessoas.

O objeto de estudo da Psicologia é o comportamento humano e os processos mentais que o influenciam. Busca compreender como os seres humanos pensam, sentem, percebem e se comportam em diferentes contextos e como esses processos podem ser afetados por fatores biológicos, sociais, culturais e psicológicos. Alguns dos principais temas de estudo incluem a percepção, a cognição, a emoção, a aprendizagem, a memória, o desenvolvimento humano, a personalidade, a motivação, a saúde mental e a interação social. A Psicologia utiliza métodos científicos para coletar dados e testar teorias sobre o comportamento humano e, com base nessas evidências, busca desenvolver intervenções eficazes para ajudar as pessoas a enfrentar os desafios da vida cotidiana (VICENTE, 2009).

A Psicologia atua com a diversidade das pessoas de diferentes maneiras, dependendo da área de atuação e da situação específica. Em geral, o psicólogo tem o papel de respeitar e valorizar as diferenças individuais, reconhecendo que cada pessoa é única e tem sua própria história, cultura, valores, crenças e experiências de vida. Algumas formas como o psicólogo pode atuar com a diversidade são com uma abordagem não discriminatória, o psicólogo deve evitar estereótipos e preconceitos ao trabalhar com pessoas de diferentes origens e características. Ele deve reconhecer a existência de desigualdades sociais e históricas que afetam a vida das pessoas e buscar compreender as múltiplas identidades e subjetividades que as compõem (LINGRAS; ALEXANDER; VRIEZE, 2021).

Deve ter uma escuta empática, de acolhimento, deve criar um ambiente seguro e acolhedor para que a pessoa se sinta confortável em compartilhar suas experiências e sentimentos. É importante que o psicólogo esteja aberto a ouvir e compreender as perspectivas e valores da pessoa, sem julgamento ou crítica (LINGRAS; ALEXANDER; VRIEZE, 2021).

O psicólogo ainda vai adaptar os métodos de trabalho, pode adaptar seus métodos de trabalho para atender às necessidades e particularidades da pessoa, levando em conta suas diferenças culturais, linguísticas, de gênero, sexualidade, idade, entre outras, assim obtendo intervenções específicas, dependendo da demanda, o psicólogo pode desenvolver intervenções específicas para trabalhar questões relacionadas à diversidade, como preconceito, discriminação, racismo, homofobia, *bullying*, entre outros. O psicólogo ainda pode trabalhar em equipe com outros profissionais de diferentes áreas, como assistentes sociais, educadores, médicos, para desenvolver estratégias integradas e mais efetivas para lidar com as questões de diversidade (LINGRAS; ALEXANDER; VRIEZE, 2021).

A Psicologia é uma área abrangente, pode ser aplicada em diversos contextos, desde a clínica até a área organizacional, educacional, políticas públicas (BOCK, 2019), como a psicologia pode passar por diversas áreas, vai lidar com diferentes tipos de pessoas e sempre vai estar de acordo com seu código de ética que está muito ligado aos Direitos Humanos.

1.4 Relação da psicologia com os Direitos Humanos

Os Direitos Humanos são um conjunto de normas que reconhecem e protegem a dignidade dos seres humanos. São considerados universais, algo que todas as pessoas do mundo, independentemente de onde estiverem devem ter, é algo que não pode ser privado, algo que é devido a cada ser humano simplesmente pelo fato dele ser humano. Esses direitos chegam a ocupar uma posição de prioridade no sistema jurídico, os chamados direitos preferenciais, a validade deles independe da efetivação da norma jurídica, é um direito moral (ARIFA, 2018).

Com esses direitos sendo universais, é possível fazer uma relação entre eles e a psicologia, assim como entender o papel dessa profissão na promoção e proteção dos direitos humanos. A Psicologia é uma profissão que tem como base o ser humano, é seu objeto de estudo, seu material de experimento, assim como a relação entre as pessoas. Estando em contato com pessoas, seu modo de viver, seu convívio social, podemos nos deparar com situações que dizem respeito às condições materiais de vida, pois a miséria material, como a fome, o analfabetismo, mortalidade infantil, precarização de moradia, seria as condições que prejudicam o desenvolvimento do indivíduo (BOCK, 2019) e esses são tópicos ligados diretamente aos Direitos Humanos.

No começo, a profissão da Psicologia tinha um olhar mais voltado para os interesses da classe dominante, era chamada de elitista. Isso se deu pelo fato da naturalização e universalização de fenômenos psicológicos sem levar em consideração o contexto sócio-histórico, da falta de participação política e da tendência a responsabilizar unicamente as pessoas pelo seu desenvolvimento. Com isso, a Psicologia estava totalmente afastada de uma prática que se alinhasse com os direitos humanos (BAHIA, 2019).

Com a regulamentação da atuação em 1962, a psicologia foi entendida como uma possibilidade de contribuição para o projeto de modernização do Brasil, seu conhecimento foi entendido como importante (BOCK, 2019). Ela foi regulamentada pela Lei nº 4.119, onde foi descrita a estrutura básica dos cursos de psicologia e foi criado o Conselho Regional de Psicologia, CRP, órgão que fiscaliza a atuação dos psicólogos. A psicologia também está baseada em um código de ética, que estabelece não apenas normas técnicas para o exercício da profissão, mas também princípios e deveres que sirvam de instrumento de reflexão e boa atuação dos seus usuários (SANTOS; ALVAREZ, 2020). O nosso código de ética está estritamente baseado na Declaração Universal dos Direitos Humanos.

Segundo o Código de Ética Profissional aprovado pelo Conselho de Psicologia em 2005, na parte dos seus princípios fundamentais:

> I. O psicólogo baseará o seu trabalho no respeito e na promoção da liberdade, da dignidade, da igualdade e da integridade do ser humano, apoiado nos valores que embasam a Declaração Universal dos Direitos Humanos.
> II. O psicólogo trabalhará visando promover a saúde e a qualidade de vida das pessoas e das coletividades e contribuirá para a eliminação de quaisquer formas de negligência, discriminação, exploração, violência, crueldade e opressão (CONSELHO FEDERAL DE PSICOLOGIA, 2005, p. 7)[1].

Dessa forma podemos observar que não é possível separar a Psicologia dos Direitos Humanos, pois na prática é dever desses profissionais combater qualquer possível violação da dignidade humana. Para Bahia (2019),

> [...] uma vez que falar de uma prática ética, compromissada e aliada ao acolhimento e ao cuidado da subjetividade é, necessariamente, falar de uma prática baseada na garantia dos Direitos Humanos, que compreende as(os) sujeitas(os) em sua integralidade e complexidade.

Já para Souza e Souza Pan (2016), a Psicologia cede ao discurso dos direitos humanos estabelecendo-o como um norte para delimitar sua atuação profissional. Os Direitos Humanos são processos institucionais e sociais que possibilitam a abertura e o desenvolvimento de espaços de luta pela dignidade humana.

O que pode então, a Psicologia na defesa da dignidade humana? Ela pode interrogar-se sempre se sua prática está orientada eticamente, não ficar com discursos de "isso é normal" em questões que envolvem segregação e opressão

---

1 CONSELHO FEDERAL DE PSICOLOGIA. **Código de Ética Profissional dos Psicólogos**: Resolução nº 10/05. 2005. p. 7

(CONSELHO, 2018). A contribuição da Psicologia consiste na possibilidade de auxiliar na promoção do bem-estar, portanto é dever do psicólogo trabalhar em uma promoção de qualidade de vida, em níveis individuais e grupais, fazendo isso por meio de eliminação de possíveis negligências, violências, discriminações, crueldade e opressão, sempre com base no seu código de ética que está diretamente ligado aos direitos humano (BAHIA, 2019).

Portanto, é possível entender que os direitos humanos são um conjunto de leis fundamentais para a proteção do ser humano na sociedade, tanto como garantir a igualdade e desenvolvimento de uma população. Com seus primórdios na Europa e depois ser alastrado pelo mundo, os Direitos Humanos se encontram em constante evolução, principalmente no falando no Brasil, assim há a necessidade de uma constante discussão a fim de melhorar a qualidade de vida de sua população.

2. Considerações finais

A Psicologia está presente em vários campos de atuação, podendo ser desde uma clínica a políticas públicas, setor judiciário, escolar, em empresas e até mesmo pesquisas. Em qualquer área de trabalho se deve ter em mente a promoção dos direitos humanos, assim ao se deparar com situações que infrinjam direitos básicos e assegurados, o psicólogo deve se fazer presente, atuando da melhor forma para mudar a situação desses indivíduos. É necessário ainda que ele esteja sempre em constante evolução, estudando acerca dos Direitos Humanos, já que vai atender diversos tipos de pessoas. Por ser parte do nosso código de ética, é necessário que os psicólogos estejam prontos para estarem fazendo um trabalho que tenha como foco principal a propagação desses direitos a todas as pessoas.

Em suma, a Psicologia desempenha um papel fundamental na promoção e proteção dos Direitos Humanos, pois busca compreender e atuar nas questões relacionadas à dignidade, liberdade e bem-estar das pessoas. Através de abordagens terapêuticas, avaliação psicológica e intervenções sociais, os psicólogos podem contribuir para o empoderamento e a inclusão das pessoas, especialmente aquelas que são vulneráveis ou marginalizadas.

A relação entre Psicologia e Direitos Humanos envolve a garantia do acesso universal a serviços de saúde mental, a prevenção e tratamento de abusos e violações, e a promoção da igualdade e justiça social. Os psicólogos desempenham um papel importante na defesa dos direitos humanos, trabalhando em conjunto com organizações governamentais e não governamentais, para desenvolver políticas e práticas baseadas em evidências, visando a proteção e a promoção dos direitos humanos em todas as esferas da sociedade.

REFERÊNCIAS

ACUNA, José Tadeu. Revisão integrativa sobre a interface entre Psicologia Social e Direitos Humanos: caminhos e possibilidades. **Revista Tecer**, v. 13, n. 24, 2020.

ALVARENGA, Rúbia Zanotelli de. **Trabalho Decente**: direito humano e fundamental. Belo Horizonte: Dialética, 2020.

ARIFA, Bethânia Itagiba Aguiar. O conceito e o discurso dos direitos humanos: realidade ou retórica? **Boletim científico escola superior do Ministério Público da União**, n. 51, p. 145-173, 2018.

BAHIA, Conselho Regional de Psicologia 3º Região. **Psicologia e Direitos Humanos**: compromisso ético-político e transformações sociais. Compromisso ético-político e transformações sociais. 2019. Disponível em: https://crp03.org.br/wp-content/uploads/ 2020/02/crp03_direitos_humanos_livreto_digital-1.pdf. Acesso em: 19 abr. 2023.

BEZERRA, Jeanne Almeida. Carta de direitos inglesa (**Bill of Rights**, 1689): um importante documento na constituição dos Direitos Humanos. **Boletim Conteúdo Jurídico**, Brasília, v. 884, p. 225-235, dez. 2018. Disponível em: http://www.conteudojuridico.com.br/?artigos&ver=2.591544. Acesso em: 23 abr. 2023.

BOCK, Ana Mercês Bahia; TEIXEIRA, Maria de Lourdes T.; FURTADO, Odair. **Psicologia**. Saraiva Educação SA, 2019.

CASSEPP-BORGES, Vicente. A ciência da mente: a Psicologia em busca de seu objeto. **Interam. J. Psychol.**, Porto Alegre, v. 43, n. 2, p. 425-427, ago. 2009. Disponível em http://pepsic.bvsalud.org/scielo.php?script=sci_arttext&pid=S0034-96902009000200023&lng=pt&nrm=iso. Acesso em: 10 maio 2023.

CONSELHO FEDERAL DE PSICOLOGIA. **Código de Ética Profissional dos Psicólogos**: Resolução nº 10/05. 2005.

CONSELHO REGIONAL DE PSICOLOGIA. **O que pode a Psicologia na defesa dos Direitos Humanos?** 2018. Disponível em: http://crp16.org.br/o-que--pode-a-psicologia-na-defesa-dos-direitos-humanos/. Acesso em: 19 abr. 2023.

GIL, Antonio Carlos *et al*. **Como elaborar projetos de pesquisa**. São Paulo: Atlas, 2002.

LIMA, Fernanda da Silva; CROCETTA, Bruna Baggio. Os Direitos Humanos a partir de uma perspectiva intelectual. **Argumentum**, 2019. Disponível em: ojs.unimar.br/index.php/revistaargumentum/ article/view/587/696. Acesso em: 22 abr. 2023.

LINGRAS, Katherine A.; ALEXANDER, M. Elizabeth; VRIEZE, Danielle M. Diversity, equity, and inclusion efforts at a departmental level: building a committee as a vehicle for advancing progress. **Journal of Clinical Psychology in Medical Settings**, p. 1-24, 2021.

MONDAINI, Marco. **Direitos Humanos**: breve história de uma grande utopia. 70. ed. São Paulo: Almedina, 2020.

PIRES, Thula. **Direitos Humanos e Améfrica Ladina**: por uma crítica Americana ao colonialismo jurídico. 2018. Disponível em: patriciamagno.com.br/wp-content/uploads/2021/04/DH-e-Amefrica-Ladina_ThulaPires.pdf. Acesso em: 22 abr. 2023.

POPIN, Felipe Sitolino; SUYAMA, Luis Guilherme Kuriso. A história dos direitos humanos e sua importância na atualidade. **Etic – Encontro de Iniciação Científica**, Presidente Prudente, v. 16, n. 16, p. 1-17, set. 2020. (Anual). Disponível em: http://intertemas.toledoprudente.edu.br/ index.php/ETIC/article/view/ 8816/0. Acesso em: 23 abr. 2023.

SANTOS, Ricieri Paula; ALVARES, Juliana Fernandes Rodrigues. Ética profissional: um estudo contemporâneo dos princípios fundamentais do código de ética da psicologia. **Revista Científica Eletrônica de Psicologia da FAEF**, v. 34, n. 1, p. 1-12, 2020.

SILVA, Bárbara Correia Florêncio *et al*. O que são Direitos Humanos. 2021. Disponível em: https://www.politize.com.br/equidade/blogpost/o-que-sao-direitos-humanos/. Acesso em: 27 abr. 2023.

SOUZA, Daniel Jaccoud Ribeiro de; SOUZA PAN, Miriam Aparecia Graciano de. Os sentidos dos direitos humanos nos códigos de ética da psicologia. **Memorandum**: memória e história em Psicologia, v. 30, p. 120-147, 2016.

VALENTE, Isabel Maria Freitas; SALA, José Blanes. **Cidadania, Migrações, Direitos Humanos**: trajetórias de um debate aberto. Campina Grande: Editora da Universidade Federal de Campina Grande, 2018.

TRABALHO INFANTIL E CONSEQUÊNCIAS NO DESENVOLVIMENTO HUMANO

Helen Aparecida Neves
Liliane Simões
Meire Dalva Dias Thomaz Soares
Natália Oliveira Firmo
Patrícia Ramos Siqueira
Adriana Aparecida Almeida de Oliveira

1. Introdução

O trabalho infantil é proibido no Brasil, conforme a Constituição Federal e o Estatuto da Criança e do Adolescente, por acarretar a violação dos direitos e causar prejuízo ao desenvolvimento infantil.

O trabalho infantil é toda forma de trabalho realizado por crianças e adolescentes abaixo da idade mínima permitida. No Brasil, o trabalho é proibido para quem ainda não completou 16 anos, como regra geral. No Brasil, desde 1990 o ECA – Estatuto da Criança e do Adolescente, através da Lei Federal nº 8.069, de 13 de julho de 1990, regulamenta o artigo 227 da Constituição Federal, proíbe o desempenho de qualquer trabalho executado por menores de 16 anos. Quando realizado na condição de aprendiz é permitido a partir dos 14 anos. Se for trabalho noturno, perigoso, insalubre, a proibição se estende aos 18 anos completos. Assim, a proibição do trabalho infantil do Brasil varia de acordo com a faixa etária e com o tipo de atividade exercida.

O ECA traz como objetivo maior priorizar a educação, esportes, atividades culturais, lazer, orientações à saúde, as questões essenciais para o desenvolvimento do adolescente e que serão fundamentais na sua vida adulta, com finalidade de trazer sempre consequências positivas (MTE, 2022).

Conforme o Estatuto da Criança e do Adolescente, Lei Federal nº 8.069, de 13 de julho de 1990, onde regulamenta o artigo 227 da Constituição Federal define que a exploração do trabalho infantil representa uma violação dos direitos fundamentais das crianças e adolescentes, os privando de desfrutar uma fase (infância/adolescência) saudável. Vale relembrar que os Direitos Humanos visam garantir a dignidade e a integridade da pessoa, especialmente em frente ao Estado e suas estruturas de poder, e a cidadania assegura o equilíbrio entre os direitos e deveres do indivíduo em relação a sociedade e da sociedade em relação ao indivíduo.

O trabalho de crianças e adolescentes está ligado nas tradições e nos comportamentos de diversos locais, especialmente nos países periféricos, como é o caso do Brasil, considera-se ainda muito normal a tradição das crianças meio rural, não frequentam a escola devido ao trabalho, para ajudar em casa, pela falta de recursos econômicos (CUSTÓDIO; VERONESE, 2007, p. 93).

De acordo com o último censo, 45% dos seus integrantes pertenciam a famílias com renda per capita até meio salário mínimo no ano 2000, esse percentual era ainda mais elevado nas regiões Norte e Nordeste e em estados como o Maranhão, Piauí, Alagoas, Pernambuco e Bahia (PNAD, 2006).

Outros revezam o trabalho com a escola, o que geralmente ocasiona resultados muitos precários como problemas físicos, emocionais e psicológicos.

Além de muitas vezes reproduzir o ciclo da pobreza da família, o trabalho infantil prejudica a aprendizagem da criança quando a lhe retira o direito de ir à escola e a torna vulnerável em diversos aspectos incluindo a saúde, exposição a violência, assédio sexual, esforços físicos intensos, acidentes com máquinas e animais no meio rural, entre outros.

Este estudo tem como base a realização de uma revisão bibliográfica abrangente, que busca coletar dados relevantes sobre o tema do trabalho infantil. Para isso, foram consultados diversos tipos de fontes de informação, como artigos, livros e outras publicações relevantes, com o objetivo de identificar as principais causas e consequências desse fenômeno.

A partir dos dados coletados, foi realizada uma análise criteriosa e sistemática, utilizando métodos de análise de dados qualitativos. Esta abordagem possibilitou avaliar a relevância e a validade dos estudos selecionados e, assim, identificar as principais conclusões sobre o trabalho infantil, suas causas e efeitos.

Com base nessa revisão, pode-se levantar considerações e recomendações voltadas à sociedade como um todo, no sentido de alertar sobre a importância de preservar a infância e garantir um desenvolvimento saudável para as crianças. Dessa forma, espera-se contribuir para a construção de um futuro melhor para crianças e jovens, livres do trabalho infantil e com acesso às oportunidades necessárias para um desenvolvimento pleno.

Considerando o desenvolvimento humano natural e saudável se faz necessário alertas sobre questões que podem alterá-lo consideravelmente, à exemplo do trabalho infantil. Uma criança, para ter um desenvolvimento satisfatório, precisa ter as etapas de sua infância preservadas, para chegar a vida adulta de modo satisfatório tendo sua saúde mental e física não abaladas.

1.1 Trabalho infantil: a negação de ser criança e adolescente

A cultura de valorização/dignificação do trabalho, a ineficiência (se não inexistência) de políticas públicas voltadas para essa população e a condição de pobreza a que estão submetidas, dentre outros fatores, têm contribuído para a manutenção da exploração da mão de obra infanto-juvenil, a despeito do ECA e dos esforços para seu combate (MTE, 2022).

Sabe-se que a infância e a adolescência devem representar um período lúdico, preservado de maiores responsabilidades e voltado para o desenvolvimento e a preparação para a idade adulta, o Estatuto proibiu qualquer trabalho a menores de 14 anos e procurou assegurar o direito à profissionalização e proteger a ocupação de aprendizes e demais adolescentes.

Para isso, definiu a condição de aprendiz como uma situação de formação técnico-profissional conduzida de acordo com as diretrizes e bases da legislação educacional em vigor e exigiu que essa ocupação seja sempre compatível com a frequência escolar e lhes ofereça certas garantias, vedando o seu exercício em horários noturnos, condições insalubres e penosas ou locais que prejudiquem o desenvolvimento físico, psíquico, moral e social dos seus executores (CARVALHO, 2008).

Com o objetivo de ajudar suas famílias a superar dificuldades financeiras, e até mesmo para garantir seu sustento básico, crianças se propõem a trabalhar, deixando de vivenciar momentos importantes da sua infância, os quais seriam fundamentais para seu desenvolvimento na vida adulta, porém essa prática se acentua mais nas famílias com vulnerabilidade. Trabalhadores infanto-juvenis, enfrentam condições marcadas pela precariedade ocupacional, jornadas prolongadas, ganhos reduzidos ou inexistentes e a negação do direito a uma formação educacional e profissional que possa lhes propiciar melhores oportunidades de inserção futura.

A preocupação com os processos de constituição/desenvolvimento do sujeito, de alguma forma e desde sempre perpassa as mais diversas correntes que foram se configurando historicamente e hoje se aglutinam no que denominamos Ciência Psicológica (CAMPOS, H. R.; FRANCESCHINI, R., 2003).

O desenvolvimento humano é entendido como um processo de internalização de regras, de valores e de modos de pensar e de agir que ocorre nas interações sociais das quais o sujeito participa em seu dia a dia (CAMPOS, H. R.; FRANCISCHINI, R., 2003).

A vivência plena da infância é essencial para o desenvolvimento físico, cognitivo, emocional e social das crianças, impactando diretamente na construção de uma vida saudável.

O que acontece nesta etapa do desenvolvimento pode gerar, traumas irreversíveis, além de serem privados de uma infância plena, com sonhos, brincadeiras e educação as crianças que trabalham carregam graves consequências para a vida adulta, como impactos físicos, psicológicos e econômicos, além da perpetuação do ciclo da pobreza.

No impacto físico, normalmente crianças e adolescentes fazem o trabalho mais difícil que a maioria dos adultos não querem fazer à exemplo de carregar peso, executar tarefas sem equipamentos de proteção podendo causar alergias, problemas respiratórios e até mesmo amputação de membros com reflexos de imediato ou na vida adulta.

O impacto psicológico é quando a criança sente responsabilidade pelas despesas familiares, um peso muito grande, onde ela pode perder vários interesses em sua vida, exemplo dos estudos o que pode gerar atrasos no desenvolvimento por não ter vivenciado sua primeira infância.

No impacto econômico podemos nos certificar através do plano nacional do adolescente, que quanto mais cedo o indivíduo inicia no mercado de trabalho, menor será sua renda ao longo da vida mantendo a desigualdade social. Iniciando muito cedo no mercado de trabalho esses jovens deixam de estudar, portanto não se especializam. Trabalhando ao longo de sua vida, ajudando aos outros profissionais a desenvolverem suas tarefas maiores remuneradas (MTE, 2022).

O ciclo da pobreza se torna sem fim, pois sem oportunidades de estudo, a criança não faz projetos, consequentemente faz planos similares ao dos seus pais e pessoas do seu convívio do trabalho, repetindo essa trajetória.

Assim, o contexto de pobreza em que estão inseridas as famílias forja um discurso de justificação da inserção precoce no trabalho, naturalizando-o, discurso que tanto serve para negar os evidentes prejuízos às crianças quanto afirmar a importância do emprego delas pelos capitalistas (CAMPOS, H. R.; FRANCISCHINI, R., 2003).

Desde 1990, o ECA – Estatuto da Criança e do Adolescente e a Lei Federal nº 8.069, de 13 de junho de 1990, que regulamenta o artigo 227 da constituição Federal proíbem o desempenho de qualquer atividade laboral por menores de 16 anos, podendo o adolescente trabalhar como jovem aprendiz a partir de 14 anos. O ECA traz mecanismos para o combate ao trabalho infantil, priorizando a educação, esportes, atividades culturais, lazer e orientação à saúde. Mas o que está na lei não é o que se vê na prática, o trabalho infantil é uma realidade nos quatro cantos do país. A responsabilidade pela fiscalização do trabalho infantil é do Ministério do Trabalho.

A legislação brasileira, a respeito do trabalho infantil, orienta-se pelos princípios estabelecidos na Constituição Federal de 1988, que estão harmonizados com as disposições da Convenção dos Direitos da Criança de 1989, e das Convenções nº 138 e 182 da OIT (MTE, 2003).

A fiscalização do trabalho promove direitos efetivados por ações de combate ao trabalho infantil, fazendo com que a sociedade civil se sensibilize e se conscientize o quanto o trabalho infantil é maléfico para a vida atual e futura do indivíduo. Incentivos à educação e programas de proteção social da parte do governo e da sociedade vem incluir a criança e ao adolescente, evitando trabalho infantil, se mantendo como uma ação fundamental para solução dessa causa.

Ao longo da sua trajetória de atuação, a inspeção do trabalho compreendeu que o trabalho infantil, por se tratar de um fenômeno complexo com uma multiplicidade de causas, e que se apresenta das mais diferentes formas, deveria ser melhor compreendido para o desenvolvimento das ações para o seu enfrentamento (MTE, 2003).

Outra questão também percebida foi a necessidade de atuação de Auditores-Fiscais do Trabalho especializados na matéria, bem como a adoção de procedimentos e instrumentos adequados para este tipo de fiscalização. (MTE, 2003).

Resultado disso é que, ao longo da sua trajetória de atuação no combate ao trabalho infantil, a inspeção do trabalho vem buscando superar os padrões que atribuem à atividade de fiscalização funções tão-somente punitivas, através do estabelecimento de novas bases de atuação com o objetivo de promover a garantia dos direitos fundamentais da criança e do adolescente (MTE, 2023).

2. Considerações finais

Como se viu, as consequências do trabalho infantil podem perdurar por toda a vida do indivíduo, desde percas significativas na primeira infância até a sua fase adulta.

A constituição brasileira juntamente ao ECA – Estatuto da Criança e do Adolescente proíbem o trabalho infantil tendo algumas ressalvas a partir dos 14 anos, mas sabemos que cumprir as leis não é tão simples e fácil dadas as circunstâncias de algumas regiões do país em que a pobreza se faz mais presente. O jovem que deveria estar frequentando a escola que, previsto no ECA, é seu direito e dever, não o faz por ter que ajudar a família financeiramente para sobreviver, dessa forma, trocando a escola pelo mercado de trabalho.

Essa preconização do jovem que entra no mercado de trabalho interfere na sua vida adulta, pois ele deixa de estudar, assim não consegue se profissionalizar e ganhar salários maiores pois muitas vezes não terminou a escola e não tem formação suficiente para concorrer a cargos que o remunere melhor.

O jovem perde parte de sua infância podendo ter traumas irreversíveis por acabar trabalhando em ambientes insalubres, mal remunerados e sem carteira assinada, o que ainda o faz perder seus direitos como trabalhador visto que, empregar crianças e jovens antes dos 14 anos é fora da lei.

Conclui-se então que a fiscalização do trabalho infantil deve continuar sendo feita no Brasil, esta ação promove sensibilização da opinião pública sobre os malefícios do trabalho infantil, protege as crianças de abusos e as mantém frequentando a escola. E ressalta-se a necessidade de que mais pesquisas sejam realizadas nesta temática.

REFERÊNCIAS

BRASIL. **Erradicação do trabalho infantil**. Brasília: Ministério do Trabalho e Emprego, 2020. Disponível em https://www.gov.br/trabalho-e-emprego/pt-br/assuntos/inspecao-do-trabalho/areas-de-atuacao/erradicacao-do-trabalho-infantil. Acesso em: 15 jun. 2021.

BRASIL. **Estatuto da Criança e do Adolescente**. Brasília: MMFDH/SNDCA/CNDCA, 2022. Disponível em https://www.gov.br/mdh/pt-br/navegue-por-temas/crianca-e-adolescente/publicacoes/eca-2023.pdf.

CAMPOS, Herculano Ricardo; FRANCISCHINI, Rosângela. Trabalho infantil produtivo e desenvolvimento humano. **Psicologia em Estudo**, v. 8, p. 119-129, 2003.

CARVALHO, Inaiá Maria Moreira de. Trabalho infantil no Brasil contemporâneo. **Caderno CRH**, v. 21, p. 551-569, 2008.

CARVALHO, Samara Janice Kussler de. **Trabalho infantil e medidas socioeducativas**: desafios e perspectivas a partir da política de assistência social. 2017.

CASTRO, Elisa Guaraná de; MACEDO, Severine Carmem. Estatuto da Criança e Adolescente e Estatuto da Juventude: interfaces, complementariedade, desafios e diferenças. **Revista Direito e Práxis**, v. 10, p. 1214-1238, 2019.

CUSTÓDIO, André Viana; DE FREITAS, Higor Neves. As políticas socioassistenciais na prevenção e erradicação do trabalho infantil. **Revista de Direito Econômico e Socioambiental**, v. 11, n. 2, p. 224-253, 2020.

DAL FARRA, Maria Lúcia. A preservação da infância na prática textual de Graciliano Ramos. **Revista USP**, n. 16, p. 147-150, 1993.

DE MATTOS, Adriana Jéssica Quevedo. Entre conquistas e desafios: políticas públicas para a infância e juventude no Brasil (1990-2022). **Revista Ibero-Americana de Humanidades, Ciências e Educação**, v. 8, n. 9, p. 841-851, 2022.

ECA TRAZ mecanismo para o combate ao Trabalho Infantil. Sergipe: Assembleia Legislativa Estado do Sergipe. 2022. Disponível em: https://al.se.leg.

br/eca-traz-mecanismos-para-o-combate-ao-trabalho-infantil/. Acesso em: 20 jul. 2022.

O QUE é Trabalho Infantil. 2021. Disponível em: https://livredetrabalhoinfantil.org.br/trabalho-infantil/o-que-e/.

SCHWARTZMAN, Simon; SCHWARTZMAN, Felipe Farah. **Trabalho infantil no Brasil**. 2001.

VENÂNCIO, Marina; FELIPPE, Andreia. As contribuições da psicologia no combate ao trabalho infantil. **Cadernos de psicologia**, v. 4, n. 7, 2022.

ENFRENTAMENTO DA VIOLÊNCIA E ABUSO SEXUAL INFANTIL:
estratégias eficazes de enfrentamento ao abuso sexual infantil

Heloisa Fontes Franco
Hernando Javier Paez
Rafaela Maria Almeida Ruivo
Rita de Cassia dos Santos Rolim
Samuel Henrique Rodrigues dos Santos
Viviane Aparecida Zavarizi
Daniel Hidalgo Lima

1. Introdução

A violência infanto-juvenil por muito tempo não foi vista como uma violação de Direitos Humanos, pois, por muito tempo, "crianças e adolescentes não eram reconhecidos como sujeitos com direitos" (BEHRENS et al., 2022). A violência e o abuso infanto-juvenil interferem diretamente no desenvolvimento saudável do indivíduo tanto no aspecto físico quanto emocional. Porém, em 1990 foi promulgada a lei que ofereceria proteção e amparo às crianças e adolescentes do Brasil: o ECA – Estatuto da Criança e do Adolescente.

A violência e, especificamente, o abuso sexual infantil se revelam ainda mais preocupantes, quando se leva em conta que na maioria dos casos, ela é exercida por adultos em posição de autoridade com relação as crianças e que são fisicamente mais fortes. Na maior parte dos casos os abusos são cometidos por indivíduos ligados ou de dentro da própria família, o que deixa as crianças ainda mais vulneráveis.

> O fenômeno consiste numa relação adultocêntrica, sendo marcado pela relação desigual de poder; o agressor (pais/responsáveis legais/pessoas conhecidas ou desconhecidas) domina a criança e/ou adolescente, se apropriando e anulando suas vontades, tratando-os, não como sujeitos de direitos, mas sim como objetos que dão prazer e alívio sexual (BRASILIA, 2022).

Tanto a criança, como o adolescente estão em uma condição peculiar de seu desenvolvimento nas áreas sociais, cognitivas e físicas, necessitando de maior atenção e cuidado para um crescimento saudável, quando ela é vítima de algum tipo de violência ou do abuso sexual isto implicará em inúmeros traumas e consequências que poderão perdurar pelo resto de suas vidas. Tanto a criança quanto o adolescente sofrem com o descaso das autoridades e dos adultos principalmente quando a violência ainda não se manifesta a olho nu, ou seja, não há marcas visíveis fisicamente.

O abuso sexual infantil ou juvenil pode acontecer com crianças de qualquer sexo. Sobre as consequências desses abusos contra os meninos, Pelisoli e Piccoloto escreveram:

> Especialmente nos meninos, há sentimentos acentuados de vergonha quanto à identidade masculina, raiva extrema, culpa, e frequente uso de drogas (Kristensen, 1996; O'Leary, 2009). O'Leary (2009) demonstrou em seu estudo que um menino abusado sexualmente tem dez vezes mais chance de apresentar um diagnóstico clínico na idade adulta do que aqueles que não sofreram a violência. Além disso, há maior probabilidade de revitimização na idade adulta de uma pessoa que foi vítima de qualquer forma de violência na infância, dentre elas, o abuso sexual, o que confirma a hipótese da miltigeracionalidade (PELISOLI; PICCOLOTO, 2010).

Diante do exposto foi traçado como objetivo geral ampliar a compreensão sobre a intervenção psicológica para as vítimas infanto juvenil das violências citadas, e como objetivo específico identificar os sinais, discutir os conceitos da violência e analisar possíveis estratégias de enfrentamento.

Para tanto é de extrema relevância e urgência agir. O que motivou a trazer a problemática da violência e do abuso infanto juvenil foi justamente o fato de haver um aumento considerável e a dura realidade que persiste até os dias atuais afetando inúmeras famílias, crianças e adolescentes. "De acordo com o Instituto Brasileiro de Geografia e Estatística (IBGE), ocorrem muitos incidentes violentos contra crianças e jovens no Brasil todos os dias" (BRASIL, 1990 *apud* BEHRENS *et al.*, 2022). Daí a justificativa de trazer à tona informações para discussão e provocar uma reação de incômodo para atuar em favor dessas crianças que vivem em situações de vulnerabilidade.

O trabalho utiliza como método a revisão bibliográfica, em uma pesquisa baseada em artigos já publicados, constituídos principalmente de livros, periódicos, e atualmente de materiais disponível na internet criados pelos órgãos competentes e que foram elaborados para projetos contra a violência infantil.

A violência e o abuso sexual infanto-juvenil trazem sequelas que poderão interferir no seu desenvolvimento e comportamento. Assim o combate à violência psicológica e sexual são de extrema relevância e devem se desenvolver estratégias eficazes de enfrentamento ao abuso sexual infantil.

Segundo Gil (2002), a pesquisa bibliográfica consiste em obter documentos, artigos, livros, fontes primárias para a construção da pesquisa assim como informações da internet. A base de dados utilizados neste trabalho advém dos artigos científicos e trabalho de conclusão selecionado no site do Scielo.org – Rede Scielo utilizando as palavras chaves violência psicológica, prevenção, abuso, direitos humanos. Os artigos citados datam de 2009 a 2023.

Quanto a abordagem, trata-se de uma pesquisa qualitativa, pois tem como objetivo a descrição completa e detalhada do objeto de estudo.

> Hoje em dia a pesquisa qualitativa ocupa um reconhecido lugar entre as várias possibilidades de se estudar os fenômenos que envolvem os seres humanos e suas intrincadas relações sociais, estabelecidas em diversos ambientes (GODOY, 1995, p. 21).

2. O abuso sexual infantil

Segundo Ministério da Mulher, da Família e dos Direitos Humanos (2021) o abuso sexual infantil é uma forma grave de violência que pode ter consequências devastadoras para a saúde mental, física e emocional de crianças e adolescentes. Essa forma de violência pode ser definida como todo e qualquer ato de natureza sexual. O contato físico (como carícias, coito, manipulações dos genitais) ou não, utilizando-se da exibição e abuso verbal. Também se caracteriza com o uso da força (como o estupro). Tais ações sendo praticadas por um adulto ou adolescente mais velho contra uma criança ou adolescente menor de 18 anos.

> Essas agressões podem ocorrer tanto no ambiente intrafamiliar, envolvendo laços consanguíneos (como pais, irmãos, avós), de afinidade (como padrasto, madrasta) ou pessoas que detêm a guarda, tutela da criança ou adolescente menor, e é possível ocorrer de modo extrafamiliar, onde o agressor pode ser conhecido, como amigos, vizinhos, ou mesmo através de pessoas desconhecida segundo Ministério da Mulher, da Família e dos Direitos Humanos (2021). Segundo a Nota Técnica da Força-tarefa Infância Segura de 2020 (FORTIS).

Há também outros dois tipos de violência sexual, sendo eles:

> Exploração Sexual Comercial: Uso da criança ou do adolescente em atividade sexual em troca de remuneração ou qualquer outra forma de compensação, de forma independente ou sob patrocínio, apoio ou incentivo de terceiro, seja de modo presencial ou por meio eletrônico; Tráfico de Pessoas: Recrutamento, o transporte, a transferência, o alojamento ou

o acolhimento da criança ou do adolescente, dentro do território nacional ou para o estrangeiro, com o fim de exploração sexual, mediante ameaça, uso de força ou outra forma de coação, rapto, fraude, engano, abuso de autoridade, aproveitamento de situação de vulnerabilidade ou entrega ou aceitação de pagamento, entre os casos previstos na legislação (FORTIS, 2020).

É importante destacar que há fatores de risco que são indicadores destas situações que requerem atenção e medidas preventivas. As crianças são consideradas mais vulneráveis devido à falta de compreensão para reconhecer e lidar com a violência que estão sofrendo, e os adolescentes, na maioria das vezes, também não relatam o que de fato aconteceu, principalmente porque não compreendem totalmente o que aconteceu, o que gera medo e insegurança.

No relato do Ministério da Mulher, da Família e dos Direitos Humanos (2021) estima-se que uma em cada três a quatro meninas e um em cada seis a dez meninos serão vítimas de alguma forma de abuso sexual até completarem 18 anos. Vale ressaltar que 92% das crianças e adolescentes que relatam ter sofrido abuso estão falando a verdade, e apenas 8% inventam histórias, sendo que três quartos dessas histórias inventadas são induzidas por adultos. Segundo o Anuário Brasileiro de Segurança Público (2022). Logo, é possível compreender que esta violência apesar de afetar qualquer gênero, possui uma prevalência maior em meninas, chegando a atingir 85,5% do sexo feminino.

Ainda segundo o Anuário Brasileiro de Segurança Pública (2022), os avanços tecnológicos, o acesso a internet e as mídias sociais crescente no público menor de idade, têm proporcionado para os aliciadores mais uma ferramenta para atacar. Dessa forma, a conscientização das próprias crianças e adolescentes sobre os riscos que são relacionados aos usos da internet e sobre o contato com pessoas conhecidas ou não por meio da rede deve ser cada vez mais abordada, seja no ambiente familiar, educacional e nas próprias mídias por meio de campanhas.

A Cartilha Nacional (2021) orienta que crianças e adolescentes que foram vítimas de abuso sexual devem receber ajuda terapêutica e acolhimento adequado. É fundamental entender que a responsabilidade nunca deve ser atribuída à criança ou adolescente, pois a reação da vítima depende das táticas usadas pelo agressor.

Conforme consta na Cartilha Nacional (2021), existem diversos métodos recorrentes utilizados no abuso sexual de crianças e adolescentes. O sadismo envolve o agressor buscando satisfazer-se sexualmente através da provocação de dor na vítima, seja física (por meio de espancamento, queimaduras etc.) ou emocional (insultos, humilhações, instilando o pânico etc.). Vale ressaltar que o sadismo pode variar em intensidade, desde uma simples fantasia até a tortura brutal da vítima.

Outro método é a ameaça, em que pode não haver contato físico, mas o elemento marcante da violência é o sofrimento psicológico. As ameaças geralmente são feitas contra a própria vítima ou alguém que ela ama e possui vínculo afetivo. Já na indução da vontade, o agressor não usa força física nem ameaças para cometer o abuso sexual, mas sim manipula a vontade da própria vítima, por meio de presentes, promessas e concessões de privilégios. É importante ressaltar que, mesmo quando não há violência física ou ameaça, persiste a violência psicológica. Em qualquer caso, a criança e o adolescente jamais devem ser considerados culpados. A responsabilidade sempre recai sobre o agressor, que abusa da relação de confiança e segurança que possui com a vítima (BRASÍLIA, 2021).

De acordo com o Ministério da Mulher, da Família e dos Direitos Humanos – MMFDH (2022), em um relatório publicado em 18 de maio de 2020 e atualizado em 1 de novembro de 2022, foi realizada uma pesquisa que divulgou dados alarmantes sobre a violência sexual infantil, com base nos registros do Disque 100.

A pesquisa analisou os 159 mil registros feitos ao longo de 2019 e constatou que 86,8 mil desses registros correspondem a violações de direitos de crianças e adolescentes. Houve um aumento de, aproximadamente, 14% em relação ao ano anterior (2018). Dentre as denúncias recebidas, cerca de 11% delas envolvem casos de violência sexual, totalizando 17 mil ocorrências. Surpreendentemente, em comparação com os dados de 2018, esse número se manteve estável, apresentando apenas uma leve queda de 0,3%.

Esses números revelam a gravidade da violência sexual infantil e a urgência em abordar esse problema de forma efetiva. Apesar da pequena redução na comparação com o ano anterior, é preocupante que ainda haja um alto número de denúncias envolvendo crianças e adolescentes vítimas desse tipo de violência. Isso indica a necessidade contínua de ações para proteger e apoiar as vítimas.

Existem diversos sinais de que a criança e ou adolescente pode estar passando por esta agressão, sendo eles físicos: como a dor, sangramento, alterações da genitália e/ou anus; laceração na genitália e/ou anus e infecções sexualmente transmissíveis (DSTs) (CONCEIÇÃO et al., 2021).

Além dos sinais físicos mencionados, existem também outros sinais emocionais e comportamentais que podem indicar que uma criança ou adolescente está passando por abuso sexual infantil como a dificuldade de concentração, sentimentos de medo e culpa, presença de choro frequente, problemas de sono (pesadelos) e comportamentos sexualizados, como brincar com as partes íntimas e/ou falar sobre atividades sexuais inadequadas a idade. É também possível observar indicadores de risco dentro da própria dinâmica familiar, onde muitas vezes há a intergeracionalidade da violência sexual, onde a mãe passou pela mesma violência, eventualmente, até mesmo com o mesmo abusador (BORGES; DELL'AGLIO, 2008).

O abuso sexual contra crianças e adolescentes, também pode trazer consequências ao desenvolvimento cognitivo, afetivo e social, em diferentes formas e intensidade, dependendo de fatores intrínsecos à criança, que dizem respeito à questões genéticas como metabolismo e más-formações, vulnerabilidade e resiliência pessoal e fatores extrínsecos, envolvendo a rede de apoio social e afetiva da vítima, além de fatores relacionados com a violência sexual em si, tal como duração, o grau de parentesco/confiança entre a vítima e o agressor e pela reação apresentada pelos familiares ou cuidadores ao acontecimento (HABIGZANG et al. 2006 apud AGUIAR, 2020).

É de mais valia ressaltar que devido a tamanha complexidade de fatores há uma grande probabilidade de que haja um desenvolvimento de psicopatologias tais como depressão, transtorno de ansiedade, alimentares e dissociativos, enurese, encoprese, hiperatividade e déficit de atenção e transtorno do estresse pós-traumático. (HABIGZANG et al, 2006 apud AGUIAR, 2020).

Segundo consta na Cartilha Ministério da Saúde (Impacto da Violência) (2009), há diversas barreiras que impedem o enfrentamento do abuso sexual infantil, como a negligência e omissão neste assunto, onde muitas vezes as vítimas não recebem a atenção e os cuidados necessários por parte dos adultos que estão à sua volta, familiares ou não, que observem supostos sinais de violação de seus direitos. Isso ocorre tanto por falta de conhecimento sobre o assunto quanto por receio de abordar o tema.

A Cartilha Ministério da Saúde (Impacto da Violência) (2009) informa ainda que as vítimas muitas vezes se sentem envergonhadas e com medo de falar sobre o ocorrido, isto se relaciona a cultura do silêncio implícita em nossa sociedade, que considera muitas vezes este assunto como um tabu.

É importante considerar que a população brasileira enfrenta a falta de acesso a serviços de saúde, assistência social e jurídica para dar o suporte necessários nessa situação. Por isso a necessidade de conscientização da sociedade nos diversos âmbitos (saúde, escola, cultura, religião) para a proteção de todas as crianças e adolescentes (CARTILHA MINISTÉRIO DA SAÚDE IMPACTO DA VIOLÊNCIA, 2009).

Diante do exposto, reforça-se a importância da prevenção. As intervenções de prevenção do abuso sexual infantil são classificadas, segundo Cátula Pelisoli (2010) e Luciane Benvegnu Piccoloto (2010), em três níveis, sendo eles: primário, secundário e terciário.

O nível primário se refere a conscientização acerca do tema, com envolvimento das instituições e de grupos de comunicação para o saber social, como por exemplo, discutir a diferença entre uso da violência na educação dos filhos e a disciplina, o que pode ser debatido entre o grupo de pais, ou o a promoção de ações de sensibilização dos profissionais da saúde voltada a problemática (PELISOLI; PICCOLOTO, 2010).

Num nível secundário, recomenda-se observar o surgimento de lesões nas crianças como um sinal de suspeita visível, observar a possível indiferença dos responsáveis diante dessas lesões, e diferenças entre o fato relatado para justificar as lesões e conclusões clínicas. Também faz parte do nível secundário, a construção de diagnósticos cuidadosos, através de diferentes procedimentos; a capacitação dos profissionais da saúde para encontrar e dar um atendimento aos casos de violência doméstica, além de se contar com olhares disciplinares diferentes (PELISOLI; PICCOLOTO, 2010).

E o terceiro nível de prevenção com o desenvolvimento de uma rede de atuação, entrelaçando as instituições e os variados serviços; usar da visita domiciliar como uma estratégia para a ação e entregar uma atenção a família deslocando da criminalização (PELISOLI; PICCOLOTO, 2010).

Alguns dados importantes para prevenção ou diminuição de risco de abuso e redução impacto na vida das vítimas, seria o conhecimento de alguns dados e informações relevantes. Outros fatores que aumentam o risco de abuso sexual são a preexistência de abuso físico, falta de rede de suporte emocional, isolamento social e mãe com doença mental. Uma mãe que se encontra em um estado afetado com uma patologia psicológica tem uma certa limitação para auxiliar uma criança que sofre com esse tipo de abuso, devido a maior possibilidade de negligência e de falta de supervisão (PELISOLI; PICCOLOTO, 2010).

Trazer o assunto de abuso sexual diretamente para as crianças também tem se mostrado efetivo e muito importante, a literatura já informou que as crianças que passam por alguns programas de prevenção têm consigo maior conhecimento sobre o tema do que aquelas crianças que não participaram (PELISOLI; PICCOLOTO, 2010).

Por meio de programas de prevenção nas escolas, aumenta a percepção dos riscos para ser vitimizada, O foco através desses programas seria de apresentar os riscos que se encontram naquele meio, tornando as crianças mais vigilantes e não medrosas. Outra possibilidade de prevenção seria de encontro com a família, por meios dos pais e filhos (PELISOLI; PICCOLOTO, 2010).

Foi realizado um estudo que procurou averiguar a efetividade da apresentação de um vídeo para aumentar o diálogo sobre abuso sexual infantil entre pais e filhos, pois essa discussão tem sido importante e recomendada. Segundo os autores, se os pais tiverem essa instrução de serem agentes de prevenção, as crianças receberão informações repetidamente em seu ambiente, e os pais terão um olhar atento para identificar crianças que passam por situações de abusos sexuais aumentando a capacidade de protegê-las (PELISOLI; PICCOLOTO, 2010).

Segundo Piccoloto e Pelisoli (2010), há diferentes estratégias e técnicas que podem ser utilizadas para prevenção do abuso sexual contra crianças e adolescentes em contextos como a escola, comunidade e família. As técnicas e estratégias por meio da escola se baseiam em Professores, funcionários e orientadores por meio de psicoeducação, treino de habilidades sociais, *role play* e modelagem e a formação de grupos psicoeducativos com alunos.

A comunidade pode ser beneficiada com capacitações de agentes comunitários de saúde e de conselheiros tutelares para manejo e identificação, bem como na supervisão dos serviços especializados. Por sua vez, algumas estratégias positivas para a família são o treino dos pais, psicoeducação, *role play*, resolução de problemas e modelagem (PELISOLI; PICCOLOTO, 2010).

Ainda no âmbito escolar, os profissionais da educação, os orientadores e funcionários tem um contato direto com os alunos e podem ter um papel de suma importância no descobrir antecipado de situações de abuso ou até mesmo em preveni-los. O contato direto e diário com as crianças e adolescentes torna o ambiente escolar um local muito adequado e oportuno para discutir e refletir sobre este tema. Como na maioria dos casos o agressor faz parte da família do aluno, escola pode ser um ambiente especial para detectar e intervir neste problema. Porém, os professores escolares relatam uma certa carência de conhecimentos sobre o tema, o que ressalta a necessidade de treinamento especializado para estes profissionais (PELISOLI; PICCOLOTO, 2010).

As técnicas de modelação, treinamento de habilidades sociais e role-play podem auxiliar esses profissionais da educação a se aperfeiçoares nessas tarefas e tomarem decisões com mais confiança e segurança no momento que for preciso. A modelação é uma forma de adquirir o conhecimento pela observação. Já o treinamento de habilidades sociais desenvolve habilidades interpessoais como começar e manter as conversações, expressar sentimentos, defender os seus direitos, receber críticas e criticar, negar, pedir e falar em público (PELISOLI; PICCOLOTO, 2010).

O treinamento em habilidades sociais na escola direcionada para professores e funcionários acaba sendo bastante útil visto que possibilita que estes profissionais tenha uma relação mais próxima, aberta e positiva com seus alunos, tendo abertura para com os alunos para temas como violência e problemas familiares. Já o role-play, é uma técnica em que se simula a experiencia do problema, enquanto se observam os comportamentos e se propõe trocas em que o sujeito experimenta diferentes papéis (PELISOLI; PICCOLOTO, 2010).

Já com os alunos, os grupos psicoeducativos tem o foco de trazer deveres e direitos de crianças e adolescentes, portanto os grupos realizados nas escolas garantem o acesso a seus próprios direitos, com garantias que possam ser entregues pelo estado, sociedade e família (PELISOLI; PICCOLOTO, 2010).

Na comunidade, o fortalecimento dos laços entre a população atendida e os profissionais pode trazer grandes estratégias para prevenção, identificação e intervenção em abusos e violências, portanto a família necessita de um amparo de serviços especializados, e deve estar em contato órgãos de proteção e judiciários, como os conselhos tutelares e juizados (PELISOLI; PICCOLOTO, 2010).

A literatura converge no sentido de que a maior parte dos problemas de abusos sexuais vem de dentro da família. O treinamento de pais é trazido como um tópico bastante utilizado para lidar com problemas que envolvem crianças e adolescentes.

Essa estratégia é direcionada para o tratamento de problemas comportamentais, despertando comportamento adaptativos e diminuindo os desadaptativos (PELISOLI; PICCOLOTO, 2010). Para os filhos terem um risco menor dentro ou fora de casa, o TP entra como uma forma de conscientização para os pais sobre riscos e cuidados necessários.

Há marcos legais que são de extrema importância para a defesa das crianças e adolescentes, como o Estatuto da Criança e do Adolescente – ECA que determina em seu artigo 70 o dever de prevenir toda e qualquer ameaça contra os direitos da criança e do adolescente, também estabelecendo medidas de proteção contra a violência sexual infantil, como:

> Art. 130. Verificada a hipótese de maus-tratos, opressão ou abuso sexual impostos pelos pais ou responsável, a autoridade judiciária poderá determinar, como medida cautelar, o afastamento do agressor da moradia comum (BRASIL, 1990).

Importante também considerar um grande marco, a Lei nº 1.343/2017 que institui o sistema de garantia de direitos da criança e adolescentes que são vítimas e testemunhas, a fim de prevenir e coibir toda e qualquer tipo de violências, incluindo a sexual com a escuta e atendimento especializado ao público violado.

E atualmente, em 2022, foi sancionada a Lei nº 14.432 com o intuito de promover por meio de campanhas no mês de maio através das mídias, banner, palestras etc., a conscientização deste tipo de violência, definindo o dia 18 de maio como o dia Nacional do combate ao abuso e à exploração sexual infantil.

> Art. 1º Esta Lei institui a campanha Maio Laranja, a ser realizada no mês de maio de cada ano, em todo o território nacional, com a efetivação de ações relacionadas ao combate ao abuso e à exploração sexual de crianças e adolescentes, nos termos de regulamento.
> Art. 2º Durante a campanha Maio Laranja serão realizadas atividades para conscientização sobre o combate ao abuso e à exploração sexual de crianças e adolescentes (BRASIL, 2022).

3. Considerações finais

A violência e o abuso sexual infanto-juvenil tornaram-se um problema sociocultural a partir do momento em que não foram levados em consideração os primeiros sinais apresentados. Somente a violência infantil já seria um tema amplo e que levantaria a necessidade de se discutir pautas como a ausência de proteção a vítima, os traumas físicos e as interferências no seu desenvolvimento psicológico/emocional e de como isso a afetaria quando adulto. Mas além da violência física, ainda há de se lidar com a crueldade do abuso sexual contra indivíduos que estão em pleno desenvolvimento cognitivo, físico e social.

O que motivou a trazer à tona a problemática da violência e do abuso sexual infantil é justamente o aumento considerável do adoecimento da saúde mental, física e social do infanto juvenil que vem sendo divulgada tanto pela mídia, documentários, artigos científicos, entre outros. E, através da revisão bibliográfica, foi possível observar um número considerável de violências nessa parcela da população.

Frente a problemática exposta sobre um tema tão delicado, foi buscado apresentar valiosas informações, que fortalecem a necessidade de não se fechar os olhos para nossas crianças e adolescentes. Em muitos sentidos, os dados apresentados dialogam com nossa própria experiência profissional, como quando se afirma que na maioria dos casos o agressor está dentro da própria casa, ou seja, na família.

A partir da criação da lei que a envolvem a proteção e a garantia dos direitos da criança e adolescentes, o ECA, há uma nova perspectiva sobre a infância, a partir da qual ela deve ser cuidada e protegida. Dessa forma, suas aplicações devem atingir todos os âmbitos da sociedade e assim tendo como papel fundamental a preservação de uma infância saudável para que não seja interrompida de forma abrupta.

Importante destacar que a saúde emocional é afetada a ponto de interferir nos comportamentos das vítimas, muitas vezes mal compreendidas e que durante muito tempo foram negligenciadas, mas a promulgação do Estatuto da Criança e do Adolescente (Lei nº 8.089/90), nas palavras de Behrens (*et al.*, 2022), "foi um grande marco e uma vitória". O ECA (1990) traz amparo e proteção instituídos por lei e permite o surgimento de recursos para o enfrentamento. Porém, mesmo diante de um estatuto constituído para a proteção do infanto juvenil, ainda chama a atenção a resistência e o comportamento por vezes até agressivo dos familiares e amigos da família contra a vítima, como foi trazido neste trabalho.

Portanto, é fundamental que exista uma intervenção preventiva, trazendo uma visibilidade maior sobre o assunto para a sociedade em geral. Há necessidade de que as produções de ciência acerca do tema cheguem à sociedade, de forma a levar às pessoas a conscientização dos riscos, consequências e principalmente de como evitar tais violências.

REFERÊNCIAS

BEHRENS, Priscila de Almeida Castro *et al*. Violência sexual contra crianças e adolescentes: uma violação de direitos humanos. **Research, Society and Development**, v. 11, n. 10, p. e347111028730-e347111028730, 2022.

BORGES, Jeane Lessinger; DELL'AGLIO, Débora Dalbosco. Relações entre abuso sexual na infância, transtorno de estresse pós-traumático (TEPT) e prejuízos cognitivos. **Psicologia em Estudo**, v. 13, p. 371-379, 2008.

BRASIL. **Artigo 130 da Lei nº 8.069, de 13 de julho de 1990**. ECA. Disponível em https://www.jusbrasil.com.br/topicos/10598260/artigo-130-dalei-n-8069-de-13-de-julho-de-1990 Acesso em 10/05/2023.

BRASIL. Anuário Brasileiro de Segurança Pública. **Fórum Brasileiro de Segurança Pública**. 2022. Acesso em: https://forumseguranca.org.br/wp-content/uploads/2022/07/14anuario-2022-violencia-sexual-infantil-os-dados-estao-aqui-para-quem-quiser-ver.pdf.

BRASIL. **Impacto da Violência na Saúde das Crianças e Adolescentes**. Brasília: Ministério da Saúde, 2009.

BRASIL. **Lei nº 13.431, de 4 de abril de 2017**. Planalto, 2017 Disponível em: http://www.planalto.gov.br/ccivil_03/_ato2015-2018/2017/lei/l13431.htm. Acesso em: 10 maio 2012.

BRASIL. Ministério da Mulher, da Família e dos Direitos Humanos. Secretaria Nacional dos Direitos Humanos. **Abuso sexual contra crianças e adolescentes**: abordagem de casos concretos em uma perspectiva multidisciplinar e interinstitucional. Brasília, 2021.

BRASIL. Ministério dos Direitos Humanos e da Cidadania. **Cartilha Maio Laranja**. Brasília: MDHC, 2021. Disponível em: CartilhaMaioLaranja2021.pdf (www.gov.br). Acesso em: 10 maio 2023.

BRASIL. Ministério dos Direitos Humanos e da Cidadania. **O que é? Abuso sexual**. Brasília: MDHC, 2022. Disponível em: https://www.gov.br/mdh/pt-br/maio-laranja/o-que-e. Acesso em: 10 maio 2023.

CONCEIÇÃO, N. M. *et al*. Sinais e sintomas de violência sexual infantojuvenil: relatos de profissionais de saúde. **Revista Enfermagem**, UERJ, Rio de

Janeiro, 2021. Acesso em: https://docs.bvsalud.org/biblioref/2022/01/1354084/e57289-violencia-sexual-diagramado-port.pdf.

DE AGUIAR, Emanuela Varela; FERREIRA, Lemos Caroline Araújo. Violência sexual contra crianças e adolescentes e suas consequências psicológicas, cognitivas e emocionais: revisão integrativa de literatura. **Psicologia e Saúde em debate**, v. 6, n. 2, p. 80-96, 2020.

GIL, Antonio C. **Como elaborar projetos de pesquisas**. 10. ed. tir. São Paulo: Atlas, 2002.

GODOY, Arilda Schmidt. Introdução à pesquisa qualitativa e suas possibilidades. **RAE – Revista de Administração de Empresas**, São Paulo, v. 35, n. 2, p. 57-63, 1995.

PELISOLI, Cátula; PICCOLOTO, Luciane Benvegnu. Prevenção do abuso sexual infantil: estratégias cognitivo-comportamentais na escola, na família e na comunidade. **Rev. bras. ter. cogn.**, Rio de Janeiro, v. 6, n. 1, p. 108-137, jun. 2010.

PIRES, Ana L. D.; MIYAZAKI, Maria C. O. S. **Tipos de violência contra crianças e adolescentes força-tarefa infância segura prevenção e combate a crimes contra a criança**. 2005. Disponível em: http://www.infanciasegura.pr.gov.br/Pagina/Tipos-de-Violencia-Contra-Criancas-e-Adolescentes. Acesso em: 22 maio 2023.

A VIOLÊNCIA E O ABUSO PSICOLÓGICO CONTRA A MULHER

Erica Aparecida Moraes da Silva
Maria Aparecida Andrade Oliveira Cardoso
Maria Zelina Araujo do Rosário
Roberto Camargo Alves
Sergio Ricardo Coiado Rodrigues
Damião Evangelista Rocha

1. Introdução

A violência, de forma geral, está enraizada na sociedade desde o início, em todos os sentidos, tornando-se assim um fenômeno cotidiano inserido na esfera pública de um espaço doméstico que, em tese, deveria ser um refúgio para as pessoas a qualquer violência. O termo violência engloba muitos conceitos e, portanto, percepções complexas relacionada ao contexto social e períodos de tempo história diferente, ou seja, diferentes no tempo e no espaço sociocultural em que ocorre. Então o que é considerado um ato de violência para uma sociedade, nem sempre corresponde a uma verdade garantida em outra sociedade. Porém, apesar disso, as ações não perdem as características de um ataque (CARLOTO, 2010).

Além da discriminação dentro do ambiente profissional, muitas mulheres sofrem com outras formas de violência sendo, talvez a mais grave delas, a violência doméstica e o abuso psicológico dentro de casa.

A violência doméstica é uma realidade que permeia a vida das mulheres há muitas décadas, mesmo amparadas pela lei "Maria da Penha", no Brasil ainda há milhares de mulheres que são vítimas desse tipo de violência, portanto levando em consideração esse fato, esse estudo se propõe mostrar os índices de violência contra a mulher no Brasil, primeiro abordando as categorias gênero e patriarcado e contextualizando historicamente as lutas sociais das mulheres por garantia de direitos, as conquistas, e a legislação brasileira.

No sistema patriarcal, nutre-se a ideia de que o gênero feminino é inferior ao masculino. A mulher, em todos os setores sociais e, também na família, historicamente é subjugada ao poder, domínio e opressão do homem e a ela é imputada o lugar daquela que é a responsável pela origem da vida, o legado de cuidar da casa, marido e dos filhos, e ao homem de trabalhar e tomar as decisões, o provedor do lar.

Conforme dito por Telles e Mello (2002, p. 30), constata-se que as mulheres foram perseguidas e maltratadas pelo fato de serem mulheres, diferentemente do que ocorreu com os homens, que também foram reprimidos e subordinados, mas por razões externas e não simplesmente porque eram homens.

Além de sofrerem com abusos psicológicos dentro e fora de casa, a violência ultrapassou esses limites, tornando-se até mesmo silenciadora, visto que a sociedade ainda culpabiliza a mulher, tornando-a como responsável pela agressão que sofre. Assim, a violência se espalhou ciclicamente, através do modelo patriarcal, que oprime ainda mais a vítima, tornando-se a principal forma do domínio masculino, porque os homens geralmente não aspiram a isso eliminando a mulher, mas controlando-a para mantê-la sob controle limitado ao ambiente doméstico.

No entanto, com os avanços tecnológicos e científicos, que marcaram o século XX e a luta dos movimentos sociais em especial o movimento feminista, houve profundas mudanças nos costumes e nas crenças em relação à liberdade sexual das mulheres e seus direitos sociais e civis.

Como as agressões são constantes no ambiente familiar e se dão de diferentes formas, pretende-se neste trabalho, especificamente, investigar as principais consequências psicológicas decorrentes da violência doméstica, na qual as vítimas são, prioritariamente, as mulheres, e os danos à integridade física e mental que podem ser ocasionados na saúde da mulher e na sua vida individual e familiar.

Apesar da luta das mulheres ao longo da história por garantia de direitos, percebe-se através dos dados da pesquisa que as mulheres ainda são as grandes vítimas da violência doméstica, fato esse que se dá porque ainda vivemos em uma sociedade com inúmeras contradições sociais, com relações opressivas e exploratórias, sendo esta, ainda, a base dessa sociedade, onde o machismo e o sexismo contribuem para aumentar a estatística desse tipo de violência.

2. Gênero e sexo

Traremos neste primeiro capítulo sobre a discussão das relações de gênero no conjunto das relações sociais e como este termo é usado para referir-se a algum tipo de dominação política, ideológica, religiosa e/ou exploração trabalhista, sexual entre seres da mesma espécie (homem e mulher) será exposta que esta é uma relação histórica e socialmente construída e traz consigo rebatimentos na vida cotidiana de homens e mulheres, mas, especialmente para as mulheres.

Para as ciências sociais e humanas, o conceito gênero se refere à construção social do sexo anatômico. Ele foi criado para distinguir a dimensão biológica da dimensão social, baseando-se no raciocínio de que há machos e fêmeas na espécie humana, no entanto a maneira de ser homem e de ser mulher são produtos da realidade social e não da decorrência da anatomia dos seus corpos (SCOTT, 1990).

O sexo não pode ser visto como uma realidade natural primeira, sob a qual a cultura age constituindo o que hoje entendemos por gênero. O sexo não é exterior à cultura e a história, pois a maneira de olharmos para as diferenças anatômicas, os sistemas de classificações que adotamos, desde já são construções culturais que variam dependendo do contexto histórico. O corpo é sempre visto através de uma interpretação social, de modo que o sexo não pode ser visto independente do gênero (GROSSI, 1998).

Portanto, a distinção entre ser homem e mulher são relações construídas social e historicamente. Na Europa do século XIII as mulheres da classe burguesa dedicavam-se a conseguir um casamento que provesse seu sustento, desse modo, acabavam dedicando-se as tarefas domésticas e ao cuidado dos filhos, já as mulheres da classe proletária necessitavam trabalhar para manter o sustento da casa e dos filhos, porque muitas vezes a figura do marido nem sempre era presente e tornavam-se comuns relações em que a mulher era a provedora do lar.

2.1 Relações de gênero

A reflexão sobre gênero é ampla e densa, de modo geral o termo gênero é utilizado para designar o sexo do indivíduo homem (masculino) e mulher (feminino).

O conceito de gênero começa a se destacar no meio acadêmico, sobretudo a partir da formulação dos movimentos feministas no final da década de 1960, num movimento que combina produção acadêmica com a militância (ALVES; PITANGUY, 1991).

O debate acerca das relações gênero passaram a ser mais frequente com a luta das mulheres e com as muitas transformações sociais, políticas e culturais em todo o mundo acarretadas por essa luta o que possibilitou à ascensão de diversos movimentos sociais em especial LGBT, de mulheres, negros, entre outros (ARAÙJO, 2000).

Portanto, falar de relações de gênero é expor a trajetória da luta dos movimentos feministas que protagonizaram um processo de desnaturalização das relações de opressão que estas vivenciavam, seja pelo próprio gênero ou pela orientação sexual, como será exposto mais adiante acerca do patriarcado.

Dentro deste contexto é necessário expor que às mulheres sempre foram reservadas aos espaços privados, quanto aos homens à esfera pública: O espaço da política, do trabalho fora de casa, das universidades, entre outros, sempre foram destinados aos homens e poucas mulheres se inseriam no mercado de trabalho e nas universidades e por isso os movimentos feministas exigiam mais avanços, buscavam cada vez mais sua liberdade e autonomia com debate de igualdade de gênero (ARAÙJO, 2000).

Para uma melhor compreensão de como o sistema capitalista contribui para fortalecimento das desigualdades de gênero será necessário falarmos sobre o patriarcado.

2.2 Patriarcado

O "Sistema Patriarcal" se consolidou ao longo da história da humanidade, desde os primórdios até os dias atuais, conformando principalmente, mas não só, a desigualdade entre homens e mulheres.

Segundo Marques (2010), o patriarcado na concepção de Marx surge quando se inicia a domesticação de animais e se desenvolve a agricultura a partir do uso de instrumentos de metal e à fabricação de vasilhas de barro. Sendo características dessa produção o surgimento da classe como hierarquia social, a propriedade familiar e a produção para subsistência.

O patriarcado não é um sistema estático, pois está em permanente mudança. Ele está em constante processo de construção e (re)construção de suas formas de legitimação. Na defesa que o patriarcado ainda é uma categoria válida e presente não apenas no pensamento, mas na vida social, Saffioti (2004, p. 57-58) aponta que:

> 1 – não se trata de uma relação privada, mas civil; 2 – dá direitos sexuais aos homens sobre as mulheres; 3 – configura um tipo hierárquico de relação, que invade todos os espaços da sociedade; 4 – tem base material; 5 – corporifica-se; 6 – representa uma estrutura de poder baseado tanto na ideologia quanto na violência.

Dentro desse mesmo contexto Saffioti (2004), define o patriarcado como "[...] um conjunto de relações sociais que tem uma base material e no qual há relações hierárquicas entre homens, e solidariedade entre eles, que os habilitam a controlar as mulheres. Patriarcado é, pois, o sistema masculino de opressão das mulheres".

Em suma podemos afirmar que em nossa sociedade historicamente o patriarcado, desde sua origem, tem se configurado como um sistema opressor manifestando-se em práticas de machismo, homofobia, lesbofobia e sexismo. Sendo que machismo subjuga o sexo feminino em relação ao masculino, ou seja, coloca o sexo masculino num patamar elevado em relação ao feminino, inferiorizando as mulheres, impõe a desigualdade de direitos para homens e mulheres, a homofobia se dá pela aversão aos homossexuais e o sexismo é um preconceito e discriminação fundamentada puramente no sexo. Enquanto a

Lesbofobia consiste em discriminação, preconceito e aversão especificamente a mulheres lésbicas.

O patriarcado e a divisão sexual do trabalho articulam-se ao sistema capitalista, produzindo um modo de vida simultaneamente capitalista-patriarcal, que tem incorporado alguns avanços no campo da redução das desigualdades, mas que vem "refinando" as formas de legitimar a relação de exploração/dominação de gênero (SAFFIOTI, 2004).

3. Os direitos das mulheres na legislação brasileira Pós-Constituição Federal de 1988

3.1 Breve contextualização da violência contra a mulher

Como apresentado no primeiro capítulo a ideologia da inferioridade feminina foi construída sócio historicamente, subjugando as mulheres, no entanto, a inferiorização e a discriminação da mulher não se limitaram, à área jurídica. Inúmeras vezes, o homem utilizou a sua força física para fazer prevalecer o seu interesse, a sua vontade, portanto nesse capítulo será explanando sobre os avanços na lei depois da promulgação da constituição de 1988 frente aos direitos da mulher brasileira.

Apesar dos diversos avanços da sociedade no que se refere aos mecanismos de proteção social e dos direitos humanos, a violência contra a mulher está presente em todos os setores sociais, independentemente da classe, raça ou grupo étnico, renda, cultura, nível educacional, idade ou religião. Em síntese, na sociedade, verificam-se "[...] diversos comportamentos nocivos que vitimam mulheres e meninas simplesmente por serem do sexo feminino" (GIORDANI, 2006, p. 146 *apud* CASSAB, 2010, p. 1).

A violência contra as mulheres constitui uma nítida e inaceitável afronta aos direitos humanos e liberdades fundamentais, assegurados, em especial, pela Constituição Federal de 1988 (CF/88) e por diversos instrumentos normativos internacionais. Em suma, essa violência revela-se, sobretudo, uma grave ofensa à dignidade da pessoa humana, que é um dos fundamentos da República Federativa do Brasil (CF/88, art. 1º, III).

Diante deste cenário, evidencia-se que a abolição dessa violência é necessária para garantir o desenvolvimento individual e social das mulheres, bem como a sua igualdade de participação em todos os campos da vida, o que torna imprescindível, antes de adentrar o tema central do presente trabalho monográfico, investigar e traçar os principais direitos assegurados às mulheres na legislação brasileira pós-constituinte, destacando-se, também, os mecanismos existentes para assegurar o gozo e exercício desses direitos.

3.2 Legislação nacional sobre os direitos das mulheres

No Brasil, as mudanças no enfrentamento da violência contra as mulheres devem-se, em especial, às reivindicações do movimento feminista, que, enquanto sujeito político coletivo, realiza, segundo Oliveira (2010), sobretudo, a partir de 1980, "[...] produções textuais, movimentações políticas como passeatas, manifestações públicas, propagandas e outras ações, com o intuito de dar visibilidade a esse fenômeno, que até então se mantinha escondido no âmbito doméstico".

Esse processo de transformações está associado, ainda, a uma ampliação dos direitos sociais, principalmente, a partir de 1980, com a promulgação da Constituição Federal de 1988 (CF/88), que concebeu um avanço nunca antes presenciado no sistema jurídico, no que toca à conquista dos direitos das mulheres.

Assim, inicialmente, no art. 3º, IV, a CF/88 inclui entre os objetivos fundamentais da República Federativa do Brasil, a promoção do *"bem de todos, sem preconceitos de origem, raça, sexo, cor, idade e quaisquer outras formas de discriminação"*. Inclui-se aí, portanto, a proteção da mulher.

Na sequência, exprimem o *caput* e o inciso I do art. 5º da CF/88 a igualdade de direitos e deveres entre homens e mulheres, determina que:

> Art. 5º – **Todos são iguais perante a lei, sem distinção de qualquer natureza**, garantindo-se aos brasileiros e aos estrangeiros residentes no País a inviolabilidade do direito à vida, à liberdade, à igualdade, à segurança e à propriedade, nos termos seguintes:
> I – **homens e mulheres são iguais em direitos e obrigações**, nos termos desta Constituição [...].

Em relação às mulheres que estão presas, a CF/88, no art. 5º, XLVIII, garante que "a pena será cumprida em estabelecimentos distintos, de acordo com a natureza do delito, a idade e o sexo do apenado". Além disso, assegura o respeito à sua integridade física e moral (CF/88, art. 5º, XLIX) e, também, especificamente em relação às lactantes, garante "condições para que possam permanecer com seus filhos durante o período de amamentação" (CF/88, art. 5º, L).

> Nesse sentido, [...] foi aprovada legislação determinando que os estabelecimentos penais destinados às mulheres fossem dotados de berçário (Lei 9.046/1995). Além desse requisito, a Lei de Execuções Penais prevê que a penitenciária de mulheres poderá ser dotada de seção para gestante e parturiente e de creche com a finalidade de assistir à criança desamparada cuja responsável esteja presa (RODRIGUES; CORTÊS, 2006, p. 14-15).

Quanto aos direitos civis, deve-se salientar que o Direito de Família Brasileiro, há pouco, passou por profundas modificações, logo após a Carta Magna de 1988, que ampliou o conceito de família, passando a abarcar várias conformações familiares (famílias reconstruídas, informais, monoparentais, formadas por pessoas do mesmo sexo etc.), nas quais se prioriza a proteção das crianças e adolescentes, como pessoas em estágio de desenvolvimento psíquico, social, moral e intelectual (ARAÙJO, 2000).

Neste contexto, o atual Código Civil (CC) – Lei nº 10.406, de 10 de janeiro de 2002 –, dentre as disposições relativas ao casamento, estabelece, no art. 1.565, *caput*, que, pelo casamento, o homem e a mulher assumem juntos a responsabilidade pelos encargos da família. No §1º prevê a possibilidade de quaisquer dos nubentes "acrescer ao seu o sobrenome do outro", ao contrário da regra que existia no passado. Já o §2º define o planejamento familiar como "de livre decisão do casal".

No mesmo sentido, eliminando os resquícios da supremacia masculina no casamento, o art. 1.567, *caput*, do CC institui que "*a direção da sociedade conjugal será exercida, em colaboração, pelo marido e pela mulher, sempre no interesse do casal e dos filhos*". A existência de qualquer divergência pode ser decidida pelo juiz (CC, art. 1.567, p.u.), não existindo preponderância dos interesses do homem, que, no Estatuto Civil anterior, detinha o pátrio poder e era visto como chefe da sociedade conjugal, que, por sua vez, caracterizava-se, basicamente, pela organização familiar patriarcal, em que a vontade do homem sempre prevalecia (AURÉLIO, 2013).

De modo geral, constata-se que, com base nos ditames do novo Estatuto Civil e da própria Constituição, homens e mulheres têm idênticos direitos e deveres na relação conjugal, aplicando-se o mesmo à união estável e demais formas de constituição da família, inclusive a composta por pessoas do mesmo sexo.

Com relação ao direito ao trabalho, a mulher também recebe proteção do ordenamento jurídico pátrio. Assim, no art. 7º, são assegurados às trabalhadoras urbanas e rurais direitos como "licença à gestante, sem prejuízo do emprego e do salário, com a duração de cento e vinte dias" (inciso XVIII); "proteção do mercado de trabalho da mulher, mediante incentivos específicos, nos termos da lei" (inciso XX); e, "proibição de diferença de salários, de exercício de funções e de critério de admissão por motivo de sexo, idade, cor ou estado civil" (inciso XXX).

No que se refere à licença-maternidade, o art. 392-A da Consolidação das Leis do Trabalho (CLT) – Decreto-Lei nº 5.452, de 1 de maio de 1943 –, garante que "à empregada que adotar ou obtiver guarda judicial para fins de adoção de criança será concedida licença-maternidade nos termos do art.

392". Essa licença também é assegurada na Lei nº 8.213, de 24 de julho de 1991, que trata dos Planos de Benefícios da Previdência Social.

Ainda quanto à proteção do mercado de trabalho da mulher, a Lei nº 9.029, de 13 de abril de 1995, "*proíbe a exigência de atestados de gravidez e esterilização, e outras práticas discriminatórias, para efeitos admissionais ou de permanência da relação jurídica de trabalho*" (preâmbulo). Nesse sentido, o art. 10, II, "*b*", do Ato das Disposições Constitucionais Transitórias – ADCT, proíbe a "*dispensa arbitrária ou sem justa causa: [...] b) da empregada gestante, desde a confirmação da gravidez até cinco meses após o parto*". Aqui, avulta-se, ainda, a Lei nº 11.804, de 5 de novembro de 2008, garante à mulher, na gestação, a prestação dos chamados alimentos gravídicos.

Em relação ao direito à aposentadoria, a Constituição Federal assegura uma diferença de 5 (cinco) anos entre o direito do homem e da mulher de obterem esse benefício previdenciário. É o que se verifica no §7º do art. 201. Regra semelhante aplica-se aos servidores da União, dos Estados, do Distrito Federal e dos Municípios. Sobre essa diferença, Rodrigues e Cortês (2006, p. 29) anotam que:

> Os movimentos de mulheres sustentam que a diferença se justifica à medida que as tarefas domésticas e o cuidado das crianças ainda recaem sobre as mulheres: que o Estado não assume a oferta de equipamentos de educação infantil, bem como outros equipamentos a exemplo de restaurantes populares e lavanderias públicas o que poderiam aliviar a dupla jornada das mulheres; e que, no âmbito privado, os homens não dividem as tarefas domésticas com as mulheres.

No que se refere à participação da mulher na política, vale destacar a Lei nº 12.034, de 29 de setembro de 2009, que "*dentre outras medidas, torna obrigatório que cada partido ou coligação reserve o mínimo de 30% e o máximo de 70% para candidaturas de cada sexo*" (ASSIS, 2014).

Quanto à segurança, esta, segundo o art. 6º da CF/88, é, também, um direito social, em decorrência do qual, a Constituição, considerando a família base da sociedade e, por isso, carecedora de uma especial proteção do Estado (CF/88, art. 226, *caput*), designadamente em relação à violência, estatui no §8º do art. 226 que "o Estado assegurará a assistência à família na pessoa de cada um dos que a integram, criando mecanismos para coibir a violência no âmbito de suas relações". Esse dispositivo, para Rodrigues e Cortês (2006, p. 20), "significou um grande avanço, pois se reconheceu o fenômeno da violência familiar e doméstica [...]".

Nesse sentido, visando proteger, principalmente, a dignidade sexual das mulheres, o Código Penal (CP) – Decreto-lei nº 2.848, de 7 de dezembro de

1940 – dedica um título específico (Título VI) para os crimes que a violam. Também a Lei de Crimes Hediondos – Lei nº 8.072, de 25 de julho de 1990 –, no art. 1º, V e VI, classifica como hediondos os crimes de estupro (CP, art. 213) e estupro de vulnerável que há presunção de violência (CP, art. 217-A), que, em regra, são praticados contra mulheres, o que evidencia a gravidade da violência sexual e, mais uma vez, a importância da proteção dos seus direitos.

A Lei nº 10.455, de 13 de maio de 2002, por sua vez, modificou o art. 69, parágrafo único, da Lei nº 9.099, de 26 de setembro de 1995, passando a prever que, após a constatação da prática da violência doméstica, *"o juiz poderá determinar, como medida de cautela, seu afastamento do lar, domicílio ou local de convivência com a vítima"*. Esta medida destina-se a assegurar a proteção da mulher. Já a Lei nº 9.520, de 27 de novembro de 1997, revogou o art. 35 do Código de Processo Penal (CPP) – Decreto-Lei nº 3.689, de 3 de outubro de 1941 –, que, em linhas gerais, proibia a mulher de exercer o direito de queixa sem o consentimento do marido, o que, obviamente, contribuía para ocultar a prática da violência e, por consequência, deixar impune o agente perpetrador.

Também com o intuito de resguardar a mulher vítima de violência, a Lei nº 10.778, de 24 de novembro de 2003, determina a obrigatoriedade de notificação, em todo o País, da prática de violência contra a mulher que for atendida em serviços de saúde públicos ou privados. Sobre o assunto, destaca-se, também, a Lei nº 10.714, de 13 de agosto de 2003, que autoriza o Poder Executivo a tornar disponível, em âmbito nacional, número telefônico para atender denúncias de violência contra a mulher.

Por fim, deve-se destacar que a proteção aos direitos da mulher não se restringe aos ordenamentos legais que foram apresentados acima, mas, são, sem sombra de dúvidas, uma importante conquista para as mulheres que dão efetividade aos direitos.

3.3 A Lei Maria da Penha

Historicamente, a violência sofrida pelas mulheres sempre ficou relegada ao campo privado. Ao contrário, a violência cometida contra os homens gozou de visibilidade, haja vista acontecer, com frequência, no espaço público (ALMEIDA, 2013). No Brasil, durante muito tempo, não foram adotadas quaisquer medidas repressivas, tampouco preventivas, em relação à violência doméstica.

Depois das fortes e intensas pressões internacionais, da divulgação do caso da cearense Maria da Penha, da adoção da Convenção de Belém do Pará (1994), e da constatação de ineficiência das regras da Lei nº 9.099/95 para a proteção das mulheres contra a violência doméstica, foi promulgada a Lei nº

11.340, de 7 de agosto de 2006, batizada de Lei Maria da Penha – LMP, em homenagem à batalha da referida brasileira contra a impunidade da violência cometida por se ex-marido.

Esta lei constitui um dos mecanismos existentes no ordenamento jurídico brasileiro destinados à proteção da mulher, especialmente, no que se refere à prática das mais variadas formas de violência no âmbito residencial. Trata-se de um instrumento legal que atribuiu relevo ao tema "violência doméstica", que, por um longo período, foi motivo de descuido na política nacional. Assim sendo, torna-se imprescindível analisar os principais aspectos que envolvem essa norma.

3.3.1 Objetivo

A LMP, com base no que estatui o §8º do art. 226 da CF/88; a Convenção sobre a Eliminação de Todas as Formas de Violência contra a Mulher; a Convenção de Belém do Pará; e outros tratados internacionais ratificados pelo Brasil, visa criar mecanismos destinados a coibir e prevenir a violência doméstica e familiar contra a mulher, e, também, decorrente de uma relação de afeto (art. 1º).

É este o entendimento do Ministro Marco Aurélio (2013, p. 145), para quem o objetivo principal da LMP é "coibir a violência doméstica e familiar contra a mulher, nos termos do §8º do artigo 226 do Diploma".

A lei, também, trata da criação dos Juizados de Violência Doméstica e Familiar contra a Mulher, e institui as medidas de assistência e proteção às mulheres que se encontrem em situação de violência doméstica e familiar (LMP, art. 1º).

O objeto da LMP, conforme se observa no seu texto, não é toda e qualquer violência praticada contra a mulher, mas, sim, aquela que tem por base o gênero e é praticada no âmbito da unidade doméstica ou da família, ou, ainda, em qualquer relação íntima de afeto, sendo ela capaz de causar à mulher morte, lesão, sofrimento físico, sexual ou psicológico e dano moral ou patrimonial.

Nesse sentido, Silva Júnior (2011 *apud* CARVALHO, 2014) defende que a correta e concreta aplicação da LMP exige a obediência aos seguintes requisitos:

- A ação ou omissão deve ser considerada baseando-se no gênero. Esta categoria de violência se caracteriza pela submissão da mulher ao homem, tendo em vista a maneira desigual que se encontra em todos os aspectos.

- A violência deve ocorrer nos âmbitos familiar e doméstico, ou em qualquer relação de afeto íntima [...].

- O sujeito passivo do crime deve ser a mulher.

Além disso, em razão da manifesta violação dos direitos fundamentais da mulher e, em especial, da sua dignidade enquanto ser humano, o art. 6º da LMP é bem claro ao instituir que "a violência doméstica e familiar contra a mulher constitui uma das formas de violação dos direitos humanos", razão pela qual exige uma punição severa do seu perpetrador.

3.3.2 Aspectos da Lei Maria da Penha

De acordo com as diretrizes traçadas pela Convenção sobre a Eliminação de Todas as Formas de Discriminação contra a Mulher e por outras convenções internacionais destinadas a proteger os direitos humanos das mulheres, constata-se que a LMP assume o papel de instituir critérios objetivos a serem adotados quando da aplicação dos mecanismos nela previstos, com vistas a assegurar tais direitos.

Nesse sentido, a LMP tem um aspecto conceitual, pois, além de definir a violência doméstica, especifica suas várias formas, como se vê no art. 5º:

> Art. 5º – Para os efeitos desta Lei, configura violência doméstica e familiar contra a mulher qualquer ação ou omissão baseada no gênero que lhe cause morte, lesão, sofrimento físico, sexual ou psicológico e dano moral ou patrimonial:
> I – no âmbito da unidade doméstica, compreendida como o espaço de convívio permanente de pessoas, com ou sem vínculo familiar, inclusive as esporadicamente agregadas;
> II – no âmbito da família, compreendida como a comunidade formada por indivíduos que são ou se consideram aparentados, unidos por laços naturais, por afinidade ou por vontade expressa;
> III – em qualquer relação íntima de afeto, na qual o agressor conviva ou tenha convivido com a ofendida, independentemente de coabitação.
> Parágrafo único – As relações pessoais enunciadas neste artigo independem de orientação sexual.

Além do aspecto material conceitual, a LMP, no Capítulo I do Título III, intitulado 'Da assistência à mulher em situação de violência doméstica e familiar', apresenta medidas integradas de prevenção que deverão ser adotadas pelo Poder Público, para efetivar a proteção da mulher vítima de violência dessa natureza.

Assim sendo, o art. 8º institui diretrizes da política pública destinada a refrear a violência doméstica e familiar contra a mulher, que será materializada por intermédio de um conjunto articulado de ações da União, dos entes federados (Estados, Distrito Federal e Municípios), e, também, de ações não governamentais (LMP, art. 8º, *caput*). A LMP, então, como bem afirmam as autoras Diniz e Queiroz (2010, p. 4), "[...] apresenta uma especificidade, visto que não preconiza apenas o aparato jurídico-legal, mas também prevê a criação de uma rede integrada de políticas públicas para as mulheres em situação de violência".

A LMP, também, traz normas de aspecto garantista, haja vista assegurar, evidentemente, várias garantias à mulher que venha a sofrer violência doméstica e familiar. Essas garantias podem ser, nitidamente, observadas nos arts. 9, 10 e 11.

Assim, inicialmente, o *caput* do art. 9º da LMP, diz que a mulher vítima de violência doméstica e familiar será devidamente assistida. Essa assistência deve ser prestada de forma articulada e emergencialmente, quando for o caso, devendo respeitar os princípios contidos na Lei Orgânica da Assistência Social – Lei nº 8.742, de 7-12-1993, no Sistema Único de Saúde, no Sistema Único de Segurança Pública, assim como em outras normas e políticas públicas de proteção.

Esse aspecto da LMP revela-se bastante favorável à vítima, uma vez que faz com que a proteção da mesma seja ainda mais completa, possibilitando o pleno desempenho da função social da norma.

Antes da entrada em vigor da LMP, o crime relacionado à violência doméstica e familiar era disciplinado na Lei nº 9.099/95, que dispõe sobre os Juizados Especiais. Tal delito era classificado como de menor potencial ofensivo e a ele aplicava-se pena de, no máximo, 2 (dois) anos de reclusão.

Em outras palavras, apresentava-se uma ineficácia das sanções aplicadas pelos Juizados Especiais Criminais. Devido à falta de uma penalização mais rigorosa, Carvalho (2014) revela que "o número de casos de violência contra a mulher não parou de crescer e fez-se necessário a criação de um dispositivo que tratasse com mais vigor tal delito tão recorrente em nossa sociedade".

Com a criação da LMP, a situação transformou-se para melhor; foi atribuída rigidez aos procedimentos e estabelecido um amparo às vítimas. No entender de Corrêa (2010 *apud* CARNEIRO; FRAGA, 2012, p. 378), essa lei "caracteriza uma mudança de um tempo onde as mulheres eram oprimidas por toda a ordem de violência para, a partir dessa lei, recuperar sua dignidade, por meio da conquista do respeito e consideração pelos operadores jurídicos".

Além disso, foi excluída a competência dos Juizados Especiais Criminais e instituídos os Juizados de Violência Doméstica e Familiar contra a Mulher, aos quais incumbe, em caráter exclusivo, processar este tipo de crime (CARVALHO, 2014).

4. Considerações finais

A luta pela igualdade e os direitos das mulheres não é recente, muitos movimentos feministas surgiram ao longo da história, em todos os períodos históricos, sempre houveram mulheres que se posicionaram contra desigualdades de gênero. O que foi alterado ao longo do tempo foram às estratégias adotadas e, principalmente, a visibilidade da luta das mulheres.

Sendo assim, o Brasil passou a ser o 18º país da América Latina a ter uma lei específica para a mulher em situação de violência doméstica, atrás, portanto, de diversos outros que já tinham uma legislação específica para a proteção das mulheres.

Depois da Criação da Lei Maria da Penha, muitas mudanças ocorreram na vida das mulheres que sofriam com a violência doméstica, visto que começaram a existir dispositivos legais que as protegem, além da criação de delegacias especializadas no atendimento a mulher e políticas públicas voltadas para elas.

Contudo, os dispositivos previstos na respectiva lei, que traz mais segurança e resguarda a vida das mulheres, são medidas protetivas de urgência, que protege a vítima depois da denúncia, que antes corriam sérios riscos ao voltarem para seu domicílio, e com essas medidas o agressor é obrigado a ficar longe da vítima e ainda prestar assistência alimentar quando a esta é dependente financeiramente do mesmo, além de proibir o agressor de vender os bens comuns do casal.

Compreende-se que esta lei foi um marco na legislação brasileira, porque efetivamente mudou a vida mulheres vítimas da violência doméstica, não que a violência tenha acabado, mas hoje há punições para os agressores, mas ainda observamos que há necessidade de criação de mais políticas públicas e leis voltadas para resguardar a dignidade e proteção das mulheres, o que se faz necessário.

Portanto, não é possível esgotar o debate sobre o assunto que é bastante amplo e denso, pois passa por muitas questões de ordem jurídica, histórica, cultural, econômica e social; através dessa pesquisa foram feitos apontamentos fundamentais para a compreensão da questão de gênero, dos avanços dos direitos conquistados através da luta feminista, mas que ainda há muito para se fazer em relação a violência doméstica que assolam milhares de mulheres no Brasil e no mundo.

Acreditamos que o presente trabalho vem contribuir para compreendermos a realidade em vivemos e cria a possibilidade para que este tema seja mais estudado e que possa fomentar novas pesquisas principalmente no âmbito acadêmico da nossa Universidade.

REFERÊNCIAS

AGUIAR, Neuma (coord.). **Mulheres na força de trabalho na América Latina**: análises qualitativas. Petrópolis: Vozes, 1984.

ALMEIDA, Bruno Vasconcelos de. Violência doméstica e linhas de vida: narrativa de uma prática extensionista na Delegacia de Mulheres de Belo Horizonte. *In:* ALMEIDA, Bruno Vasconcelos de; THEBALDI, Isabela Maria Marques; FREITAS, Laura Augusta Souza (org.). **Violência doméstica e linhas de vida**. Belo Horizonte: D'Plácido, 2013.

ALVES, Branca Moreira. **Ideologia e Feminismo**: a luta da mulher pelo voto no Brasil. Petrópolis: Vozes, 1980.

ALVES, Branca Moreira; PITANGUY, Jacqueline. **O que é feminismo**. 8. ed. São Paulo: Brasiliense, 1991.

ARAUJO, Clara. **Marxismo, feminismo e o enfoque de gênero**. 2000.

ASSIS, Zamira de. Violência contra a Mulher: do discurso legal à prática social – O estado da questão no Brasil. *In*: GOUVEIA, Jorge Bacelar *et al* (org.). **III Congresso do Direito de Língua Portuguesa**: justiça, desenvolvimento e cidadania. Coimbra: Almedina, 2014.

AURÉLIO, Marco. Direitos humanos das mulheres na visão do Supremo Tribunal Federal. *In*: SEMINÁRIO DE VERÃO DA FACULDADE DE DIREITO DA UNIVERSIDADE DE COIMBRA, 2013, Coimbra. **Anais** [...]. Coimbra: Revista de Ciências Jurídicas e Sociais, 2013. v. 3, n. 1, p. 142-152.

BRASIL. Constituição (1988). **Constituição Federal da República Federativa do Brasil**. Brasília, DF, 5 out. 1988. Disponível em: http://www.planalto.gov.br /ccivil_03/Constituicao/Constitui%C3%A7ao.htm. Acesso em: 7 abr. 2023.

BRASIL. **Convenção Interamericana para Prevenir, Punir e Erradicar a Violência contra a Mulher, "Convenção de Belém do Pará"**. Adotada em Belém do Pará, no Vigésimo Quarto Período Ordinário de Sessões da Assembleia Geral, Brasil: 9 jun. 1994. Disponível em: http://www.cidh.org/Basicos/Portugues/m.Belem.do.Para.htm. Acesso em: 23 abr. 2023.

BRASIL. **Declaração Universal dos Direitos Humanos**. Adotada e proclamada pela resolução 217-A (III) da Assembleia Geral das Nações Unidas em 10 de dezembro de 1948. Brasília, DF, 1998. Disponível em: http://unesdoc.unesco.org/images/0013/001394/139423por.pdf. Acesso em: 29 abr. 2023.

BRASIL. **Decreto Legislativo nº 226, de 1991**. Aprova os textos do Pacto Internacional sobre Direitos Civis e Políticos e do Pacto Internacional sobre Direitos Econômicos, Sociais e Culturais, ambos aprovados, junto com o Protocolo Facultativo relativo a esse último pacto, na XXI Sessão (1966) da Assembleia-Geral das Nações Unidas. Brasília, DF, 1991. Disponível em: http://www.oit.org.br/sites/all/forced_labour/legis_jur/sumario/DECRETO%20LEGISLATIVO%20N%C2%BA%20226,%20DE%201991.pdf. Acesso em: 21 abr. 2023.

BRASIL. **Decreto-lei nº 2.848, de 7 de dezembro de 1940**. Código Penal. Brasília, DF, 1940. Disponível em: http://www.planalto.gov.br/ccivil_03/decreto-lei/del2848.htm. Acesso em: 23 abr. 2023.

BRASIL. **Decreto-lei nº 5.452, de 1º de abril de 1943**. Aprova a Consolidação das Leis do Trabalho. Brasília, DF, 1943. Disponível em: http://www.planalto.gov.br/ccivil_03/decreto-lei/del5452.htm. Acesso em: 20 abr. 2023.

BRASIL. **Decreto-lei nº 7.935, de 3 de setembro de 1945**. Aprova a Carta das Nações Unidas, assinada em São Francisco, a 26 de junho de 1945, da qual faz parte integrante o anexo Estatuto da Corte Internacional da Justiça. Brasília, DF, 1945. Disponível em: http://www2.camara.leg.br/legin/fed/declei/1940-1949/decreto-lei-7935-3-setembro-1945-417286-publicacaooriginal-1-pe.html. Acesso em: 21 abr. 2023.

BRASIL. **Decreto nº 19.841, de 22 de outubro de 1945**. Promulga a Carta das Nações Unidas, da qual faz parte integrante o anexo Estatuto da Corte Internacional de Justiça, assinada em São Francisco, a 26 de junho de 1945, por ocasião da Conferência de Organização Internacional das Nações Unidas. Brasília, DF, 1945. Disponível em: http://www.planalto.gov.br/ccivil_03/decreto/1930-1949/d19841.htm. Acesso em: 28 abr. 2023.

BRASIL. **Decreto nº 591, de 6 de julho de 1992**. Atos Internacionais. Pacto Internacional sobre Direitos Econômicos, Sociais e Culturais. Promulgação. Brasília, DF, 1992. Disponível em: http://www.planalto.gov.br/ccivil_03/decreto/1990-1994/D0591.htm. Acesso em: 21 abr. 2023.

BRASIL. **Decreto nº 592, de 6 de julho de 1992**. Atos Internacionais. Pacto Internacional sobre Direitos Civis e Políticos. Promulgação. Brasília, DF, 1992. Disponível em: http://www.planalto.gov.br/ccivil_03/decreto/1990-1994/D0592.htm. Acesso em: 21 abr. 2023.

BRASIL. **Lei nº 10.406, de 10 de janeiro de 2002**. Institui o Código Civil. Brasília, DF, 2002. Disponível em: http://www.planalto.gov.br/ccivil_03/leis/2002/l10406.htm. Acesso em: 27 abr. 2023.

BRASIL. **Lei nº 10.455, de 13 de abril de 2002**. Modifica o parágrafo único do art. 69 da Lei nº 9.099, de 26 de setembro de 1995. Brasília, DF, 1995. Disponível em: http://www.planalto.gov.br/ccivil_03/leis/2002/L10455.htm. Acesso em: 22 abr. 2023.

BRASIL. **Lei nº 10.683, de 28 de abril de 2003**. Dispõe sobre a organização da Presidência da República e dos Ministérios, e dá outras providências. Brasília, DF, 2003. Disponível em: http://www.planalto.gov.br/ccivil_03/leis/2003/l10.683.htm. Acesso em: 28 abr. 2023.

BRASIL. **Lei nº 10.714, de 13 de agosto de 2003**. Autoriza o Poder Executivo a disponibilizar, em âmbito nacional, número telefônico destinado a atender denúncias de violência contra a mulher. Brasília, DF, 2003. Disponível em: http://www.planalto.gov.br/ccivil_03/leis/2003/l10.714.htm. Acesso em: 22 abr. 2023.

BRASIL. **Lei nº 10.778, de 24 de novembro de 2003**. Estabelece a notificação compulsória, no território nacional, do caso de violência contra a mulher que for atendida em serviços de saúde públicos ou privados. Brasília, DF, 2003. Disponível em: http://www.planalto.gov.br/ccivil_03/leis/2003/l10.778.htm. Acesso em: 22 abr. 2023.

BRASIL. **Lei nº 11.108, de 7 de abril de 2005**. Altera a Lei nº 8.080, de 19 de setembro de 1990, para garantir às parturientes o direito à presença de acompanhante durante o trabalho de parto, parto e pós-parto imediato, no âmbito do Sistema Único de Saúde – SUS. Brasília, DF, 2005. Disponível em: http://www.planalto.gov.br/ccivil_03/_Ato2004-2006/2005/Lei/L11108.htm. Acesso em: 29 abr. 2023.

BRASIL. **Lei nº 11.340, de 7 de agosto de 2006**. Cria mecanismos para coibir a violência doméstica e familiar contra a mulher, nos termos do §8º do art. 226 da Constituição Federal, da Convenção sobre a Eliminação de Todas as

Formas de Discriminação contra as Mulheres e da Convenção Interamericana para Prevenir, Punir e Erradicar a Violência contra a Mulher; dispõe sobre a criação dos Juizados de Violência Doméstica e Familiar contra a Mulher; altera o Código de Processo Penal, o Código Penal e a Lei de Execução Penal; e dá outras providências. Brasília, DF, 2006. Disponível em: http://www.planalto.gov.br/ccivil_03/_ato2004-2006/2006/lei/l11340.htm. Acesso em: 22 abr. 2023.

BRASIL. **Lei nº 11.804, de 5 de novembro de 2008**. Disciplina o direito a alimentos gravídicos e a forma como ele será exercido e dá outras providências. Brasília, DF, 2008. Disponível em: http://www.planalto.gov.br/ccivil_03/_ato2007-2010/2008/lei/l11804.htm. Acesso em: 22 abr. 2023.

BRASIL. **Lei nº 12.034, de 29 de setembro de 2009**. Altera as Leis nº 9.096, de 19 de setembro de 1995 – Lei dos Partidos Políticos nº 9.504, de 30 de setembro de 1997, que estabelece normas para as eleições, e 4.737, de 15 de julho de 1965 – Código Eleitoral. Brasília, DF, 2009. Disponível em: http://www.planalto.gov.br/ccivil_03/_ato2007-2010/2009/lei/l12034.htm. Acesso em: 23 abr. 2023.

BRASIL. **Lei nº 8.213, de 24 de julho de 1991**. Dispõe sobre os Planos de Benefícios da Previdência Social e dá outras providências. Brasília, DF, 1991. Disponível em: http://www.planalto.gov.br/ccivil_03/leis/l8213cons.htm. Acesso em: 23 abril 2023.

BRASIL. **Lei nº 9.029, de 13 de abril de 1995**. Proíbe a exigência de atestados de gravidez e esterilização, e outras práticas discriminatórias, para efeitos admissionais ou de permanência da relação jurídica de trabalho, e dá outras providências. Brasília, DF, 1995. Disponível em: http://www.planalto.gov.br/ccivil_03/leis/l9029.htm. Acesso em: 21 abr. 2023.

BRASIL. **Lei nº 9.263, de 12 de janeiro de 1996**. Regula o §7º do art. 226 da Constituição Federal, que trata do planejamento familiar, estabelece penalidades e dá outras providências. Brasília, DF, 1996. Disponível em: http://www.planalto.gov.br/ccivil_03/leis/l9263.htm. Acesso em: 29 abr. 2023.

BRASIL. **Lei nº 9.504, de 30 de setembro de 1997**. Estabelece normas para as eleições. Brasília, DF, 1997. Disponível em: http://www.planalto.gov.br/ccivil_03/leis/l9504.htm. Acesso em: 24 abr. 2023.

BRASIL. **Lei nº 9.520, de 27 de novembro de 1997**. Revoga dispositivos do Decreto-Lei nº 3.689, de 3 de outubro de 1941 – Código de Processo Penal, referentes ao exercício do direito de queixa pela mulher. Brasília, DF, 1997. Disponível em: http://www.planalto.gov.br/ccivil_03/LEIS/L9520.htm. Acesso em: 21 abr. 2023.

CARLOTO, Cássia Maria. **O conceito de gênero e sua importância para a análise das Relações Sociais**. Paraná: Editora UEL, 2010. Disponível em: http://www.uel.br/revistas/ssrevista/c_v3n2_genero.htm. Acesso em: 26 abr. 2023.

CARNEIRO, Alessandra Acosta; FRAGA, Cristina Kologeski. **A Lei Maria da Penha e a proteção legal à mulher vítima em São Borja no Rio Grande do Sul:** da violência denunciada à violência silenciada.

CARVALHO, Pablo Pinto de. **A Lei Maria da Penha e os índices de violência doméstica no Brasil**. Web Artigos, 20 abr. 2014. Disponível em: http://www.webartigos.com/artigos/a-lei-maria-da-penha-e-os-indices-de-violencia-domestica-no-brasil/121905/#ixzz3Zwrhvasn. Acesso em: 22 abr. 2023.

CASSAB, Latif Antônia. Identidade: Mulher. Ações sócio-educativas de enfrentamento à violência a mulher. *In*: FAZENDO GÊNERO: DIÁSPORAS, DIVERSIDADES, DESLOCAMENTOS, 9., 2010, Florianópolis. **Anais** [...]. Florianópolis: Universidade Federal de Santa Catarina, 2010. Disponível em: http://www.fazendogenero.ufsc.br/9/resources/anais/1277925482_ARQUIVO_TrabalhoCompleto_FazendoGenero_Latif.pdf. Acesso em: 26 abr. 2023.

CHAUÍ, Marilena. **Participando do Debate sobre mulher e Violência**. São Paulo: Editora Zahar, 1985.

COSTA, Jurandir Freire. **Ordem médica e norma familiar**. Rio de Janeiro: Graal, 1983.

DICIONÁRIO INFORMAL. **Difamação**. Disponível em: http://www.dicionarioinformal.com.br/difama%C3%A7%C3%A3o/. Acesso em: 27 abr. 2023.

DINIZ, Maria Ilidiana; QUEIROZ, Fernanda Marques de. Do papel para a vida: a percepção das mulheres em situação de violência acerca da Lei Maria da Penha em Mossoró-RN. *In*: FAZENDO GÊNERO: DIÁSPORAS, DIVERSIDADES, DESLOCAMENTOS, 9., 2010, Florianópolis. **Anais** [...]. Florianópolis: Universidade Federal de Santa Catarina, 2010. Disponível em: http://www.fazendogenero.ufsc.br/9/resources/anais/1276221439_ARQUIVO_ARTIGOPARAIXFAZENDOGENERO2010.pdf. Acesso em: 26 abr. 2023.

FOUCAULT, Michel. **História da sexualidade**: a vontade de saber. Rio de Janeiro: Graal, 1976.

FREIRE, Nilcéia. **Igualdade de gênero e raça no trabalho**: avanços e desafios. Editora Organização Internacional do Trabalho, 2010.

FREYRE, Gilberto. **Casa grande e senzala**. Rio de Janeiro: José Olympio, 1973.

GROSSI, Miriam Pillar. Identidade de gênero e sexualidade. **Antropologia em 1ª mão**, Florianópolis, UFSC/PPGAS, 1998.

HOUAISS, Antônio; VILLAR, Mauro de Salles. **Minidicionário Houaiss da língua portuguesa**. 4. ed. rev. e aum. Rio de Janeiro: Objetiva, 2010.

LAURETIS, T. **A tecnologia do gênero**: tendências e impasses: o feminismo como crítico da cultura. Rio de Janeiro: Rocco, 1994.

LOURO, Guacira Lopes. **Gênero, sexualidade e educação**: uma perspectiva pós-estruturalista. Petrópolis: Vozes, 1997.

MARX, Karl. Processo de trabalho e processo de produzir Mais-valia. *In*: MARX, Karl. **O Capital**. 14. ed. Rio de janeiro: Bertrand, 1989.

MEDEIROS, Beatriz *et al*. Relações interpessoais: diversos tipos de violência. **Escola Secundária de Lagoa**, 2009. Disponível em: http://pt.slideshare.net/lucia_nunes/diversos-tipos-de-violncia. Acesso em: 27 abr. 2023.

MORAES, Alexandre de. **Direito constitucional**. 30. ed. São Paulo: Atlas, 2014.

MORAES, E. L. **Relação Gênero e Raça na Política Pública de Qualificação Social e Profissional – Construindo Identidades Sociais**. Brasília: MTE; SPPE, 2005. v. 1.

MURARO, Rose Marie; BOFF, Leonardo. **Feminina e masculino**: uma nova consciência para o encontro das diferenças. Rio de Janeiro: Sextante, 2002.

NETTO, José Paulo; BRAZ, Marcelo. **Economia Política**: uma introdução crítica. 6. ed. São Paulo: Cortez, 2010.

NOGUEIRA, Claudia Mazzei. **O trabalho duplicado**: a divisão sexual no trabalho e na reprodução: um estudo das trabalhadoras do telemarketing. São Paulo: Expressão Popular, 2004.

NOVELINO, Marcelo. **Direito constitucional**. 3. ed. rev., atual. e ampl. Rio de Janeiro: Forense; São Paulo: Método, 2009.

OLIVEIRA, Leidiane Souza de. Transformações societárias, novas expressões da questão social e demandas para o serviço social: considerações acerca da violência contra a mulher. *In*: FAZENDO GÊNERO: DIÁSPORAS, DIVERSIDADES, DESLOCAMENTOS, 9., 2010, Florianópolis. **Anais** [...]. Florianópolis: Universidade Federal de Santa Catarina, 2010. Disponível em: http://www.fazendogenero.ufsc.br/9/resources/anais/1277782804_ARQUIVO_fazendogenero.pdf. Acesso em: 25 abr. 2023.

ONU. Organização das Nações Unidas. **Conferência de Direitos Humanos – Viena**. 1993. Disponível em: http://www.dhnet.org.br/direitos/anthist/viena/viena.html. Acesso em: 29 abr. 2023.

PIOVESAN, Flávia. **Direitos humanos e o direito constitucional internacional**. 14. ed., rev. e atual. São Paulo: Saraiva, 2013.

PRINCIPAIS Documentos Internacionais para a Promoção dos Direitos das Mulheres e da Igualdade de Gênero. **Observatório Brasil da igualdade de gênero**. Disponível em: http://www.observatoriodegenero.gov.br/eixo/internacional/documentos-internacionais. Acesso em: 23 abr. 2023.

RAMOS, Kleber Daniel da Costa. **Violência Doméstica**: um estudo de caso sobre a policial da Polícia Militar do Pará. Belém: Clube dos Autores, 2009. Disponível em: https://books.google.com.br/books?id=4FFTBQAAQBAJ&lpg=PT16&dq=tipos%20de%20viol%C3%AAncia&hl=pt-BR&pg=PP1#v=onepage&q&f=true. Acesso em: 27 abr. 2023.

RODRIGUES, Almira; CORTÊS, Iáris (org.). **Os direitos das mulheres na legislação brasileira pós-constituinte**. Brasília: Centro Feminista de Estudos e Assessoria (CFEMEA); Letras Livres, 2006.

SAFFIOTI, Heleieth. **Gênero, patriarcado e violência**. São Paulo: Editora Fundação Perseu Abramo, 2004.

SCOTT, Joan. Gênero: uma categoria útil de análise histórica. **Educação e Realidade**, Porto Alegre, v. 16, n. 2, 1990.

SOUZA, Bruna Tavares de. **Reflexões sobre os aspectos sociais da violência doméstica contra a mulher**. 2013. 102 f. Trabalho de Conclusão de Curso

(Bacharelado em Serviço Social) – Universidade Federal Fluminense, Rio das Ostras, 2013. Disponível em: http://www.puro.uff.br/tcc/2012-2/Bruna%20Tavares%20de%20Souza.pdf. Acesso em: 27 abr. 2023.

SPM. Secretaria de Políticas para as Mulheres. Presidência da República. **Secretaria de Políticas para as Mulheres**. Brasília, 23 mar. 2023. Disponível em: http://www.spm.gov.br/sobre/a-secretaria. Acesso em: 26 abr. 2023.

SPM. Secretaria de Políticas para as Mulheres. Presidência da República. **Conselho Nacional dos Direitos da Mulher (CNDM)**. Brasília, 29 out. 2014. Disponível em: http://www.spm.gov.br/assuntos/conselho. Acesso em: 26 abr. 2023.

TABAK, Fany. VERUCI, Florisa (org.). **A difícil igualdade: os direitos da mulher como direitos humanos**. Rio de Janeiro: Relume; Dumará, 1994.

VAITSMAN, Jeni. **Flexíveis e Plural**: identidade, casamento, família em circunstâncias pós modernas. Rio de Janeiro: Rocco, 1984.

WAISELFISZ, Júlio Jacobo. **Mapa da Violência 2012**: os novos padrões de violência homicida no Brasil. São Paulo: Instituto Sangari, 2012. (Caderno complementar 1 – Homicídio de mulheres no Brasil). Disponível em: http://www.mapadaviolencia.org.br/pdf2012/mapa2012_mulher.pdf. Acesso em: 22 abr. 2023.

VIOLÊNCIA PSICOLÓGICA INFANTIL COMO VIOLAÇÃO DOS DIREITOS HUMANOS: reflexões acerca do impacto emocional

Gabrielly Góes do Nascimento Silva
Giovanna Ragusa Christiano Oliveira
Paola Aparecida Santos de Oliveira
Talyssa Torres de Sousa Melo
Thierry José Santos Macedo
Marcelo Barros Georgetti

1. Introdução

O conceito de infância está na primeira fase da vida, um período de desenvolvimento do ser humano que vai desde o seu nascimento até o início da adolescência aos 12 anos incompletos, experiências vivenciadas nessa fase podem afetar de forma considerável o desenvolvimento físico, social, emocional e mental do indivíduo. Essa representação passou por muitos entendimentos e modificações ao longo da história e a importância do tema no Brasil nas últimas décadas.

Ele vem decorrente do momento histórico em que crianças e adolescentes passam a ocupar um lugar mais importante na sociedade. A criança como sujeito de direitos, ela é também ativa e tem o poder de escolha, assim como a necessidade de serem tratadas com prioridade.

Antes da instituição do ECA (Estatuto da Criança e do Adolescente – criado em 13 de julho de 1990), a criança era um sujeito passivo chamada de menor. O ECA regulamentou o artigo 227 da Constituição Federal, instituindo uma nova doutrina de proteção à infância e garantia de direitos. No Brasil, é comemorado no dia 24 de agosto o "Dia da infância", com propósito na reflexão das condições vividas por crianças do mundo todo.

A Declaração Universal dos Direitos Humanos é um conjunto de regras normativas que surgiram decorrente da Segunda Guerra Mundial (1939-1945), responsável por indescritíveis genocídios. Com isso, em 1948, a Declaração Universal dos Direitos Humanos (UNICEF, 1948), constituiu 30 artigos destinados à prevenção da vida humana, por haver um consenso mundial de que todos os seres humanos têm direito à vida humana. Esses artigos consistem em um conjunto de direitos fundamentais para uma vida humana embasada na liberdade, igualdade, e dignidade, trazendo a todos a possibilidade de uma vida digna.

Não existe uma quantidade mínima do conjunto desses direitos para a determinação de uma vida digna, isso varia a partir do contexto histórico, das demandas sociais da época, principalmente as novas, que são traduzidas juridicamente para serem inseridas nos Direitos Humanos. Mas quando, por algum motivo, um desses direitos não pode ser cumprido, considera-se que os direitos desse sujeito estão sendo violados.

Existe dentro das constituições federais vigentes de cada país os Direitos Fundamentais, ou seja, direitos que são garantidos pela Declaração Universal dos Direitos Humanos, porém são convergentes com a cultura do país, a historicidade das leis e construções históricas sociais, sendo assim, existe uma diferenciação necessária a ser feita.

É importante destacar que os abusos psicológicos são uma violação dos direitos humanos, uma vez que interferem na dignidade, na liberdade e no bem-estar das pessoas. A Declaração Universal dos Direitos Humanos (UNICEF, 1948), adotada pela Assembleia Geral das Nações Unidas em 1948, reconhece que todas as pessoas têm direito à proteção contra a tortura e outros tratamentos ou penas cruéis, desumanos ou degradantes.

A violência psicológica pode causar problemas de saúde mental, como ansiedade, depressão, transtorno do estresse pós-traumático e outras doenças psiquiátricas, onde é de suma importância reconhecer a violência psicológica, sendo essencial para prevenir a violência física e promover a saúde mental e o bem-estar das vítimas. Sendo assim, é fundamental compreender a violência psicológica como uma violação dos direitos humanos e desenvolver estratégias para prevenir e combater essa prática.

É reconhecida como uma forma de abuso que pode ocorrer em diversos contextos, como nas relações pessoais, no ambiente de trabalho, na escola, entre outros. Esse tipo de violência pode ser caracterizado por comportamentos que visam controlar, intimidar, humilhar ou desvalorizar uma pessoa, afetando negativamente a sua saúde mental e emocional.

De acordo com a Sociedade Brasileira de Pediatria (SBP, 2015), a violência psicológica infantil é uma das formas mais cruéis e insidiosas de violência, pois não deixa marcas físicas visíveis, mas pode ter consequências emocionais devastadoras para a criança.

Além disso, a violência infantil, segundo o Fundo das Nações Unidas para a Infância (UNICEF, 2014), apresenta consequências negativas na saúde das crianças, afetando tanto o seu desenvolvimento físico, cognitivo, emocional e social, quanto o seu crescimento de diferentes formas (OLIVEIRA AQUINO, 2021).

A violência psicológica infantil é uma questão social e cultural presente na sociedade há muito tempo, mas pode haver solução requerendo ação coletiva para prevenção e combate. Estudando sobre isso no decorrer da história, é possível identificar os fatores que contribuem para a ocorrência da violência psicológica e desenvolver medidas para prevenir e tratar os casos de abuso.

Esse artigo teve como objetivo compreender a relação entre os abusos psicológicos e os direitos humanos, investigando as formas de violência psicológica mais comuns, as consequências para as vítimas e as estratégias para prevenir e combater essa prática. A partir dessa análise, espera-se contribuir para o desenvolvimento de materiais a respeito do tema, pois notou-se escassez na disponibilidade de bibliografias.

A partir desses objetivos, foi realizada uma pesquisa desenvolvida por uma revisão bibliográfica, de caráter qualitativo, exploratório que visa analisar artigos científicos acerca da violência psicológica como violação dos direitos humanos. Serão utilizados materiais disponíveis nas plataformas SCIELO, PEPSIC e Google acadêmico, com datas entre: 2018 a 2023, sendo excluídos artigos fora desse período, em outro idioma e divergências de tema.

2. A violência infantil: um olhar abrangente sobre suas dimensões

Segundo a Organização Mundial da Saúde – OMS, a violência é representada em quatro possíveis formas, são elas: abuso físico e/ou sexual, emocional e psicológico e negligência. Tais tipos podem acarretar lesões físicas e psicológicas, que podem causar sérios danos ao desenvolvimento das crianças, impactando prejudicialmente na saúde psicológica do mesmo quando adulto.

Violência intrafamiliar foi vista por muito tempo como forma de educação, contudo, nas quatro últimas décadas isso tem sido reavaliado, questionado e fonte de intensa preocupação pelos prejuízos futuros provenientes deste ato. Esse comportamento é gravemente presente na sociedade e é passado de geração para geração, como parte de rituais familiares, mas com prejuízos psicológicos, principalmente quando tal ato ocorre na infância.

A partir do Sistema de Informações de Agravo de Notificações – SINAN, que foi implantado nos anos 90, tem como objetivo principal a coleta de dados referentes a agravos notificáveis por todo território nacional. Colaborando assim, com informações de perfis de diferentes ocorrências que são analisados para que a devidas medidas sejam tomadas, tanto em níveis federais, estaduais e, também, municipais, para uma diminuição de mortalidade em variados grupos populacionais. Também é possível por esse sistema, analisar o perfil epidemiológico populacional.

Em 2011, foi respaldado legalmente pelo Ministério da Saúde – MS, que a violência fosse notificada por todo profissional da saúde, os deixando responsáveis pelo registro no SINAN. Em 2014, foi instituída uma nova portaria desse ministério, que a notificação compulsória tem de ser de imediato ou semanalmente dependendo da situação. Dessa maneira a violência doméstica e as outras, são acontecimentos de notificação semanal, já a tentativa de suicídio e violência sexual de maneira instantaneamente.

Em 2018, foram registrados 350.354 registros de violência sexual, doméstica e/ou outras violências no Brasil, desses 140,373, correspondentes a 40,1%, foram pessoas na faixa entre 0 a 19 anos, dentro desses, mais de 1/3, correspondente a 36,4%, eram crianças que tinham até 9 anos.

> O aumento no número de casos de violência infantil, conforme dados epidemiológicos mundiais e brasileiros, denota a importância do delineamento de condutas preventivas e de controle pelos diferentes setores da sociedade envolvidos (BARCELLOS, 2021, p. 2).

No Brasil, o Estatuto da Criança e do Adolescente – ECA, se houver caso de suspeita ou confirmação de castigo físico, tratamento cruel ou degradante e de maus-tratos de crianças e adolescentes, devem ser obrigatórios para comunicarem ao Conselho Tutelar, sem qualquer prejuízo para outras providências legais. Essa denúncia deve ocorrer em conjunto com outras instituições que devem atuar em conjunto, como as Delegacias de Proteção da Criança do Adolescente e também o Ministério Público.

A compreensão dos perfis dessas crianças, assim como dos agressores, facilita na elaboração de políticas públicas para favorecimento do treinamento de profissionais, prevenção e o controle do agravamento. E, a partir disso, o objetivo do artigo foi descrever os casos de violência contra crianças que foram comunicados no litoral do Rio de Janeiro.

A coleta de dados foi realizada em julho de 2020, através de um registro desenvolvido pelas autoras, que se basearam em variáveis como idade, sexo, cor, tipos de violência, região etc.

Foi observado que em um total de 315, sendo esse 100%, acontecimentos registrados durante o período estudado (2009-2018), houve um aumento de notificações na cidade de Rio das Ostras, tendo seu auge em 2014, seguido de 2018. Do total de casos, 187, sendo 59,4% crianças do sexo feminino e 128, representando 40,6%, do sexo masculino. Em sua maioria, tinham idades entre 1 e 4 anos, correspondente a 136 (43,2%), seguidos de 5 a 9 anos, correspondente a 115 (36,5%), e por último, crianças menores de um ano, correspondente a 64 (20,3%).

Foi possível observar também que nos grupos divididos por sexo, as do sexo masculino menores de 1 ano foram as vítimas mais relevantes, sendo 33 (51,6%), e no sexo feminino nas outras idades aconteceram com maior frequência, como as da faixa entre 5 e 9 anos, computando 75 (65,2%) e 1 a 4 anos, sendo 81 (59,6%).

> Cumpre ressaltar que o total de agressores foi de 345 (100%), mais do que o total de casos de crianças com casos de maus-tratos notificados, 315 (100%), logo, algumas crianças tiveram mais de um agressor em um único episódio violento. Em conseguinte, quanto ao local de ocorrência dos casos notificados, 216 (69,0%) foram encontrados na residência. Constatou-se, ainda, que 94 (29,8%) crianças sofreram violência de repetição, porém, em 166 casos (52,7%), essa informação não foi registrada (BARCELLOS, 2021, p. 5).

Distribuindo segundo as faixas etárias, notou-se que durante os anos, houve um grande crescimento no número das notificações, em todas as faixas etárias. Foram identificados que entre 2014 a 2018, houve um o maior número de casos, 242 correspondentes a 76,8%, prevalecendo a violência infantil com idades entre 1 e 4 anos, 104 correspondentes a 33%, e de 5 a 9 anos, 95% correspondente a 30,2%. Em contrapartida, houve um decréscimo nos anos de 2015 a 2017 de casos comunicados em menores de 1 ano, se elevando novamente em 2018.

A violência infantil é um assunto existente a muito tempo em todo o mundo, mas ultimamente vêm ganhando maior visibilidade, até mesmo devido ao aumento dos casos. Pode ser influenciado por razões históricas, culturais, sociais, econômicas, assim como biológicas.

A OMS pontuou, em novembro de 2022, alguns fatos essenciais sobre violência:

> A violência contra crianças inclui todas as formas de violência contra pessoas com menos de 18 anos de idade, seja perpetrada por pais ou outros cuidadores, colegas, parceiros românticos ou estranhos. Globalmente, estima-se que até 1 bilhão de crianças com idades entre 2 e 17 anos sofreram violência ou negligência física, sexual ou emocional no ano passado (1). Experimentar a violência na infância afeta a saúde e o bem-estar ao longo da vida. A meta 16.2 da Agenda 2030 para o Desenvolvimento Sustentável é "acabar com o abuso, a exploração, o tráfico e todas as formas de violência e tortura de crianças (OMS, 2022).

Com base na Organização Mundial de Saúde, a violência é considerada o mais grave dos problemas sociais e de saúde pública, caracterizando-se de diversas formas, como por exemplo, o uso de força física ou instrumentos que possam causar diferentes lesões internas e externas.

Ações que tenham como objetivo causar dano à autoestima, desenvolvimento ou identidade do sujeito também configuram violência. A terceira forma é a violência sexual, que ocorre quando a vítima é induzida, contra sua vontade, a práticas sexuais com outra pessoa, podendo envolver força física ou influência psicológica. Quando falamos sobre negligência, estamos nos referindo à omissão de cuidados que um membro familiar tem em relação ao outro.

Pode-se notar que a violência contra crianças é um tema pouco discutido entre as equipes de Saúde da Família, o que revela limitações em sua apropriação conceitual e prática. Embora a violência física e sexual seja reconhecida mais facilmente, as formas silenciosas de violência, como a negligência e a violência psicológica, muitas vezes não são percebidas e, consequentemente, não são registradas pelos serviços de saúde.

Estudos feitos por (COSTA *et al.*, 2015) apontam que muitos profissionais de saúde sentem-se despreparados para lidar com situações de violência intrafamiliar contra crianças, inclusive em identificar se um caso de omissão foi decorrente de negligência ou falta de condições econômicas da família.

O Estatuto da Criança e do Adolescente, criado em 1990 (BRASIL, 1990), é uma das principais medidas de enfrentamento à violência contra crianças e adolescentes no Brasil. O ECA define a criança e ao adolescente como sujeitos de direitos e estabelece a proteção integral como eixo fundamental. O papel do sistema educacional e da saúde é identificar, notificar e proteger a vítima, dando apoio à sua família. As Unidades de Saúde da Família são importantes componentes da rede de apoio à proteção integral da criança e atuam como porta de entrada para o cuidado de crianças em situação de violência.

O número de notificações de maus tratos contra crianças e adolescentes serve de forma muito eficaz como ferramenta política para se ter dimensão das questões de violência, avaliar a necessidade de mais investimentos na vigilância e assistência e contribuir para a diminuição da violência. A educação permanente em saúde é uma das ferramentas possíveis para qualificar os profissionais da saúde no enfrentamento da violência contra crianças e adolescentes.

Existem formas possíveis de intervenções para lidar com a violência psicológica infantil, mas muitas vezes há omissão, passividade ou despreparo por parte dos profissionais, familiares e até mesmo de pessoas próximas, o que dificulta a ação de intervenção e proteção à criança, resultando no agravamento das consequências acometidas por esse tipo de violência. É importante destacar que a violência psicológica ou emocional, se caracteriza pela constante depreciação e inferiorização da criança ou adolescente, causando sofrimento psíquico e interferindo negativamente na construção de sua identidade, também foi citada em pesquisas, onde estudos demonstram uma correlação entre vítimas de violência psicológica e maus-tratos e a manifestação de ideação suicida (NUNES, 2020).

Segundo a Organização Mundial da Saúde (OMS, 2002), a violência é definida como o:

> [...] uso intencional da força ou poder em uma forma de ameaça ou efetivamente, contra si mesmo, outra pessoa ou grupo ou comunidade, que ocasiona ou tem grandes probabilidades de ocasionar lesão, morte, dano psíquico, alterações do desenvolvimento ou privações.

Em nosso país de origem, Brasil, os acidentes e violências aparecem como primeira causa de mortalidade em crianças com idade superior a um ano e adolescentes. Violências ocorrem com frequência em espaços de relações de confiança, responsabilidade ou poder.

> A violência contra crianças e adolescentes, pela especificidade da fase de crescimento e desenvolvimento em que ocorre, leva a alterações cerebrais que aumentam o risco de problemas mentais, físicos e de comportamento na fase adulta. Ainda é importante ressaltar que ser vítima de violência enquanto criança pode aumentar o risco dessa pessoa ser vítima ou perpetradora de outras formas de violência na adolescência e fase adulta (OLIVEIRA et al., 2022, p. 1).

De acordo com Oliveira et al., 2022, entende-se a defasagem em atividades sociais que a emergência sanitária da covid-19 trouxe às crianças e adolescentes por conta das medidas tomadas para contenção da disseminação do vírus. Logo, com o fechamento de escolas, ficou evidentemente comprovado o espaço que a instituição ocupa na vida de crianças e adolescentes que transcende o âmbito educacional, especialmente aqueles que vivem em situações de vulnerabilidade.

> Para crianças e adolescentes em situação de violência essa medida pode potencializar a ocorrência desses eventos, além de manterem aqueles que não estão mais propensos a tais violências. Os profissionais da educação reforçaram esse olhar polidimensional ao fenômeno, apesar das dificuldades na construção de estratégias para alcançá-lo (OLIVEIRA et al., 2022, p. 5).

Diante dos estudos atuais acerca do tema, observa-se a necessidade de enfoque em crianças e adolescentes em situações de vulnerabilidade social; fato esse que não anula os números presentes e significativos em crianças e adolescentes que não estejam no mesmo grupo.

Percebe-se que medidas tomadas em ações que viabilizam a conscientização acerca do tema, minimizam significativamente impactos psicológicos, orientando as vítimas a buscarem meios efetivos para denúncia e busca de orientação.

No dia 18 de maio foi instituído o Dia Nacional de Combate ao Abuso e Exploração Sexual contra Crianças e Adolescentes. A data se deu em base a um assassinato de uma menina de 8 anos, estuprada e morta por jovens, em 1973. No país, a campanha de conscientização e intervenções a respeito do tema, conta com mobilizações contra a violência sexual em todo o Brasil. O Ministério do Desenvolvimento e Assistência Social, Família e Combate à Fome está presente de forma efetiva.

Diante da urgência em enfrentar a violência infantil, é necessário reconhecer que cada criança merece uma infância segura e livre de violência. Portanto, deve-se fortalecer políticas públicas que promovam a conscientização, a prevenção e a proteção infantil, investir em programas de educação, capacitação de profissionais, campanhas de sensibilização e apoio às famílias em situação de vulnerabilidade. Além disso, é fundamental promover uma cultura de denúncia e garantir que os responsáveis pela violência sejam ouvidos e responsabilizados.

3. Considerações finais

A violência psicológica infantil é uma questão de extrema importância e merece nossa atenção e reflexão. Quando crianças são submetidas a esse tipo de violência, seus efeitos podem ser profundos e duradouros, afetando seu desenvolvimento emocional, social e cognitivo.

É fundamental reconhecer que a violência psicológica pode deixar cicatrizes invisíveis, mas igualmente impactantes. As consequências podem se manifestar de diferentes maneiras, tais como: problemas de autoestima, ansiedade, depressão, dificuldades nos relacionamentos interpessoais, baixo desempenho escolar e até mesmo através de comportamentos autodestrutivos.

Dever-se-á refletir sobre as raízes e as causas da violência psicológica infantil. Muitas vezes, os perpetradores desse tipo de violência foram, eles próprios, vítimas no passado. A violência pode ser transmitida de geração em geração, criando um ciclo difícil de ser quebrado. Portanto, é essencial que sejam implementadas estratégias preventivas e de intervenção que visem romper esse ciclo, oferecendo acolhimento e tratamento adequado tanto para as crianças vítimas quanto para familiares e os agressores.

É responsabilidade de todos proteger as crianças e criar um ambiente seguro e acolhedor para que o seu crescimento seja o mais saudável possível, onde os pais, cuidadores, educadores e membros da comunidade desempenham um papel crucial nessa missão. É necessário também promover a conscientização sobre a violência psicológica infantil, informando as pessoas para reconhecerem os sinais de abuso emocional e proporcionando-lhes recursos para lidar com essa situação.

Além disso, é fundamental investir em programas de educação e capacitação que promovam relações saudáveis, comunicação eficaz, resolução de conflitos e manejo de emoções, para que as crianças possam desenvolver habilidades emocionais e sociais desde cedo. O fortalecimento da resiliência infantil é fundamental para os ajudar a lidar com os desafios emocionais e protegê-las dos efeitos prejudiciais da violência psicológica.

Em última análise, far-se-á fundamental lembrar que todas as crianças têm o direito fundamental de crescer em um ambiente seguro, amoroso e respeitoso. Combater a violência psicológica infantil requer o comprometimento de toda a sociedade.

REFERÊNCIAS

ABPM. Associação Brasileira Multiprofissional De Proteção à Infância e à Adolescência. **Violência psicológica infantil**. São Paulo, 2017.

ABRAPIA. **Maus-tratos contra crianças e adolescentes – proteção e prevenção**: guia de orientação para educadores. Petrópolis, RJ: Autores & Agentes & Associados, ABRAPIA, 1997.

BARCELLOS, Thamires Myrena Torres *et al*. Violência contra crianças: descrição dos casos em município da baixada litorânea do Rio de Janeiro. **Escola Anna Nery**, v. 25, n. 4, 2021. Disponível em: https://www.scielo.br/j/ean/a/cTmYDCmWPkq3NcrSf4sLRdx/?lang=pt. Acesso em: 9 maio 2023.

BATISTA, Mitilene Kaline bernardo *et al*. Debatendo a violência contra crianças na saúde da família: reflexões a partir de uma proposta de intervenção em saúde. **Saude soc.**, v. 29, n. 4, 2020. Disponível em: https://www.scielo.br/j/sausoc/a/DTVJY7WMwTBBPDNhMZLyrZx/?lang=pt. Acesso em: 9 maio 2023.

BRASIL. **Lei nº 8.069, de 13 de julho de 1990**. Estatuto da Criança e do Adolescente e dá outras providências. Brasília, DF, 1990. Disponível em: https://www.planalto.gov.br/ccivil_03/leis/l8069.htm. Acesso em: 23 abr. 2023.

CONSELHO FEDERAL DE PSICOLOGIA. **Nota técnica sobre violência psicológica contra crianças e adolescentes**. Brasília, 2018.

CONSELHO NACIONAL DE JUSTIÇA – CNJ. **Constituição de 1988, um novo olhar sobre a criança e o adolescente**. Portal CNJ, 2018. Disponível em: https://www.cnj.jus.br/constituicao-de-1988-um-novo-olhar-sobre-a-crianca-e-o-adolescente/#. Acesso em: 23 abr. 2023.

DECLARAÇÃO UNIVERSAL DOS DIREITOS HUMANOS. Disponível em: https://www.unicef.org/brazil/declaracao-universal-dos-direitos-humanos. Acesso em 23 abr. 2023.

DIA NACIONAL de combate ao abuso e exploração sexual de crianças e adolescentes. Biblioteca Virtual em Saúde. Disponível em: https://bvsms.saude.gov.br/18-5-dia-nacional-de-combate-ao-abuso-e-exploracao-sexual-de-criancas-e-adolescentes/. Acesso em: 9 maio 2023

INSTITUTO BRASILEIRO DE DIREITO DA FAMÍLIA. **Violência psicológica contra crianças e adolescentes**. São Paulo, 2019.

MINISTÉRIO DOS DIREITOS HUMANOS E CIDADANIA. **Dia da Infância**. Brasília: MDHC, 2018. Disponível em: https://www.gov.br/mdh/pt-br/assuntos/noticias/2018/agosto/dia-da-infancia. Acesso em: 23 abr. 2023.

NUNES, Ana Clara Pereira; SILVA, Cíntia Casimiro *et al*. Violência infantil no Brasil e suas consequências psicológicas: uma revisão sistemática. **Braz. J. of Develop.**, Curitiba, v. 6, n. 10, p. 79408-79441, oct. 2020. Disponível em: https://ojs.brazilianjournals.com.br/ojs/index.php/BRJD/article/view/18453/14870.

OLIVEIRA AQUINO, Erick Verner de *et al*. Fatores socioeconômicos e saúde de crianças em contexto de violência. **Aletheia**, v. 54, n. 1, 2021.

OLIVEIRA, Ana *et al*. Violência contra crianças e adolescentes e pandemia – Contexto e possibilidades para profissionais da educação. **Escola Anna Nery**, Universidade Federal de São Carlos, v. 26, n. esp., 2022. Disponível em: https://www.scielo.br/j/ean/a/qHGnGXjh8j8Nm7NRXhP9v7R/?lang=pt. Acesso em: 15 maio 2022.

ORGANIZAÇÃO MUNDIAL DA SAÚDE – OMS. Violência contra as crianças. 29 nov. 2022. Disponível em: https://www.who.int/news-room/fact-sheets/detail/violence-against-children. Acesso em: 23 abr. 2023.

RAMOS, André de Carvalho. **Curso de Direitos Humanos**. Saraiva Educação Sa, 2020.

REIS, Deliane Martins; PRATA, Luana Cristina Gonçalves; PARRA, Cláudia Regina. O impacto da violência intrafamiliar no desenvolvimento psíquico infantil. **Psicologia. pt**, v. 1, n. 1, p. 1-20, 2018. Disponível em: https://www.psicologia.pt/artigos/textos/A1253.pdf.

ÍNDICE REMISSIVO

A

Abuso psicológico 26, 27, 28, 42, 80, 130, 138, 187
Ambiente de trabalho 26, 28, 30, 48, 54, 57, 58, 144, 153, 210

C

Comunidade LGBTQIAP+ 101, 102, 104, 105, 106, 110, 111
Conscientização 28, 34, 57, 135, 136, 142, 147, 150, 178, 180, 183, 184, 215, 216

D

Direitos humanos 3, 13, 14, 15, 16, 17, 18, 19, 21, 22, 33, 34, 35, 40, 42, 43, 45, 46, 47, 48, 53, 57, 60, 61, 63, 64, 66, 73, 76, 77, 78, 80, 89, 90, 101, 102, 103, 104, 107, 108, 109, 111, 112, 115, 116, 119, 121, 122, 124, 125, 128, 129, 130, 131, 132, 137, 138, 151, 157, 158, 159, 160, 162, 163, 164, 165, 166, 167, 175, 177, 178, 179, 185, 191, 197, 200, 201, 206, 207, 209, 210, 211, 218, 219

E

Empoderamento 108, 135, 147, 150, 164

G

Gaslighting 23, 24, 25, 26, 27, 28, 29, 30, 31
Gestante 66, 67, 69, 70, 73, 192, 193, 194

I

Identidade de gênero 104, 105, 106, 121, 205

L

Legislação brasileira 34, 60, 170, 187, 191, 199, 206
Lei Maria da Penha 23, 30, 36, 131, 132, 195, 196, 197, 199, 204

M

Maternidade 74, 75, 76, 92, 193
Mercado de trabalho 17, 71, 93, 97, 147, 148, 151, 170, 171, 189, 193, 194
Ministério público 20, 53, 56, 60, 121, 165, 212

P
Patriarcado 35, 187, 189, 190, 191, 206
Penitenciária 15, 21, 66, 67, 70, 192
População carcerária 13, 17, 19, 75

Q
Qualidade de vida 46, 65, 68, 69, 78, 84, 133, 161, 163, 164

R
Relacionamento abusivo 34, 35, 38, 43

S
Saúde coletiva 74, 75, 76, 86, 125, 155, 156
Saúde mental 13, 14, 18, 19, 20, 21, 27, 28, 29, 34, 37, 56, 57, 65, 68, 69, 71, 79, 80, 82, 90, 102, 107, 108, 110, 111, 112, 122, 141, 142, 143, 144, 145, 147, 148, 149, 150, 153, 155, 156, 161, 164, 168, 177, 184, 210
Saúde pública 34, 35, 54, 75, 77, 101, 105, 112, 129, 130, 136, 213
Serviço doméstico 91
Sistema penitenciário 13, 14, 15, 16, 18, 20, 21, 63, 64
Sistema prisional 16, 19, 20, 21, 63, 64, 65, 66, 67, 68, 69, 74, 75, 76, 126, 144, 153

T
Tortura psicológica 25, 26, 33, 34, 39, 56, 57, 58, 115, 124, 128, 129, 130, 131, 135, 139, 141, 143, 144, 147
Trabalho escravo 45, 46, 47, 49, 50, 52, 53, 55, 56, 57, 58, 59, 60, 89, 90, 92, 96, 97, 99, 121

V
Violência contra a mulher 24, 40, 42, 43, 129, 130, 131, 132, 133, 134, 135, 137, 187, 191, 195, 196, 198, 200, 202, 203, 206
Violência de gênero 141, 142, 144, 146, 155
Violência doméstica 30, 34, 36, 40, 41, 48, 71, 79, 81, 85, 86, 121, 131, 132, 133, 135, 137, 138, 139, 156, 181, 187, 188, 195, 196, 197, 198, 199, 200, 202, 203, 204, 206, 212
Violência psicológica 23, 30, 34, 36, 37, 38, 42, 43, 56, 61, 79, 81, 82, 83, 85, 87, 88, 90, 93, 97, 99, 120, 129, 132, 133, 134, 136, 138, 139, 141, 142, 143, 147, 148, 149, 150, 151, 176, 177, 179, 209, 210, 211, 214, 216, 217, 218, 219

SOBRE OS AUTORES

Abiqueila Pereira dos Santos de Carvalho
Graduanda em Psicologia no Centro Universitário de São Roque. *E-mail*: abiqueilacarvalho@gmail.com. Lattes: https://lattes.cnpq.br/6548385992564271.

Aline Cesar de Oliveira
Graduanda em Psicologia no Centro Universitário de São Roque.

Allana Sencovici Bernardes Angelin
Graduanda em Psicologia pelo Centro Universitário São Roque em andamento. *E-mail*: allanasencovici@gmal.com. Lattes: https://lattes.cnpq.br/8497490563386020.

Amanda de Souza Vaz
Técnica em Alimentos - Instituto Federal de Educação e Tecnologia (IFSP) 2012 -2014.Ensino Superior: Graduação em Psicologia – Centro Universitário de São Roque UNISR (em andamento). *E-mail*: amandavaz15@gmail.com. Lattes https://lattes.cnpq.br/7656897069830530.

Amessi Ribeiro Pereira da Silva
Graduanda em Psicologia pelo Centro Universitário de São Roque (UNISR). Graduação em Pedagogia pela Universidade Paulista do Estado de São Paulo. Pós-Graduação em Neuropsicopedagogia pela Faculdade Corporativa CESPI – FACESPI. *E- mail*: amessi.silva@hotmail.com. Lattes: https: https://lattes.cnpq.br/3969191467144149.

Angela Maria da Silva Mendonça Branco
Graduação em Administração de Empresas (2004-2008). MBA em Recursos Humanos (2016-2017). Graduação em Psicologia no Centro Universitário de São Roque. *E-mail*: angelamaria_sil@hotmail.com/.

Ashilley Louisi da Silveira Moraes
Graduanda em Psicologia no Centro Universitário de São Roque. *E-mail*: ashilleylouisi.psico@gmail.com. Lattes: https://lattes.cnpq.br/7164815430421952.

Bianca Silveira Tigre
Graduanda em Psicologia no Centro Universitário de São Roque (2019-2023) Em andamento. *E-mail*: biancatigre@hotmail.com. Lattes: https://lattes.cnpq.br/3169457386601353.

Bruna Pedroso Gomes de Oliveira
Graduanda em Psicologia no Centro Universitário de São Roque. Curso de extensão: Atenção à pessoa com síndrome de Down (2022). Curso de extensão: Atenção à reabilitação a pessoa com transtorno de espectro autista (2022). *E-mail*: b.p.oliveira@uni9.edu.br. Lattes: http://lattes.cnpq.br/2923908686939705.

Camila Domingo Matiazi
Graduação em Gestão de Recursos Humanos pela Faculdade de Administração e Ciências Contábeis de São Roque (2010). MBA em Gestão de Recursos Humanos pela Universidade Anhembi Morumbi (2019). Graduanda em Psicologia no Centro Universitário de São Roque. *E-mail*: camila.matiazi@gmail.com. Lattes: https://lattes.cnpq.br/7159524982706643.

Cassiana Munhoz de Albuquerque
Graduanda em Psicologia no Centro Universitário de São Roque. *E-mail*: Cassiana.Munhoz.Albuquerque@gmail.com.

Charliane Gomes de Sousa Cordeiro
Graduanda em Psicologia no Centro Universitário de São Roque.

Claudia de Moraes
Graduanda em Psicologia no Centro Universitário de São Roque.

Daniele Iracema da Silva Alarcon
Graduanda em Psicologia no Centro Universitário de São Roque. Graduação em Administração de Recursos Humanos com ênfase em Gestão de Pessoas (2008). *E-mail*: danielealarcon25@gmail.com. Lattes: https://lattes.cnpq.br/4651483593931115.

Davi Orestides Lázaro Massari
Ensino Médio Técnico em Alimentos no Instituto Federal de São Roque (2018). Graduando em Psicologia, UniSR Conhecimento em língua estrangeira: Inglês (Intermediário). Faculdade de Filosofia Ciências e Letras de Registro. *E-mail*: daviorestides@gmail.com. Lattes: http://lattes.cnpq.br/1803501867329052.

David Welber Maciel de Albuquerque Calmon
Graduando em Psicologia no Centro Universitário de São Roque.

Débora Cândido
Formação Técnica em Instrumentação Cirúrgica (ANIC-2009). Curso de Formação em Psicanálise Clínica (IBPC–2019). Graduanda em Psicologia

no Centro Universitário de São Roque. Pós-Graduanda em Logoterapia e Análise Existencial. *E-mail*: psico.deboracandido@gmail.com.Lattes: http://lattes.cnpq.br/9850477843869437.

Denise Cerávolo Verreschi
Graduanda em Psicologia no Centro Universitário de São Roque (UNISR). MBA em Administração Hospitalar e Gestão em Saúde (Faculdade de Educação em Saúde – Hospital Alemão Oswaldo Cruz – 2020); Doutorado em Aquicultura (Universidade Estadual (Universidade Estadual Paulista Júlio de Mesquita Filho – 2005), Mestrado em Nutrição Animal Monogástrico (Universidade Federal de Lavras) Graduação em Zootecnia (Universidade Estadual Paulista Júlio de Mesquita Filho – 1997). *E-mail*: denise.verreschi@uni9.edu.br. Lattes: http://lattes.cnpq.br/5005781812601479.

Eduarda Rafaela da Silva Marques
Graduanda em Psicologia pelo Centro Universitário de São Roque. Técnico em Recursos Humanos pela ETEC Centro Paulo Souza. *E-mail*: eduarda-marques02@hotmail.com.

Eduarda Vianna Guimarães Eide
Graduanda em Psicologia no Centro Universitário de São Roque – UNISR. Capacitação em Aplicador ABA para pais e profissionais em ambiente clínico, domiciliar ou escolar, aplicando programas baseados em ABA, junto a pessoas com Transtorno do Espectro Autista. *E-mail*: eduardaguimaraes@uni9.edu.br. Lattes: https://lattes.cnpq.br/6600395052501640.

Eduardo Felipe Freitagas Prestes
Graduando em Psicologia no Centro Universitário de São Roque – UNISR. *E-mail*: edufreitagas@gmail.com. Lattes: https://lattes.cnpq.br/4918173792295911.

Eliene Pessoa de Souza Santos
Bacharel em Administração de empresas (CEUNSP-2013). Graduanda em Psicologia no Centro Universitário de São Roque. *E-mail*: elienepss.rosa10@uni9.edu.br. Lattes: https://lattes.cnpq.br/9658481061996503.

Elisangela Muniz Torrado Gonçalez
Tecnólogo em Contabilidade. Graduanda em Psicologia no Centro Universitário de São Roque. *E-mail*: el-muniz@hotmail.com. Lattes: https://lattes.cnpq.br/3058278780674911.

Elisangela Rocha Mendes
Graduação em Administração (Centro Universitário Nossa Senhora do Patrocínio); Técnica em Informática; Técnica em Administração; Técnica em Hotelaria; Graduanda em Psicologia no Centro Universitário São Roque. *E-mail*: listrell@yahoo.com.br. Lattes: https://lattes.cnpq.br/2278574630933548.

Erica Aparecida Moraes da Silva
Graduanda em Psicologia no Centro Universitário de São Roque – UNISR. *E-mail*: moraesdasilvaerica5@gmail.com.

Gabriela Vasconcelos da Silva
Graduanda em Psicologia no Centro Universitário de São Roque. *E-mail*: gabrielavasconcelosdasilva2@gmail.com.

Gabriele Fischer Santini Mendes
Graduanda em Psicologia em Psicologia – Centro universitário de São Roque – UNISR. *E-mail*: gabrielefischermendes@gmail.com. Lattes: https://wwws.cnpq.br/cvlattesweb/PKG_MENU.menu?f_cod=7A10110EFC7BB91D3ECBAAA732BCF8F0#.

Gabrielly Góes do Nascimento Silva
Graduanda em Psicologia – Centro Universitário de São Roque UNISR. *E-mail*: gabriellygoes19@gmail.com. Lattes: https://lattes.cnpq.br/0929268499170901

Giovanna Ragusa Christiano Oliveira
Graduanda em Psicologia – Centro Universitário de São Roque UNISR. *E-mail*: giih.ragusa@gmail.com / https://lattes.cnpq.br/3528417158340933.

Glaucileia Haack
Graduanda em Psicologia no Centro Universitário de São Roque – UNISR. Técnico em nutrição pelo Senai – 2011/2012. *E-mail*: glaucileiahaack123@gmail.com. Lattes: https://lattes.cnpq.br/7959027889798336.

Grazielle Ferreira Ribas
Graduanda em Psicologia no Centro Universitário de São Roque. *E-mail*: grazi.sribas227@gmail.com. Lattes: https://wwws.cnpq.br/cvlattesweb/PKG_MENU.menu?f_cod=D5C44CA26F51616F6546BFFFCD3DD2F6.

Helen Aparecida Neves
Graduanda em Psicologia - Centro Universitário de São Roque UNISR. *E-mail*: hellenneves13@gmail.com.

Heloisa Fontes Franco
Graduanda em Psicologia no Centro Universitário de São Roque.

Hernando Javier Paez
Graduando em Psicologia pelo Centro Universitário São Roque. Treinamento de CIPA pela Premier Vitae (2018). Administração de Condomínios na Prática pela Buzzero.com (2012). Tecnologia e Informática, curso de especialização pela Data Byte (2010). *E-mail*: hernandopaez041@gmail.com. Lattes: https://lattes.cnpq.br/3414773384708250.

Iracema França Cruzoleto
Graduanda em Psicologia no Centro Universitário de São Roque. *E-mail*: icruzoleto@gmail.com. Lattes: https://lattes.cnpq.br/0574200155733680.

José Rossini Meirelles de Almeida
Graduando em Psicologia pelo Centro Universitário de São Roque. *E-mail*: joserossinima@gmail.com. Lattes: http://lattes.cnpq.br/9171252242034804.

Keila Folharini
Graduanda em Psicologia no Centro Universitário de São Roque. *E-mail*: keilafolharini@gmail.com. Lattes: https://lattes.cnpq.br/5635520846430922.

Larissa Marcondes Castellano
Graduação em Psicologia no Centro Universitário de São Roque. Graduação em Técnico de Recursos Humanos (2016). Curso de idiomas - Japonês e Francês (2016-2017). *E-mail*: larissa.marcondes@uni9.edu.br. Lattes: https://lattes.cnpq.br/9837581580253783.

Leandro Pereira Dias dos Santos
Graduando em Psicologia no Centro Universitário de São Roque. *E-mail*: leandrodias7733@gmail.com. Lattes: https://lattes.cnpq.br/6896201206008079.

Letícia Batista dos Santos
Graduanda em Psicologia pelo Centro Universitário São Roque. *E-mail*: leticiafbs23@gmail.com. Lattes: https://lattes.cnpq.br/1844129981703137.

Liliane Simões
Graduanda em Psicologia no Centro Universitário de São Roque.

Luca de Gregoriis
Graduando em Psicologia no Centro Universitário de São Roque. *E-mail*: lucadegregoriis@gmail.com. Lattes: https://lattes.cnpq.br/08767819124312.

Luciana Santos Kovacs
Graduanda em Psicologia no Centro Universitário de São Roque. *E-mail*: kovacsluciana4@gmail.com. Lattes: https://lattes.cnpq.br/2865433871666403.

Luiza de Oliveira Moraes
Graduanda em Psicologia no Centro Universitário de São Roque. *E-mail*: luiza-ok@uni9.edu.br.

Márcia Constantina Bellomo de Paula
Graduanda em Psicologia no Centro Universitário de São Roque.

Marcos Alexandre do Carmo Souza
Bacharel em Sistemas de Informação, graduando em Psicologia. *E-mail*: marcoscarmo@uni9.edu.br. Lattes: http://lattes.cnpq.br/5263128028633337.

Maria Aparecida Andrade Oliveira Cardoso
Graduada em pedagogia, Pós-Graduada em psicopedagogia, Pós-Graduada em RH. Graduanda em Psicologia no Centro Universitário de São Roque. *E-mail*: maria.Oliveira2@sbdinc.com.

Maria Gabriela de Assis Santos
Graduanda em Psicologia no Centro Universitário de São Roque.

Maria Zelina Araujo do Rosário
Graduanda em Psicologia no Centro Universitário de São Roque. *E-mail*: mariazelina@uni9.edu.br. Lattes: https://lattes.cnpq.br/8638627671347550.

Marlene de Aquino Borges
Graduanda em Psicologia no Centro Universitário de São Roque.

Maureen Aparecida Germano
Graduanda em Psicologia e Habilitação Plena – História. *E-mail*: reenger72@gmail.com. Lattes: https://lattes.cnpq.br/7313114380942505.

Meire Dalva Dias Thomaz Soares
Graduanda em Psicologia no Centro Universitário de São Roque.

Meirilene Carvalho Oliveira
Graduação em Educação Artística com bacharelado em Artes Cênicas na Faculdade Mozarteum (FAMOSP) São Paulo. Graduanda em Psicologia na Universidade São Roque (UNISR). *E-mail*: meirilene.astro@gmail.com. Lattes: https://lattes.cnpq.br/5589166496722363

Natália Oliveira Firmo
Graduanda em Psicologia no Centro Universitário de São Roque.

Paloma Karolina Romão Cobello
Graduanda em Psicologia no Centro Universitário de São Roque.

Paola Aparecida Santos de Oliveira
Graduanda em Psicologia no Centro Universitário de São Roque. E-mail: paolaoliveira1900@outlook.com. Lattes: https://lattes.cnpq.br/2641863559087862.

Patrícia Pontes de Moraes Tancler Campos
Graduanda em Psicologia no Centro Universitário de São Roque.

Patrícia Ramos Siqueira
Graduanda em Psicologia no Centro Universitário de São Roque.

Rafaela Maria Almeida Ruivo
Graduanda em Psicologia no Centro Universitário de São Roque.

Rebecca Helizeth Hamon Fogaça
Graduanda em Psicologia no Centro Universitário de São Roque. E-mail: rebeccahamon50@gmail.com. Lattes: https://lattes.cnpq.br/6233368185569520.

Renata Ribeiro Cyrillo
Graduanda em Psicologia no Centro Universitário de São Roque.

Rita de Cassia dos Santos Rolim
Graduanda em Psicologia no Centro Universitário de São Roque. E-mail: rita_promvendas@uni9.Edu.br. Lattes: https://lattes.cnpq.br/7058686834702141.

Roberlene Aparecida dos Santos Lazinho
Graduanda em Psicologia no Centro Universitário de São Roque. E-mail: roberlene.u@uni9.edu.br. Lattes: https://lattes.cnpq.br/6260613353090325.

Roberto Camargo Alves
Graduando em Psicologia no Centro Universitário de São Roque.

Salatiel da Silva Roque
Graduando em Psicologia no Centro Universitário São Roque. E-mail: salatoxcdnegrocd@gmail.com. Lattes:https://lattes.cnpq.br/7543821230109986.

Samuel Henrique Rodrigues dos Santos
Graduando em Psicologia pelo Centro Universitário São Roque. Curso de extensão: Formação Fundamental em Logoterapia – Instituto de Psicologia e Logoterapia (IPLOGO). Curso de extensão: Psicologia, Religiosidade e Saúde mental – Instituto de Psicologia e Logoterapia (IPLOGO). Curso de extensão: formação em Neurociência do Comportamento – (FNC). *E-mail*: samuelhenrique04@hotmail.com. Lattes: https://lattes.cnpq.br/2896697169901793.

Sebastiana Lucia da Silva
Graduanda em pedagogia (Faculdade paulista de Educação e Comunicação); Pós-graduação em Psicopedagogia (Faculdade da Aldeia de Carapicuíba); Psicopedagogia institucional, na Área da Educação); Pós-Graduação "Lato-Sensu" Neuropsicologia (Faculdade Metropolitana do Estado de São Paulo). *E-mail*: sebastianalucia@uni9.edu.br

Sergio Ricardo Coiado Rodrigues
Graduando em Psicologia no Centro Universitário de São Roque.

Simone de Goes
Licenciatura Plena em Pedagogia – 2010. Pós-Graduação (latu sensu) em Psicopedagogia- 2011. Licenciatura em educação Artística – 2014. Pós-Graduação (Lato Sensu) em Arte em educação – 2014. Curso de Aperfeiçoamento em Tecnologia Digitais na Educação – 2021. Graduação em Psicologia no Centro Universitário de São Roque (2019- 2023). *E-mail*: simonegoes@hotmail.com. Lattes: https://lattes.cnpq.br/7527548633915526.

Suelen Regina Godinho do Carmo
Graduação em Psicologia no Centro Universitário de São Roque (2019-2023). Curso de extensão – Atendimento clínico em Psicanálise (2022). Projeto de extensão – Extensão universitária em orientação profissional (2023). Curso de línguas – Inglês avançado (2017-2022). *E-mail*: suelengodinhopsico@gmail.com. Lattes: http://lattes.cnpq.br/4530772066621522.

Talyssa Torres de Sousa Melo
Graduanda em Psicologia no Centro Universitário de São Roque. *E-mail*: ta.torres@hotmail.com. Lattes: https://lattes.cnpq.br/1675712037354616.

Tamires Stefani Arias
Graduanda em Psicologia no Centro Universitário de São Roque.

Thalison Felipe de Aguiar Silva
Graduando em Psicologia no Centro universitário de São Roque. E-mail:thalesfellipe619@gmail.com.

Thayná Ramos Penga
Graduanda em Psicologia no Centro Universitário de São Roque.

Thierry José Santos Macedo
Graduando em Psicologia no Centro Universitário de São Roque. E-mail: thierrysanto17@gmail.com. Lattes: https://lattes.cnpq.br/0805262364498726.

Ursula Mazzo Granato
Graduanda em Psicologia pela Universidade São Roque. Técnico em Administração de Empresas pela ETEC Centro Paulo Souza. E-mail: urgranato@gmail.com. Lattes: http://lattes.cnpq.br/0657935167803596.

Vanessa Paula de Oliveira
Graduanda Psicologia no Centro Universitário de São Roque. E-mail: vanessa2013330@uni9.edu.br. Lattes: https://lattes.cnpq.br/3369752442598454.

Victor Crocco
Graduando em Psicologia no Centro Universitário de São Roque. E-mail: br.victorcrocco@gmail.com. Lattes: http://lattes.cnpq.br/9730988060532402.

Vinicius Henrique M. V. de Oliveira
Graduando em Psicologia no Centro Universitário de São Roque.

Viviane Aparecida Zavarizi
Graduanda em Psicologia no Centro Universitário de São Roque.

Wesley da Silva Neves
Graduação em Psicologia no Centro Universitário de São Roque. E-mail: wesleysilva_777@hotmail.com.

Yasmim Helena do Amaral
Graduanda em Psicologia pelo Centro Universitário de São Roque – UNISR.

SOBRE O LIVRO
Tiragem: 1000
Formato: 16 x 23 cm
Mancha: 12,3 x 19,3 cm
Tipologia: Times New Roman 10,5 | 11,5 | 13 | 16 | 18
Arial 8 | 8,5
Papel: Pólen 80 g (miolo)
Royal | Supremo 250 g (capa)